一星如月

周一星和他的朋友们

A STAR LIKE THE MOON
YIXING ZHOU AND HIS FRIENDS

《一星如月——周一星和他的朋友们》编委会

北京大学出版社
PEKING UNIVERSITY PRESS

图书在版编目（CIP）数据

一星如月：周一星和他的朋友们/《一星如月——周一星和他的朋友们》编委会编.
—北京：北京大学出版社，2022.4
ISBN 978-7-301-32958-0

Ⅰ.①一… Ⅱ.①一… Ⅲ.①周一星–纪念文集 Ⅳ.①K825.89–53

中国版本图书馆CIP数据核字（2022）第049324号

书　　　名	一星如月——周一星和他的朋友们 YI XING RU YUE——ZHOU YIXING HE TA DE PENGYOU MEN
著作责任者	《一星如月——周一星和他的朋友们》编委会　编
责任编辑	王树通
标准书号	ISBN 978-7-301-32958-0
出版发行	北京大学出版社
地　　　址	北京市海淀区成府路205号　100871
网　　　址	http://www.pup.cn　新浪微博：@北京大学出版社
电子信箱	liuyonglk@pup.cn
电　　　话	邮购部010-62752015　发行部010-62750672　编辑部010-62764976
印　刷　者	北京宏伟双华印刷有限公司
经　销　者	新华书店 720毫米×1020毫米　16开本　27.25印张　412千字 2022年4月第1版　2022年4月第1次印刷
定　　　价	168.00元

未经许可，不得以任何方式复制或抄袭本书之部分或全部内容。
版权所有，侵权必究
举报电话：010-62752024　电子信箱：fd@pup.pku.edu.cn
图书如有印装质量问题，请与出版部联系，电话：010-62756370

编委会

（按姓氏拼音排序）

曹广忠　陈彦光　冯　健　李东泉　李建军
罗　翔　石　楠　史育龙　王新峰　许　锋
杨春志　张　莉　张　勤　张小雷　赵群毅

内容简介

本书是为庆祝我国城市地理学家、北京大学城市与环境学院教授周一星先生八十华诞，由其学生、同事、好友共同撰写完成的回忆文集，共收录61篇文章。61位作者从各自独特的视角出发，重温与先生一起经历的往事，从日常点滴到终身影响，从学术讨论到人品精神，逸趣横生，充满温情，其丰厚程度已远超贺寿文章。凡是读过此书的人，都深受感染，认为是一本充满"温度"的书。与此同时，本书还以第一手资料和"口述史"的方式展现了从20世纪80年代到21世纪的最初十年中，北京大学城市与环境学院人文地理学专业发展中的一些真实的"史实"，具有记录这一段历史的重要作用，对于今天北京大学地理学专业的学生了解历史有重要的价值，对于国内人文地理学、城市地理学的相关师生具有参考意义。桃李不言，下自成蹊；一星如月，光若春水。今将文稿集结出版，以飨读者，希望通过文稿的出版，反映老一辈学者与学生的交流状态、教育方式及师生情感，以对今天的师生关系和教育方式有所启发。

周一星教授简介

周一星，1941年5月2日出生，江苏常州人，著名城市地理学家、城市规划学家，北京大学城市与环境学院教授、博士生导师，是在中国地理学界和城市规划学界有影响力的著名老一辈专家，也是享誉国际的中国城市地理学家。曾任中国地理学会第八届理事会常务理事，中国地理学会城市地理学术委员会主任；中国城市规划学会副理事长，区域规划与城市经济学术委员会主任；中国城市经济学会常务理事；中国城市科学研究会常务理事；北京大学地理科学研究中心主任；建设部专家委员会成员。出版《城市地理学》（商务印书馆，1995）、《山东半岛城市群发展战略研究》（中国建筑工业出版社，2004）、《北京的郊区化及其对策》（科学出版社，2000）、《中国沿海城镇密集地区空间集聚与扩散研究》（科学出版社，2000）、《城市与城市地理》（人民教育出版社，2003）、《重庆市中央商务区研究》（中国建筑工业出版社，2004）、《城市地理求索：周一星自选集》（商务印书馆，2010）、《城市规划寻路：周一星评论集》（商务印书馆，2013）等著作；发表中英文论文近200篇。2005年9月29日，周一星在中共中央政治局第二十五次集体学习中,就中国特色城镇化等问题做了专题讲解。并先后荣获中国城市规划学会终身成就奖(2016)和中国地理学会科学技术奖—终身成就奖(2021)。

生活中的周一星(2014 年)

目 录

序言 　　　　　　　　　　　　　　　　　　　　　　　　　　　胡序威 1
陋室访仙 　　　　　　　　　　　　　　　　　　　　　　　　　胡兆量 1
周一星老师的学者风范 　　　　　　　　　　　　　　　　　　　王缉慈 6
只留清气满乾坤
　　——回顾周一星教授荣获中国城市规划学会终身成就奖　　吕　斌 10
向八十寿辰的周一星老师致敬 　　　　　　　　　　　　　　　孟晓晨 13
一心治学育人，科学求真创新 　　　　　　　　　　　　　　　冯长春 17
周老师的午休 　　　　　　　　　　　　　　　　　　　　　　阎维民 23
正义的周一星老师 　　　　　　　　　　　　　　　　　　　　李贵才 27
恭贺华诞，铭记师恩 　　　　　　　　　　　　　　　　　　　栾维新 32
我的导师周一星 　　　　　　　　　　　　　　　　　　　　　石　楠 37
做一名整体的地理学家
　　——周一星教授与北大的整体地理学　　　　　　　　　　吴必虎 44

跟随老师学习的十年岁月	赵新平	53
周老师与"程序猿"	杨　齐	63
周老师的微笑最暖人	张　勤	69
周一星老师手把手教我做研究	张小雷	75
好人，学者，导师和长者		
——恩师周一星教授	宋　伟	80
我与周老师的学术之交	柴彦威	88
位卑不忘忧中国		
——城市地理学者周一星先生的学术初心	郭文炯	93
作为地理学家的周一星先生的国际影响		
——从中国的郊区化研究说起	吴缚龙	98
周一星老师		
——晚辈终生学习的榜样	张志斌	104
超越距离的师生际会	陈彦光	109
师恩浩荡	孟延春	132
怀念当年的时光	史育龙	141
解读"一星"	张天新	151
水惟善下方成海，山不矜高自极天		
——贺周一星老师八十华诞	陈耀华	156
吾爱吾师	杨春志	161
良师益我的点点滴滴	王法辉	166
我心目中的周一星老师	楚建群	173
周老师于我之传道授业解惑记	赵永革	178
周老师的"温度"记	许顺才	185
严谨严格而又达观的老师	李建军	189

周一星老师八十寿辰祝语

　　——忆向周老师学习的二三事　　　　　　　　　林　坚 192

三句话，照亮学术路　　　　　　　　　　　　　　李东泉 196

诲人不倦，星星点点　　　　　　　　　　　　　　武廷海 201

师恩不忘　　　　　　　　　　　　　　　　　　　沈金箴 205

周一星先生二三事　　　　　　　　　　　　　　　刘　瑜 209

冷峻理性与赤子之心

　　——我与周老师　　　　　　　　　　　　　　张　军 214

我与周一星老师　　　　　　　　　　　　　　　　贺灿飞 227

播撒地理种子的良师　　　　　　　　　　　　　　汪　芳 232

一书结缘，一生之师　　　　　　　　　　　　　　张　莉 236

我与恩师的点滴拾忆　　　　　　　　　　　　　　王茂军 244

桃李不言，下自成蹊

　　——记我和导师周一星教授　　　　　　　　　王玉华 252

我在北大求学时的导师周一星先生　　　　　　　　杨家文 257

我和我的老师

　　——写在恩师周一星先生八十寿辰前　　　　　冶　青 263

淡泊明志，宁静致远　　　　　　　　　　　　　　童　昕 269

平凡铸造永恒

　　——记我与周老师的交往以及他对我的影响　　冯　健 272

受教三载，受益终身　　　　　　　　　　　　　　郑　国 294

润物无声洒春晖　　　　　　　　　　　　　　　　卫　欣 298

润物细无声

　　——我和硕导周一星老师　　　　　　　　　　胡智勇 302

"周老师您好，请收修改稿"　　　　　　　　　　　罗　翔 309

一勺饮	姜世国 326
周老师和我	
——5年与15年的记忆拾零	赵群毅 336
一位门外弟子对周先生的感谢	张骁鸣 345
"一棵树摇动另一颗树"	秦 波 351
难得认真	于海波 355
求真求新，北大风骨	
——我心中的周老师	王新峰 358
感恩遇见，感谢培养，感动关怀	
——致敬恩师周一星先生	刘作丽 365
大先生	
——我的大学先生周一星教授	刘 洋 369
周老师退休前的几件规划往事	许 锋 372
记与周一星先生接触中的几件小事	尹燕平 378
高山仰止	
——贺周老师八十大寿	陈义勇 382
探索·开拓·坚守	
——周一星老师学术足迹拾零	曹广忠 387

附：周一星年表　　　　　　　　　　394

序　言

今年适逢北京大学周一星教授八十华诞，其众多学生和同事好友撰写回忆文章，从不同角度、不同层面生动阐述周一星教授一生的治学和为人。出此专集颇具学术和史料价值。

我的个性与一星教授有某些相似。生平很少给人写序，自己的著作也从不求人写序。然而这次胡兆量教授邀我为此专集写序，我却欣然接受。因兆量和一星教授均为我的同行挚友，对此义不容辞。惜因年事已高，思维受限，恐所写序言难以令人满意。

新中国成立后，北京大学地理系主任、著名历史地理学家侯仁之院士，很早就与全国城市规划学界建立了密切的合作联系。我自20世纪60年代初参与完成《中华地理志》区域经济地理丛书的编写任务后，一度将研究重点转向区域规划，开始与城市规划界建立一定联系。唐山大地震后，受中国科学院地理研究所（以下简称中科院地理所）指派，率工作组前往唐山机场，参与唐山震后重建规划的编制，进一步密切了与城市规划界的合作。改革开放后，原中国建筑学会城市规划学术委员会恢复成立，侯仁之和我曾先后任该学术委员会副主任。其下还设立了由宋家泰（南京大学经济地理学教授，时任该委员会顾问）和我任正副组长的"区域规划与城市经济学组"。我们这个学组曾于1982年在南京召开"中国城镇化道路问题学术讨论会"，开全国城镇化问题研究之先河。就在那次会上，周一星宣读的论文《关于我国城镇化的几个问题》，给我留下深刻的印象，尤其是关于城镇化地域差异的科学分析，使我发现了同行中这位难得的杰出人才。从此以后，他和我开始与城市规划界长期合作，开展城镇化、城镇体系规划、城市型区域规划等课题研究。从中国建筑学会独立出来，成立由中国科协直接领导的中国城市规划学会后，他和我曾先后担任过中国城市规划学会副理事长兼区域规划与城市经济学术委员会主任等职。

周一星教授与我情况不同，除科研任务外，还承担着繁重的教学任务。他很重视学科的理论建设。1995年由商务印书馆出版的他的科学著作《城市地理学》，被列入"现代地理科学理论丛书"，至今仍被全国地理学界视为很有份量的城市地理学的学科理论专著。

1990年10月，中国地理学会在上海召开经济地理和人文地理学术年会。会上曾讨论如何设计一个对国家建设有重要意义的科研项目，以争取获得国家自然科学基金的重点资助。会议初步确定以经济和人口的空间集聚与扩散为主题以后，请一星教授起草了详细的课题总体设计方案，由我邀请众多地理协作单位共同讨论修改定稿后上报，成为我国人文与经济地理学界首个获得国家自然科学基金批准的重点资助项目"中国沿海城镇密集地区空间集聚与扩散研究"，其成果于1998年出版后，至今仍获学界好评。对此，一星教授功不可没。2004年由周一星教授主持完成的"山东半岛城市群发展战略研究"，不仅获山东省领导的高度评价，而且还弥补了前述重点项目因费用受限而略去山东半岛城镇密集地区研究之重大遗憾。

2005年9月，周一星教授曾应邀给中央政治局讲解有关我国的城镇化问题，为我国的规划界和地理界增添了光辉。

一星教授的治学，具有严格、严密、严谨的三严精神，为学界同行之典范。一星教授的为人，严以律己，以诚待人，坚持正义，为友辈所共识。一星教授的研究，对中国城市化、郊区化、城市体系的发展规律有独到的见解，为丰富中国城市地理学做出贡献。本书为一星教授的治学和为人，提供了丰富生动的事例。

据悉，原先本书编委会请兆量教授写序。成稿后因内容囿于访问周有光先生片段，对常州青果巷中两位周先生的提法也颇费推敲，他感觉不宜为序，遂邀我代笔。我也认为应就一星先生大名做点文章，将其誉为中国城市地理界一颗耀眼的星星，谅可为众人所认同。

胡序威

2021 年 6 月 5 日

作者简介

胡序威，1928 年 3 月生，浙江上虞人。1947 年去新加坡新南洋出版社工作。1949 年回国后进入中国人民大学计划系学习，1951 年任该校经济地理教研室教员。1954 年调入中国科学院地理研究所工作，1996 年离休。长期从事区域经济地理、区域规划和城市发展研究，其主持完成的主要研究成果曾获多项国家和中科院科技进步奖。2006 年获中国城市规划学会突出贡献奖，2009 年获中国地理学会中国地理科学成就奖。

陋室访仙

胡兆量

我国有两条群星辈出的坊巷，一条是福州三坊七巷，另一条是常州青果巷。2013 年 4 月 15 日参与青果巷两周欢叙，是一段难忘的回忆。那是一个春光明媚的午后，在周晓平安排下，陪同周一星前往东四后拐棒胡同甲 2 号拜访周有光先生[1,2]。是年先生 108 岁。先生在 2019 年获得中华之光传播中华文化年度人物致敬奖。一星与先生同乡、同姓，同一个常州中学校友，一见如故，从老宅白皮松到东西方文化，古今中外，无所不谈。

老乡见老乡，两眼泪汪汪，乡音是谈话的切入点。一星问先生能不能讲常州话。先生很快把话题转到普通话上，戏说自己讲的是洋泾浜普通话，夫人张允和讲的是"精肥浜"普通话。上海话"浜"是能通舟楫的小河，洋泾浜是苏州河南的东

---

1 周有光（1906—2017），1918 年入常州中学，1923 年入上海圣约翰大学。在国内外银行工作期间，关注文字改革和汉语拼音，有论著问世。1955 年调到中国文字改革委员会工作。1958 年在北京大学和中国人民大学讲授汉语改革。
2 周晓平（1934—2015），周有光先生独子，1957 年北京大学地球物理系毕业，游学苏联，气象学家。周晓平对中小尺度天气动力学和灾害性天气数值预报有重大贡献，获 1989 年国家科技进步二等奖。

西向小河，填河后成今天的延安东路，保留河流方向微微弯曲的原状。当年，河北是英租界，河南是法租界，不远处是上海县城，汇入黄浦江处是外滩。这里商贾云集，外籍人士众多，逐渐形成一种发音不准、语法不通的地域性英语，称洋泾浜英语[1]。先生借洋泾浜形容自己普通话发音不准。先生夫人张允和是著名的合肥张氏四姐妹老二，合肥话瘦肉叫精肉，先生用"精肥浜"戏称夫人普通话有合肥口音。言谈反映先生幽默的乐天性格，浓郁的恋乡情节。

访谈的热点是个人在历史中的作用，究竟是时势造英雄，还是英雄造时势。先生力主时势造英雄。两位实例说明这一论断是符合客观规律的。20世纪50年代，我国文字改革提上议程，先生顺应时势提出汉语拼音口语化、音素化、拉丁化三原则，将改革引上正确轨道。一星从教北京大学地理系，适遇全国进入城市化高潮，提出城市化战略和城市规划真知灼见，成为引领我国城市化研究的学者之一。

同时，有光先生不否定英雄的贡献。有了时势，奋发自强，努力攀登，才能成就业绩。先生追求真理，百年耕耘，才得正果。一星勤于学，善于思，勇于干，主持精品规划，推出优质教材。在山东半岛城镇群规划中，一星挑战城市论资排辈惯例，支持非省会城市青岛担纲经济龙头城市。济南有政治、文化、军事等方面优势。青岛与济南双城比翼齐飞是山东城市体系特色，是山东战略布局福音，可以避免不少地区首位城市独大、负担过重的状况。一星的观点引发不小风波。历史证明这一观点是正确的，有利于青岛市发展，符合山东省的空间格局，是城市地理学解决重大实践问题的典型案例。2020年青岛港集装箱吞吐量2201万标准箱，位列世界第六位；货物吞吐量6.05亿吨，位列世界第五位。同年，青岛

---

1 洋泾浜英语是20世纪初在上海形成的地域性英语，当年上海孩童都会背诵几句。1912年出版的《上海旅游指南》说：洋泾浜英语"读音可笑，语法错误，但它确实是上海最为实用的英文。"1935年汪仲贤编《上海俗语图说》有洋泾浜英语实例：
  来是康姆（come），去是狗（go）。是叫也司（yes），勿叫糯（no）。
  爷要发茶（father），娘卖茶（mother）。丈人阿伯发音落（father-in-law）。
  这些实例用上海话读十分有趣。

市GDP1.24万亿元，占山东省17%，比济南市高22%。

图1 2013年4月周有光（右）、周一星（左）合影（周晓平摄）

听着，听着，想起我国文化地理中的奇特现象：一条坊巷涌现璀璨的群星。青果巷建于明万历年间，伴大运河而兴。当年百果云集，名千果巷。常州话"千"与"青"同音，按地名雅化规则更名为青果巷。古巷东西400米，南北200米，占地8.7公顷，称"江南名士第一巷"。巷中走出洋务运动主将、中国实业之父盛宣怀（1844—1916），中国共产党早期领导人、广州起义组织者张太雷（1898—1927），中国现代语言学开拓者赵元任（1892—1982），七君子之一、中国司法工作奠基人史良（1900—1985，女）。加上古巷旁左，有中国共产党早期领导人恽代英（1895—1931）、瞿秋白（1899—1935），著名画家、美术教育家刘海粟（1896—1994），著名医学科学家吴阶平（1917—2011）。周有光先生自然是青果巷中一明星。国人对福州三坊七巷有相当精细的研究，对青果巷的探索则留有宽阔的天地。

坊巷规划空间有核心区和保护区两层，青果巷核心区 8.7 公顷，保护区环绕这 8.7 公顷。一星故宅应在保护区内。以福州三坊七巷为例，核心区 40 公顷。著名的林则徐纪念馆在核心区南侧，相距一百余米，纪念馆理所当然是三坊七巷的组成部分。

图 2　2020 年 10 月 4 日胡兆量（右）与周一星（左）在和园讨论文稿

春风化雨，润物无声，言谈中不知不觉沾染仙气。当今国运昌盛，生活安定，百岁老人并不罕见，但像有光先生那样精神矍铄，思路严密，能操作电脑，有新著问世，是千古绝唱。史籍可查以来，如此高寿智者，难见一二。先生工作时间，几乎是常人的三倍。先生在 8 平方米书房中工作会客，心怀天下，是有形的榜样、无声的召唤。后生在先生面前是不能怠慢的、不敢言老的。陋室访仙，这大概是拜访最宝贵的收获。

自然规律不可抗拒。本次拜访一年半后，晓平不幸胃出血谢世，享年八十又二。两年后，先生刚刚度过 112 个生日，驾鹤西去。闻讯百感交集。有"孤帆远影碧空尽"的惆怅空灵感,有"唯见长江天际流"的星光永续感。

2021 年 4 月 15 日

作者简介

胡兆量,1933 年 1 月生,地理学家,1949 年考入清华大学地学系,1952 年入中国人民大学经济地理专业执教。1956 年调回北京大学,1972 年至 1982 年调入中华人民共和国冶金工业部任处长,1982 年年底重新回到北京大学执教,1983 年至 1991 年担任北京大学城市与环境学系主任。

周一星老师的学者风范

王缉慈

我和周一星老师曾经同年就读于北京大学地质地理系经济地理专业。我1963年入学,他1964年就毕业了,想必那时他在年级里出类拔萃,因此得以留校任教。那时我认识他班上的女生、毕业后在北京教书的戴秀珍校友,却不认识他。由于1965年学生参加农村"四清"运动,1966年全校停课,我不到大学三年级就"辍学"了,没有上过经济地理专业课,只听说过周一星老师的名字。

1978年我考回北京大学(以下简称北大)地理系上"回炉班"(二年制进修班)时,周一星老师已经是系里的学术骨干了,老先生们都亲切地称呼他"小周"。周老师教的城市地理学我从来没有学过,很遗憾。我在"回炉"的两年里补了矿物课、数学课和英语课等基础课,而专业课里只补了工业地理学。

"文革"前肚里有墨水的,比像我这样肚里没有墨水的人的文化水平高一大截。"回炉班"毕业前后,我懵懵懂懂地跟在老师们的后面,参与过北大地理系的城市规划任务。大约在1978年我参加了芜湖的城市规划,后来又参加了赣州的城市规划。那时,周一星老师已经带领学生调研城市发展方向及城市性质、交通等问题,非常熟练地在规划报告会上作报告了,我恭恭敬敬地称他为老师。

尽管我1980年留校后和周老师同在经济地理教研室，成为同事，可我的任务是教工业地理，又没有自学城市地理学，与他在学术上联系不甚密切，并不大理解他的学问。那时系里很少组织学术交流活动，一般是在系里开大会，或者学生论文答辩的时候，才能见到周老师，听到他的发言。他曾经说他不能"双肩挑"（指兼顾教研和行政工作），后来还是兢兢业业地做了副系主任。无论是在学生论文答辩会上，还是在系里的行政工作会上，周老师总是观点鲜明，说到点子上，看问题很尖锐，我感到他很严厉。但经常听到他去探望仇为之、魏心镇等老师的消息，又能感到他关心他人的温暖情怀。

我从心底里佩服周老师的求实精神和科学风范。2013年周老师送给我他在商务印书馆出版的《城市规划寻路：周一星评论集》，书中收录了他的47篇关于城市规划的评论短文。读此书时，我想起他在评审学生论文时说过的"文章要有穿透性"。周老师在城市的方针、人口、土地、环境，以及城市规划、城镇体系规划、区域规划等方面造诣很深，他对都市圈、都市区、城镇群、城市群、城镇化、城市化、大城市、小城镇等很多概念的内涵（同义和异义）都进行过严谨的辨析。他不仅学识渊博，而且怀着对国家和社会的责任感，能敏锐地发现问题、尖锐地指出问题、不讲情面地进行学术批评。这与在一些评审会上的那些既没水平又圆滑的所谓专家形成鲜明的对比。

周老师一直主张"三分规划七分研究，研究透了的规划才是好规划"。例如，他鲜明地反对哈尔滨向松花江以北发展、反对在松花江北兴建CBD。他写道，"现在国内有一股不正确地搬用浦东开发模式的潮流。沿江沿河的城市都要向对岸发展，不顾跨江发展需要跨越多大的门槛。松花江不是黄浦江！"再如，他在2003年8月杭州湾城市群空间发展战略规划会议上提出"一条颠覆性意见"，反对环杭州湾城市空间全面向岸线推进，认为这样的空间结构违背了地理学的基本原理，城市向海塘方向发展将带来一系列问题。他说，发展战略规划要勇于直面问题；把"伤疤"揭出来，战略规划才有针对性。

图1 2001年12月王缉慈（右）、陈金永（中）、周一星（左）合影

周老师的率直和认真反映在《城市规划寻路：周一星评论集》序言的一段话里：

> 我自问是一名"位卑不忘忧中国"的"平常学人"。从小就有凡事"认真"的天性，后天又形成了"独思"的习性，加上无职、无冕，就让我在参加规划评审或咨询时，总有一种无所顾忌、大胆讲自己观点的态度。心想，人家盛情(有时还"重金")邀请，总不能敷衍了事。公认的东西，自然不必再重复，学者的责任，是把不同意见讲出来，反正对事不对人，说不说在我，听不听

在他。读者在书中多处可见到这种"自以为是"的"率真"。

他还说：

> 现已步入人生晚景，反思过去的许多观点，实际上会存在几种情况：一种是"有益且见效"，这是大体成功的部分；一种是"有益却无效"，可能超前而不被理解；还有一种是"无益当然无效"，可能是脱离中国实际的"书生之见"。三者的比例如何，相信读者自有判断。

我以为，在有教授被骂为"叫兽"、有专家被戏称为"砖家"、学术造假丑闻频出的今天，重塑学者风范尤为重要。周老师的学者风范值得颂扬。中国需要这样的学者，他们是社会的脊梁，他们的一些有益观点未被理解和采纳的情况应当得到纠正。

作者简介

王缉慈，1946年2月生，广西博白县人。1968年北京大学地质地理系毕业。北京大学城市与环境学院教授，曾任国际地理联合会经济空间动态委员会指导委员、中国地理学会经济地理专业委员会副主任、清华大学21世纪发展研究院兼职教授等职。在北京大学主要讲授"工业地理学""技术创新与区域发展"课程，并从事产业集群方面的研究。邮箱：wjc@pku.edu.cn

只留清气满乾坤
——回顾周一星教授荣获中国城市规划学会终身成就奖

吕 斌

2016年5月29日,在中国城市规划学会第五届全国会员代表大会上,周一星教授荣获中国城市规划学会颁发的"终身成就奖"。中国城市规划学会设立的"终身成就奖"是中国城市规划学会的最高奖励,原为"突出贡献奖",用于表彰在城市规划学术研究领域、推进城市规划事业发展、扩大城市规划学会影响等方面做出杰出贡献的人士,我国地理学泰斗、中科院院士、北京大学城市与环境学院的侯仁之教授就是于2006年首位获此殊荣的杰出贡献者。

周一星教授是我国著名的城市地理学家,也是最早从城市地理学视角开展城镇化及城市与区域规划理论和实践研究的学者之一,在探索和引领中国城镇化和城镇体系及城镇发展研究,开展和推动城镇体系规划、城乡规划、都市区和都市连绵区等区域规划方面都做出了突出贡献,其学术思想和学术成果在国内外影响广泛,曾多年连续荣登全球中国高被引学者榜单。2005年9月29日,周一星教授还在中共中央政治局第二十五次集体学习会上,就中国特色城镇化等问题做了专题讲解。

2018年是我国改革开放40周年。改革开放40年来，全国人民在党的引领下咬定青山不放松，风雨无阻地朝着实现社会主义现代化的伟大目标砥砺奋进。中国的城市规划也跟随改革开放的步伐，风雨同舟、探索创新、共克时艰。2017年，恰逢中国城市规划学会会刊《城市规划》杂志创刊40周年之际，《城市规划》杂志社策划了"40年40篇论文，影响中国城乡规划进程学术论文遴选"活动。历时半年的遴选工作，经过109位专家对40年来《城市规划》杂志发表的所有论文认真研读、仔细筛选和匿名投票，产生了40篇影响中国城乡规划进程的优秀论文，其中就有两篇是周一星教授撰写的：一篇是1986年3月周一星教授发表在《城市规划》杂志上的《关于明确我国城镇概念和城镇人口统计口径的建议》一文，专家评选团认为这篇论文指出了中国城镇与城镇化研究中的人口统计问题，为城市地理学介入并推动城市规划学术发展做出了卓越贡献；另一篇是1988年6月周一星教授与于艇联名发表在《城市规划》杂志上的《对我国城市发展方针的讨论》一文，专家评选团认为这篇论文打破了传统的"城市规模论"，旗帜鲜明地提出了有关城市发展方针的新见解。在遴选出"40年40篇论文"之后，专家评选团队又从入选的"40篇论文"中选拔出10篇对学科发展具有里程碑意义的学术论文，周一星教授撰写的《关于明确我国城镇概念和城镇人口统计口径的建议》也在其中。

为纪念我国改革开放40周年，2018年9月中秋节前后，多位在规划行业有影响的专家和学者撰写了回忆纪念文章，周一星教授以《我的规划实践回顾与思考》为题回忆剖析了自己主持参与过的不同类型、不同尺度的一些规划，并借此以个人经历透视我国改革开放以来城镇化进程与城市规划理论和实践的演进，并记录了高校地理专业在我国城市规划发展中的部分过往。周一星教授在文章的最后写道，只要地理学者从自己综合性、地域性和宏观思维的特点继续创新，掌握好新的手段，应该能在"新时代"的空间规划体系里做出新贡献。这其中饱含了对广大地理学和城市规划工作者的激励和期许，读后备受启迪。周一星教授严谨的治学精神与孜孜不倦、探索求是的大师风范，"不要人夸好颜色，只留清气满乾坤"，是吾辈后学者的楷模。

图1　2016年9月周一星（左三）、吕斌（右二）、林坚（左二）、张勤（右一）、曲长虹（左一）在城市规划沈阳年会

今年恰逢我们十分崇敬的周一星教授八十华诞，衷心祝愿周一星教授生日快乐、健康长寿。

作者简介

吕斌，1950年1月生，北京大学城市与环境学院教授、博士生导师，曾任北京大学城市与环境学院城市与区域规划系主任、北京大学城市规划设计中心主任、北京大学发展规划部副部长（兼）、北京大学校园规划委员会副主任。邮箱：lubin@urban.pku.edu.cn

向八十寿辰的周一星老师致敬

孟晓晨

收到冯健的约稿短信,才知道周老师即将八十大寿了。时间过得真快,想想从我进入北京大学已经43年了,一路走来,往事如烟,许多情节已然模糊,但其中的感受仍可在回忆中清晰地显现。从中挑选出几个美妙的心动时刻,向周老师表达敬意,也与一路而来的同行者和后辈们分享。

我进入北京大学开始读书时,周老师还是教研室的年轻教员。上课之余,我报名参加了张景哲老师和周老师共同合作的"城市热岛效应"研究课题,帮助做野外数据采集工作。在周老师向我们讲解工作安排时,他拿出了一张北京市地图,上面清晰地标出了采样路线和采样点。看着那张地图,突然感觉我的视角被改变了,从平时对周围环境的二维平视一下子提升到了三维的俯视,视野瞬间被扩大了,整座城市不仅进入了我的视野,而且进到了我的脑海。以至于后来不管身处北京的什么地方,都可以从脑海中调出那张图,去确认我所在的位置和整座城市的关系。在后来的学习中我逐渐明白了,这就是地理学家和城市规划师看世界、看城市的视角。这个视角贯穿了我其后的整个学术生涯,以至于每到一座新的城市,第一件事就是寻找地图。如果没有一图在手,就感觉心里没了着落。而当每打开一张新的地图，就会重新经历一次那种视角提升、视野扩大的美妙感受。

当我坐进出租车，与周老师和其他同学一起，按照既定的路线和选点去实地采样时，周老师对待每个数据的认真、严谨态度，又把我那颗飘荡在空中的心拉回到了大地上。周老师告诫我们：做研究计划时，每一条线路、每一个测点的选择都要有科学依据；实测时每一次下车和测量都要保证准确，这样才能使最终的研究结论成立。这后来也就成为我的研究工作的基本行为准则。既要俯瞰大地，又要脚踏实地，就是周老师给我上的科学研究的第一课。

周老师的《城市化与国民生产总值关系的规律性探讨》一文是我读到的第一篇采用计量分析方法的学术论文。犹记得当时对文中的几张曲线图很是着迷，感叹在大量的令人眼花缭乱的数据背后隐藏着的经济规律竟可以在如此简洁、直观、易懂的曲线图中显示出来。也许是因为在这篇文章中对曲线图一见钟情，使我后来走进了经济学去寻找经济地理学的理论，徜徉于经济学的各种曲线图中，在黑板上一遍又一遍地用各种曲线图给同学们讲解经济活动及其空间规律的内在原理。看着那些用各种复杂的数学公式推导出来的原理在一根根简洁的曲线中直观地展示出来，心中常常有一种莫名的冲动。当我着手开始构思这篇文章时，翻开了周老师的《城市地理求索：周一星自选集》一书，找到了这篇文章，重温三十多年前与其相遇时的情景，心中充满了熟悉、温馨和亲切的感觉。

众所周知，周老师是我国最早提出区域城镇体系规划的内容与方法的学者，其中的点睛之处就是城市体系的"规模、职能、空间"三大结构。20世纪90年代，我曾经有几次与中国城市规划设计研究院（以下简称中规院）的规划项目合作，每一次的基本分工都是他们做总体规划，我做区域经济发展和城镇体系规划。第一次工作时，我还没有任何经验，面对着区域中大大小小的城镇，头脑中一片茫然，不知从何下手。后来忽然想起了周老师提出的三大结构，顿时感觉有了抓手，由此展开了一系列的分析与规划工作思路，真有一种纲举目张的感觉。后续的工作中，这三大结构就成了我的基本工作框架，每次都感叹其简洁、清晰和有效。

图1　1999年12月参加城市地理中山年会（右二为孟晓晨）

最让我感觉神奇的是，当2000年后我进入新经济地理学领域，试图搞清楚经济学家对经济活动空间规律的认识时，在克鲁格曼的三大基本模型（区域、城市、产业）中的城市模型中，经过复杂的经济变量的数学推导，最后呈现出来的竟然就是周老师于20世纪80年代提出来的"规模、职能、空间"三大结构。不由让我对周老师的深刻洞察力感到由衷的赞叹。

在时间长河的洗刷下，许多往事都已经模糊了。但仍清晰地留在我心中的是周老师那严谨认真、洞察现实、追求真理、硕果累累的学者形象。在周老师八十诞辰到来之际，我衷心祝愿周老师开心快乐，健康长寿！

2021年2月2日

作者简介

孟晓晨,1955年11月生,北京大学城市与环境学院副教授,主要从事经济地理学、城市经济学和城市与区域规划方面的研究。邮箱:xcm@urban.pku.edu.cn

一心治学育人，科学求真创新

冯长春

周一星老师是北大人文地理学的学科带头人。他在城市地理和城乡规划等领域取得的成就，为我国人文地理学科、城市规划事业、城市化和城市发展等做出了卓越贡献，获得城市规划学会的终身成就奖，是我们非常敬仰的老师。在这春意盎然、百花盛开的五月，喜迎周先生八十华诞！祝福我尊敬的周老师生日快乐、健康幸福！寿比南山不老松，福如东海长流水！

周老师一向治学严谨，育人不倦，做学问科学求真，在人文地理学研究领域不断开拓创新和引领发展，是我们后辈学习的好榜样。他的这种精神深深地影响和指导着我的教学和科研。这里讲讲周老师带领我们做的几个规划项目，在他的指导下我学到了很多，受益匪浅。

一、精心编制承德西大街详细规划

1977年夏天，仇为之、魏心镇、董黎明、谢凝高、周一星等老师带领我们班去承德做规划，主要是编制承德西大街（现更名为广仁大街）和避暑山庄小南门片区详细规划。当时，仇先生和教研室老师商量，有意让我留校，为了进一步考察我（留校后仇先生告诉我的），让周老师带着我"打前站"，就是与规划局接洽、安排食宿和做好规划的前期准备工作。到了承德，我们班分成两个小组，我所在的组由周老师和谢老师指导，编制西大街的详细规划。尽管当时的工作和食宿条件都比较差，住在办公室，吃高粱米饭，但大家工作热情都很高，特别是老师们率先垂范，这就是那些年老师们带领学生进行规划实习的集体精神。

周老师给我们布置了详细规划三阶段的任务。第一阶段：调查研究；第二阶段：分析和做规划方案；第三阶段：写文本、画图和做模型。周老师带领我们组对西大街两侧的地块和建筑进行了详细的调查，绘制了每幢建筑的平面和立面彩图，深入分析了西大街的历史沿革和成因，提出对历史地段和有文化价值建筑的保护方案，对破旧建筑的改造措施，做了整体上的景观设计和城市更新规划，并制作了几米长的详细规划沙盘模型，展示了西大街未来的美好景观和特色。时任北京城市规划设计研究院的王东总工程师等专家到承德考察，看到我们做的详细规划成果，给予了高度评价。没想到学地理的人能做出这么好的详细规划，当地政府也高度重视，并把规划付诸实施。

我上学时，周老师给我们讲授《建筑学概论》课，尽管周老师不是学这行的，只因当时没有教这门课的老师，他也是"赶鸭子上架"，但他教得很用心，还设计了我们现在常去用餐的燕南食堂，多厉害啊！

在承德西大街详细规划编制过程中，我把周老师讲授的每一个细节和每个阶段要做的内容都一一记在本子上，并利用晚上把用过的图片裁剪下来，把需要提交的详细规划图绘制成册，全面掌握了详细规划的步骤、内容以及文本和图则；在谢凝高老师的指导下，学会了做规划模型。周老师和谢老师的教导，使我在详细规划方面打下了较好的基础。之后，我成功地带领团队完成了天津大港区世纪大道和城市广场、三河市迎宾大街的控规和城市设计以及武汉市琴断河生态与景观概念规划，均已建成使用。大港区城市广场也成为城市规划专业学生教学实习的考察项目。

图 1　2010 年 7 月周一星（中）、冯长春（右）、贺灿飞（左）在台北

二、科学规划芜湖铁路编组站

1978 年 6—8 月，以侯仁之、仇为之先生为首的经济地理教研室全体老师带领 1976 级城市与区域规划专业的学生，赴安徽芜湖市做城市总体规划。当时遇到的一个重大问题，就是芜裕枢纽铁路编组站的选址。武汉铁路设计院已选择在神山（现今建成为城市中心公园）建设，并已做出初步设计。北京大学规划团队周老师等认为这个地方不适合建编组站，以改革开放后拨乱反正为由否定了神山中方案。不同意建在神山的依据是什么？应选择在哪儿合适？周老师开始做深入分析研究。记得周老师从三个方面进行了论证，即铁路编组站与城市发展的关系、

交通运输的合理性和铁路编组站自身的发展。神山中方案有三大缺点：第一，阻挡了城市向东发展的方向，造成城市分割严重，噪声对城市的干扰很大；第二，编组站的作用主要是将淮北的煤炭等大宗货物向南京、上海方向运输，这个方案存在迂回运输，增加了运营成本；第三，铁路编组站未来扩大发展余地小。所以，选择在神山不合适。从减少对城市发展的影响、运输高效率成本又低、未来发展有空间又不会干扰机场的通信指挥等方面考虑，应选择在与南京方向联系紧密的地方。为此，周老师提出了"大河塘方案"，分析得有理有据。编组站选址科学合理，得到了当时安徽省委书记万里的肯定。周老师在芜湖总体规划工作中做了大量的科学而严谨的论证，可以说是废寝忘食，以至于都累病了，他的这种工作作风给我印象很深。

1982年12月份，周老师和我到南京参加有关城市化的学术会议。会上，他作了"关于我国城镇化的几个问题"的主旨报告，引起了很大反响，开启了我国城市化研究的新篇章。会后，周老师说，我们顺便到芜湖看一下当年总规的落实情况吧。我俩到实地察看后，北京大学编制的总体规划得以实施，武汉铁路设计院按"大河塘方案"，重新进行了设计，后来建成运行，取得了巨大的经济和社会效益。芜湖市总体规划获得建设部优秀城市规划设计二等奖。

三、武汉：提升综合竞争力——面向世界的成"弓"战略

2004年，周老师带领30多人的队伍，承担武汉市城市总体发展战略规划研究项目，参加的老师有贺灿飞、曾辉、冯健、钟雷和我，这也是我们教研室的最后一次"大兵团"作战。记得年底任务完成后，新年元旦时周老师发邮件说，今年我们做了一件重要且漂亮的事，就是用集体的智慧完成了武汉市发展战略规划。这一规划成果得到了以周干峙院士为首的专家组好评。

武汉市发展战略规划研究是按周老师的总体设计开展的。以问题导向加目标导向，重点研究八个方面，思考九大问题，提出七大战略。周老师认为，制定城

市发展战略应该包含三个方面：战略依据、战略内涵和战略措施。就是针对问题，思考城市，谋划城市发展。经过深入调查研究，他提出了武汉的总体战略：提升综合竞争力——面向世界的成"弓"战略。其内涵是把中国比作蓄势待发、全面走向世界的一张"中国弓"，武汉所处的经济重心位置和心脏地位就相当于弓的"搭箭点"，弓的两端（箫）分别为我国南北两个重要的增长发展极——珠三角和京津冀城市群，弓背串联了我国最发达的城市密集地带——沿海城市带，弓箭相当于长江经济带，弓背的中心点（驸）相当于以上海为核心的长三角城市群。意思是武汉的发展借力南北（珠三角、京津冀），发力西部（成渝），目标在东方（通过上海，走向世界），武汉就可再现"九省通衢"的辉煌。这一战略既形象又切合实际。研究提出的"建立长江流域区域协调平台，修建沿江高铁、区域航空枢纽，振兴长江黄金水道"等战略措施目前来看都已落实，正在建设或已经建成，有力推动了武汉的发展。这是一个成功的战略规划，是周老师谋划设计的杰作，对武汉及武汉都市圈的发展发挥了重要作用。

图2　2014年7月9日王恩涌（左三）、胡兆量（左二）、周一星（右三）、林初升（右二）、冯长春（右一）、贺灿飞（左一）合影

作者简介

　　冯长春，1957年1月生，1975年考入北京大学经济地理（城市与区域规划）专业，毕业后留校任教。北京大学博雅特聘教授，曾任北京大学城市与经济地理系主任、世界华人不动产学会会长、中华建设管理研究会理事长。现为北京大学不动产研究鉴定中心主任，北京大学首都发展研究院副院长。邮箱：fcc@urban.pku.edu.cn

周老师的午休

阙维民

午休，本是人们日常生活中最普通的一件事，但周一星老师在20世纪90年代的午休绝不平常。我结识周老师，即缘起于当年他不平常的午休。

我于1995年9月入学北京大学地理系历史地理专业。第一学年入住位于北大南门入口东侧的25号宿舍楼，第二学年迁至学一食堂南侧的39号楼。我的宿舍斜对门是同为1995级的曹广忠与孟延春，他俩是周老师指导的城市地理专业博士研究生。

自我们搬迁到39楼后，周老师即在他每周有授课任务的那几天，午餐后到曹广忠与孟延春的宿舍午休，由于近在斜对门，我就有了与周老师经常照面的机会，时间一长，又有了进一步向周老师请教学术问题的机会，虽然我不是他的门生，但他从未拒绝过我的提问。我没有选修周老师的课程，主要是通过阅读他的著述来了解他的城市地理学学识，有些关键的理念，就是在他来学生宿舍短暂的午休期间向他当面讨教而获得的。

不知哪一天，我心中闪现出一个疑惑：周老师在办公楼有自己的单独办公室，完全可以在其办公室安置一张沙发，独自安静地午休，何以要舍弃舒适安逸的环境，跑到学生宿舍的硬板床来午休？经细致观察，逐渐意识到周老师来学生宿舍午休的不平常之处：

第一，增进师生关系

导师到研究生宿舍探望学生，与学生同室休息，能够近距离地观察到学生的点滴情况，诸如学习态度、生活状态、身体情况、心理情绪等等，若发现问题，可以及时解决。如周老师发现曹广忠与孟延春均无电脑，就立即出资，让他俩添置电脑，而他们两位兴趣广泛、天生好学，没有直接买成品电脑，而是到中关村电脑配件市场，以低廉的价格，采购了电脑硬件零配散件，组装了一台高效能的电脑，既为周老师省了近千元钱，又极大地便利了他们的学习。后来，他们还与其他同学一起钻研并通过此台组装电脑的多次拆与装，学会了组装电脑的技能。

而学生在与导师同处一室的情况下，也会逐渐适应与导师的日常交流。师生双方就会从纯粹的教学意义上的尊师爱生，递进为教学、生活全方位的尊师爱生。有些在课堂教学中遇到的问题，在生活中往往会不成其为问题。

事实上，尽管曹广忠、孟延春两位如今已成长为知名学者，但周老师与他们的关系早已情同父子。可以认为，这样的师生情谊，缘始于当年周老师不平常的午休。

第二，拓展教学场所

课程教学的主要场所是教室，但在教室课堂上的师生交流时间是有限的，有时满足不了导师授课、学生提问以及导师回答的时间。若在教室拖延时间，又可能会影响到下一场课程教学。此外，导师布置研究生作业与研究任务后，后期的督促与进度检查，当然可以召集到办公室开会讨论，也可以通过邮件沟通，但开会讨论需要整块时间，邮件沟通又过于琐碎。而导师到研究生宿舍午休，上述课堂教学交流时间不够与督促研究任务的问题，往往就会迎刃而解。我就曾亲睹周老师午休前在39楼宿舍里指导曹广忠、孟延春如何填写基金项目申请表的场景。

周老师还告诉我：记得有一次，他构思设计了一幅中国郊区化机制的分析图，就是利用午休时间，让曹广忠、孟延春在他们组装的电脑上编绘完成的。

图1　2012年1月北京大学城市与环境学院人文地理团拜聚会

第三，实施言传身教

导师对研究生的言传身教，不仅要有场所与时间，还需要合适的氛围。

教学科研工作是十分繁重的劳动，如何劳逸结合、精力充沛地工作，是保证高质量教学科研的前提。学生们虽然年轻、精力旺盛，但仍有时会把控不住学习、休息与玩乐的分寸，如玩电脑游戏，有时会入迷到通宵达旦、夜以继日地玩，从而影响到正常的学习与休息。

周老师的教学科研工作繁忙，但严谨有序。他对学生严格要求，但很少批评，即使发现问题，也总是以身作则，循序引导。他到研究生宿舍午休，当他躺下休息之时，两位研究生自然也会安静地休息，从而保证了他们下午与晚上学习的充沛精力。

自结识周老师至今已历四分之一世纪，周老师对我的工作与生活一直给予诚挚的关心、帮助与支持，有许多情景历历在目（诸如2002年秋天的一个傍晚在杭州西湖之畔散步 2 小时）而值得落笔书写的回忆，但对我印象最深、影响最大的，还是当年周老师不平常的午休。

今天的北京大学，还有哪一位老师，能够做到如周老师那样，到自己学生的宿舍睡硬板床午休的？

今年（2021 年）是周老师的八十华诞，谨以此短文恭祝周老师健康长寿、家庭美满、生活幸福。

2021 年 1 月 10 日

作者简介

阙维民，1957 年 4 月生，北京大学城市与环境学院城市与区域规划系教授，主要从事世界遗产、城市遗产、工业遗产、历史地理方面的研究。1995 年 9 月至 1999 年 1 月在北京大学城市与环境学系历史地理研究中心攻读史学博士学位。邮箱：wmque@urban.pku.edu.cn

正义的周一星老师

李贵才

贺灿飞和我讲,今年周一星老师(以下简称周老师)八十岁。学生们为祝贺周老师八十华诞,想为周老师编辑一本趣味性、真实性的文集。于是,我问,我有没有资格说两句?很快,冯健老师根据贺灿飞老师的建议,联系我并告诉我,我作为周老师远方的学生,必须说两句。

其实,周老师作为我国城市地理学奠基人之一,作为城市地理学为国家城乡规划管理实践提供理论支撑的代表学者,在我国城市地理学的理论研究和国家城乡规划实践的贡献是众所周知的,他作为一名大学老师,其教授水平和品格也是师生交口称赞的,他对北大人文地理学学科建设的贡献更是力挽狂澜的。周老师的学问、担当和品格,让我想到了范仲淹《岳阳楼记》的一句话,"微斯人,吾谁与归?"用我的话表达:周老师,榜样也。

那么值周老师八十华诞,我有资格说些什么呢?

一、听说的周老师:学术正义的周老师

我 1988 至 1992 年在北京大学城市与环境学系攻读博士学位,导师是杨吾扬

老师和王恩涌老师，专业是人文地理学，研究方向是政治地理学。此间，周老师对我来说都是听说。

我听说，学生们都愿意听周老师的课，但都不愿意选周老师的课。因为周老师的课不仅仅有学问，讲得还精彩，于是，学生们都愿意听周老师的课。但他对选课学生的要求太苛刻，于是学生们不敢选他的课。结果，"蹭"周老师课的学生比选课的还多。我还听说，全国各地重要项目评审都希望周老师作为专家出席，但很多项目评审又怕周老师出席。因为周老师对研究成果有科学务实的独到见解，所以凡是希望提高科研成果水平的项目，都希望得到周老师帮助，于是项目评审都希望周老师参加。因为周老师对评审项目中存在的不足，总是一针见血地直接表明自己的观点，于是周老师出席项目评审又让项目承担单位心里没底。

二、第一次接触周老师：内心正义的周老师

大概是在 1996 年前后，周老师和王恩涌老师、陶澍老师及城市与环境学系的很多老师，从香港中文大学参加一个国际地理学术研讨会后回到深圳。当时我已经在深圳工作，于是，我和同在深圳创业的我系 1980 级自然地理毕业生黄志伟，在晚上以学生的名义一起招待这些老师。当时的深圳吃野味盛行，似乎没有野味就不能招待好客人。我和志伟出于对母校老师的尊敬，也因为试图展现南方食肆的特色，忍痛割爱想订一只价格昂贵的穿山甲。陶澍老师是研究环境地学学者，他和蔼地说，穿山甲是国家二级保护动物，是不能吃的。而周老师却严肃地说，不要以为特区人有钱就可以为所欲为，保护动物当野味来吃不是特区人应该做的，不仅我们这些北大的老师不吃，你们今后也不要吃。振聋发聩的声音，让我突然发现，听说的周老师给我学术正义的印象，一下子升华到内心的正义。从此，我不仅仅因为遇到学术正义的老师而幸运，更因为遇到内心正义的周老师而自豪。

图1　2017年周一星（右）、李贵才（左）、韩荡（中）参观深圳版画博物馆

三、跟周老师做项目：行为正义的周老师

2005年，粤港澳三地规划主管部门决定联合开展"大珠江三角洲城镇群协调发展规划研究"（"大珠江三角洲"的空间范围即现在所称的"粤港澳大湾区"）。这个项目是经国务院港澳办批准，粤港澳三地政府合作的第一个区域规划研究项目，项目支持经费1300余万元，备受三地政府重视。在决定由哪个单位牵头研究时，香港方面要求，牵头单位最好不涉及粤港澳三地内的单位。于是，广东方面提出由北京大学牵头，周老师担任项目负责人。时任香港规划署署长一听"周一星"三个字，那叫开心。当然，我也有幸参加了周老师主持的这个恢弘的跨不同政治边界的区域规划项目。在周老师的主持下，该项目按计划历时三年圆满完成，并获部级城乡规划设计一等奖。

周老师主持项目的能力和水平没有必要赘笔。我想说的是，有两件小事反映出周老师的行为正义。

接受项目后，周老师第一时间拜访中山大学的许学强教授。他的理由是，这个项目本就应该由在城市地理学界最了解大珠江三角洲的许老师担任主持人，他不能因为北大人主持该项目就忽略了许老师。于是，在三年的项目工作中，周老师每次到广州、香港、澳门，都去中山大学与许老师交流。由老先生们交往的这些感人场面，我看到并想到周老师的行为正义，用口语说，这是周老师对同行的尊重。

图2　2009年10月28日周一星（左二）和李贵才（右二）在大珠三角规划澳门成果发布会上

项目获得一等奖后，周老师和我说，这个项目获奖，他很高兴，他向北京大学地理学交了一份不错的答卷。但这个项目是北大地理学人共同努力的结果，获奖名单不应该把他放在第一名。他的理由是，他的贡献再大，作为一名退休人员，获奖已经没有学术延伸意义，而给具有突出贡献的年轻人才有学术延伸意义。又一次振聋发聩！这是一种什么品格？这一定是行为正义的高尚品格。

四、总结：我心中周老师正义的逻辑

在"听说的周老师"的阶段，我佩服周老师的学问，但我尽量躲着周老师，因为那时我还不懂学术正义的内涵。在"第一次接触周老师"的阶段，他净化了我的灵魂，因为我明白了内心正义如何可以使一个人不随波逐流。在"跟周老师做项目"的阶段，我看到了善良，因为行为正义是为了别人幸福。

希望周老师有机会常来深圳看看我。

作者简介

李贵才，1958年6月生，北京大学教授、博导。现就职于北京大学深圳研究生院城市规划与设计学院，主要从事城乡规划、土地利用规划及政治地理学研究。2018年获得深圳市社保局颁发的中华人民共和国退休证。邮箱：ligcpku@163.com

恭贺华诞，铭记师恩

栾维新

2021年5月是周一星先生八十华诞，曾作为周先生门下高级访问学者的我，忆及与先生的结识和长期交往，思及他对我们的真切关怀和真诚支持，内心充满深深的敬意与感激。

一见如故，高山仰止

1982年我本科毕业后留在辽宁师范大学地理系从事经济地理方面的教学科研工作。我的前辈梁喜新教授、赵宪尧教授、王淑琴教授、张耀光教授和张大东教授等，与北京大学的魏心镇教授、胡兆量教授、杨吾扬教授、周一星教授等经济地理前辈有密切的联系。我在从事《经济地理学导论》和《城市地理学》教学的过程中，对城市地理学等方面的研究成果比较关注，经赵宪尧教授和王淑琴教授的推介，在辽宁师范大学图书馆查阅到了周先生早期发表的《论我国城镇化的地域差异》（城市规划，1983）、《城市化与国民生产总值关系的规律性探讨》（人口与经济，1982）、《中国城市工业产出水平与城市规模的关系》（经济研究，1988）等学术论文。因为当时信息化程度极低，学术期刊杂志获取难度较大，而在纸质版杂志中检索获取有效信息的难度更大（年轻一代是难以理解的）。每每阅读到周先生的论文我都如获至宝，会认真摘录其中部分内容。我印象深刻的是，当时周先生的论文分别采用过主成分分析、聚类分析和纳尔逊的统计分析、回归分析等定量的研究方法。虽然当前经济地理相关的定量研究方法日益多样化，这些研究方法已经被普遍使用；但是在20世纪90年代，经济地理的主流研究方法还是以定性分析为主。周先生的研究成果对推动经济地理学的计量化无疑发挥了重要的引领作用。通过不断阅读周先生的相关学术论文，我才能逐步接近城市地理学前沿，也因此对周先生肃然起敬。

记得是1995年年初，周先生带领史育龙、孟延春、张军等研究生到大连实地调研"辽中南地区空间集聚与扩散"相关的内容。那个时期我恰巧在做"沈大高速公路新辟客运线路论证"（相关研究成果发表在《经济地理》1995年3期）方面的研究，于是力所能及地为周先生的调研提供了相关的基础资料，也因此有幸结识了周先生。周先生来大连调研期间，曾在某天晚间于辽宁师范大学地理系的学生教室作过一场学术报告，主要是利用投影胶片介绍国内外城市空间分布、都市连绵区等方面内容。周先生的报告不但深化了我们对城市空间布局等领域的认识，还开启了辽宁师范大学相关青年教师利用投影胶片授课的热潮。在当面交流过程中，我对周先生的敬仰之情与日俱增。于是我通过辽宁师范大学地理系主任张大东教授委婉地向周先生提出了想到北京大学地理系跟随他做高级访问学者的愿望和请求。周先生高兴地答应了我的请求，并于1995年7月帮助我办理好了到北京大学地理系做访问学者的相关手续。我与周先生的交往进入了更紧密的新阶段。

忝列门墙，难忘师恩

因为自己如愿来到北京大学地理系周先生门下做访问学者，对我而言，敬仰的周先生成了敬爱的周老师。1995年9月至1996年7月在北京大学做访问学者期间，我和周老师有了更多接触和交流机会，进而被周老师严谨创新的学术精神和敦厚师长的人格魅力深深感动。了解到我在辽宁师范大学也主讲"城市地理学"后，周老师主动邀请我选修他的研究生课程"城市地理学"，并赠送了我一本商务印书馆出版的"城市地理学"。周老师上课时旁征博引、深入浅出、激情四射，在讲解理论知识的同时，结合城市空间布局、都市连绵区、空间集聚与扩散等议题提出自己在学术上的独立思考。周老师上课时还善于通过对比分析国内外的异同来突出中国研究的特点，通过交代某一理论的来龙去脉方便学生理解。周老师这样的教学方式对我后来的教学水平的提升产生了重要的影响。

大约是在 1995 年 10 月份，周老师给我配了一把钥匙，允许我使用他的办公室作为自己访学的办公场所。当时我非常感谢周老师让我共享其办公室，为我的工作提供便利。后来我回到辽宁师范大学并晋升教授后有了自己的办公室，也涉及为学生提供学习条件的事宜，这才更深切地体会到我在北大访学期间，周老师对我是多么的信任，他的胸怀是多么宽广！

我访学期间，周老师正主持国家自然基金重点项目"中国沿海城镇密集地区空间集聚与扩散"。我有幸参加了课题研究的相关讨论，具体参与了辽中南城市密集区的区域背景特征研究中部分资料的分析与整理工作，在课题研究内容分解、讨论提升、观点凝炼等环节学习到很多。这些收获为我自己后来主持完成国家自然科学基金等课题提供了良好的借鉴。我当时在进行大连市水资源综合利用方面的研究，撰写了《调整产业结构实现大连市水资源可持续利用》（1997 年发表在《地域研究与开发》）论文初稿。周老师在我论文手稿上进行了详细的修改：有删减和增添，也有文字表达形式的调整，并在最后一页的空白处集中提了几个修改建议。修改后的论文手稿充分体现出了周老师严谨的治学态度和高超的学术水平。在北大访学期间，周老师让我感动和感激的事情可以说不胜枚举。

图1 1997年周一星（左二）与栾维新（右一）、孟延春（右二）、曹广忠（左一）春游

在北京大学地理系周老师门下做访问学者这一年，是我人生旅程中经历最丰富、记忆最深刻、综合能力提升最明显的一年。在周老师那里，我学到了如何更高效地指导研究生、更清楚地传道授业、更规范地撰写学术论文、更严谨地从事科学研究、更谦虚地为人处事。这25年来我在教学、指导研究生、科学研究等方面的每一点进步，都与做访问学者这一年的经历和收获有着千丝万缕的联系。周老师对我的信任、鼓励、教导和恩情，我终生难忘。

桃李不言，下自成蹊

由于特殊的历史原因，我本人虽没有攻读博士学位，却顺利成功培养了20余位博士研究生，这离不开我在北大访学期间周老师对我的栽培和教导。因此我一直把周老师看作自己的"博士生导师"。想来周老师也一定愿意视我为自己的学生：25年来我与周老师一直保持紧密的联系；我晋升教授得到了周老师的祝贺；我在教学和科研上取得的每一点进步，都会得到周老师的鼓励。

周先生的学术重心转移到城市地理始于20世纪70年代末，他的城市地理学术生涯恰好与中国改革开放的四十多年同步；这个时期恰巧也是我国的快速城市化阶段，城市发展面临的新矛盾和新难题层出不穷，迫切需要城市发展理论的支撑。周先生是那一时期少数活跃在国际城市地理学前沿的学者之一，开阔的国际视野、"独思"的习惯、丰富的城市规划实践，决定了周先生在中国城市建设的空间战略、国家城镇化的健康发展、理顺空间规划体制、城市地域划分标准等方面，发挥了不可替代的作用。近年来几次会面，周老师都精神矍铄，身体健康，步履轻盈，笑容灿烂。周老师曾题字赠送我两本专著：《城市地理求索：周一星自选集》和《城市规划寻路：周一星评论集》。周老师的文章不但观点鲜明、逻辑结构清晰、论证严密，而且用词准确、行文优美、表达流畅。周老师在《城市规划寻路：周一星评论集》序文的最后一段写到"联想自己，与早春的野花一样，学术生命如此短暂！不禁悲从中来。然而，转念一想，何必感伤！自然界平常的四季轮回而已，应该赞叹她们的顽强不息才对，毕竟开了花。我，也一样，努力奋斗过，在与自然法则的较量中，不遗憾。"细品这两本书，可体味到周老师退休后乐观豁达的心态、优美精致的文字和坦荡宽广的胸怀。周老师是值得我一生学习的榜样和楷模！

在周老师八十华诞之际，谨写此短文以示祝贺。

祝周老师健康长寿！

作者简介

栾维新，1959年9月生，辽宁沈阳人，现为大连海事大学教授。1995年北京大学访问学者，师从周一星教授。邮箱：weixinl@vip.163.com

我的导师周一星

石 楠

学问越大,越不需要成串的头衔。

周老师在我心目中就是这样的一位学者。

我甚至不知道周老师有哪些说起来很响亮的名号,得过哪些令人羡慕的奖项,也从来不觉得他需要这些"身外之物"。但只要一提起周老师的名字,心目中的崇敬、心底里的亲切,自然而然地洋溢开来。

周老师曾经给中央政治局全体成员讲过课,讲的是中国城镇化,能担此重任的肯定是学界权威,更可谓莫大的政治荣誉。因为有纪律的约束,一段时间不让公开讲这段经历,周老师也从没刻意宣传。但我们知道,研究城镇化问题,无人能出其右。

周老师2004年起担任中国城市规划学会副理事长,此前他是学会区域规划与城市经济学术委员会的主任委员。学会传统上一直由一位地理学的杰出代表担任副理事长,他的前任是著名的地理学家胡序威先生。我印象中是胡先生推荐他,建筑规划界的各位泰斗们也一致希望他出任。事实上,当时学会主事儿的吴良镛院士、周干峙院士对他可谓心心相通、惺惺相惜。

周老师并没有因为当学会副理事长而得到任何实惠，倒是为学会作了很多贡献。周老师对于学会乃至我国规划界最大的贡献，依我愚见不仅仅在于城镇化研究独到的建树，而是身体力行地在规划界树立起做学问的风范，他的科学精神、严谨学风，一直是学界和业界推崇的榜样，为大家津津乐道。

记得2004年9月19日，中国城市规划学会在北京召开2004城市规划年会暨中国城市规划学会换届大会，大会上请周老师作学术报告，周老师讲了他擅长的城镇化话题。

在此之前，城镇化在很长时间里没有进入中央政府议程，而且在一定程度上是个多少有些消极含义的词汇。直到1998年中央提出城镇化是解决"三农"问题的重要途径，2000年中央关于"十五"计划的建议里明确提出了实施城镇化战略，倡导"走中国特色的城镇化道路"，2002年11月党的十六大报告再次重申"走中国特色的城镇化道路"。2004年3月，国务院明确提出"加快城镇化进程"。城镇化才从经济增长的"消费方"，转变为经济发展的"促进剂"；同时，也出现了一些地方头脑发热，为了推动经济发展，不断上演城镇化翻番的数字游戏。

图1　2006年5月周一星（左）和石楠（右）在福州考察

那次在全国规划界的大会上，周老师面对来自各地的参会代表，坦言他对于一些地方出现的城镇化热潮的担忧，并且旗帜鲜明地指出，国家统计局官方公布的城镇化水平不是可信的数据，有水分，主要是由于统计口径上的调整，才造成了连续八年以1.43～1.44个百分点增长的假象。这种人为调整带来的副作用很大，让大家难以正确评价当时我国城镇化的真实状况，尤其是对于城镇化增速与经济增长之间的关系缺乏科学判断，导致一些地方脱离实际，无法科学地制定适合本地区城镇化发展的战略。

周老师一针见血地指出了官方统计存在的不科学问题，他的报告被全场700多位代表雷鸣般的掌声打断。猝不及防的自发掌声，在京丰宾馆礼堂里经久不息，给代表们久违的澎湃，迄今仍有不绝于耳的感觉。周老师说出了大家的心声，代表们对一位真正的知识分子仗义执言的勇气表达出内心的钦佩和认同。

在随后的时间里，周老师多次呼吁，要尊重城镇化的发展规律；必须调整市镇统计口径，避免大起大落；他更是及时提出，要特别警惕和避免"过度城镇化"，城镇化进程不是越快越好，城镇化水平不是越高越好，城镇化要与经济增长、新增就业、资源、环境、生态保持协调和可持续的关系；在推进城镇化战略时，应该更多地关注城镇化质量。这些富有远见的卓识，对于某些决策者难免有些"忠言逆耳"的意味，但终究为广大科技工作者和最高决策层所采纳。

2006年开始的"十一五"规划，继续高度关注城镇化问题，但在具体提法上，已经改变为强调"促进城镇化健康发展"。可以说，这与周老师等诸多专家的大声疾呼，以及2005年中央政治局集体学习时周老师讲解"国外城市化发展模式和中国特色的城镇化道路"不无关系。

周老师的科学、理性还体现在他的严谨认真上。他多次明确提出基本概念的重要性，并且专门撰写了《城市研究的第一科学问题是基本概念的正确性》，认为正确的基本概念，是最基础也是最重要的问题。针对各种政策和学术概念满天飞、滥用误用的现象，他多次嘱咐我，中国城市规划学会应该就都市区、城市群、都市圈等似是而非的名词进行科学界定。感谢周老师这种探究精神的积极影响，学会先后花大力气组织专家开展了一系列相关研讨，提出了很多政策建议，并且承担了一些基础性、公益性的工作，包括《城乡规划术语标准》的全面修订、《城乡规划学名词》的编纂等，以此在规划界倡导踏实认真、科学严谨的风气。

图 2　2011 年 4 月中国城市规划学会为周一星（右三）庆祝 70 岁生日

周老师严肃认真的风格，有一种天然的感染力。在他的言传身教下，弟子中很少有那种不求甚解、夸夸其谈的人。他对于我个人的帮助也尤为突出。拜他为师，跟他读博士，一是仰慕他的学识，也是敬重他的治学之道。

我是在工作了 17 年后以同等学力的身份报考周老师的博士研究生的。从报名入学，到综合考试、论文开题和答辩，全过程中倾注了周老师很多心血，也真正体会到一名真正的科学家是怎样对待自己所从事的事业的。

刚入学时周老师就非常谦虚地说，他虽然是我的导师，但我们是教学相长。他说你们都已经工作多年，对很多问题有自己的思考，不只是从老师这儿学东西。

他这种虚怀若谷的态度，让我觉得受宠若惊，也更加战战兢兢，生怕给老师丢脸。

在学习期间，周老师的确是以一种相互切磋的态度对待我这个"老学生"的，我因为工作的缘故，有机会接触一些较为前沿的领域，周老师总是非常认真地就这些话题与我交流探讨，他还专门让我给同学们介绍有关城市与区域治理的最新研究进展。每当此时，我这个做学生的其实内心一方面是诚惶诚恐，另一方面更增加了对周老师的钦佩。

在通过综合考试后，我与周老师讨论博士论文的选题方向和开题的问题，虽然我个人的兴趣与周老师的研究方向多少有些偏离，但他的包容与支持，以及细致的辅导和帮助，让我顺利地通过了博士论文开题。

但后来工作的繁忙和压力完全超出了我的预料，以至于开题后一直无法静下心来完成论文初稿。其间我曾经萌发了放弃继续学习的念头，一是博士学位对我个人而言并没有多少"附加值"，当初报考在职学历就是为了自己能再"充充电"，将自己的一些片断思索加以总结，既然时间不允许，就必须在工作和深造之间再做选择；二来我知道导师们都有一定的考核压力，门徒长期无法毕业，眼见学生证上的登记页近乎填满，一次又一次地延期，必定会影响导师的"业绩"，我不希望因为自己的"拖延症"而耽误老师。因此，我跟周老师探讨我自己申请"博士肄业"的可能性。

周老师的及时劝阻，以及胡兆量、董黎明、王缉慈、吕斌等诸位老师的善言，才让我重拾信心，下决心必须把论文拿下。2004年10月底，我终于完成了博士论文初稿。周老师那时候要到北大深圳研究生院讲课，他后来告诉我，那次去深圳主要就是带了我的论文。随后他将修改后的初稿交给我，打开一看，满篇红字。从论文标题，到每一章的内容，从学术观点的凝练、梳理，到行文断句、标点符号，看不出是一篇博士论文的修改稿，倒像是中小学老师修改的学生作业。我当时心头涌起一股暖流，感动得让我一时不知道怎样感谢周老师的辛苦，又觉得无比汗颜，自责自己应该把论文好好打磨后再给老师。

图3 2011年4月石楠（左）等赠送周一星（右）《傲骨集》
（中国城市规划学会秘书处制作）

周老师就是这样对待学生的劳动成果的。所谓教学相长不只是讲知识的分享，其实更多的是师德师风的传授、治学之道的传承。我清楚地知道，我的博士论文能够顺利通过答辩，固然有自己的努力，但导师的付出却是难以衡量的。后来我在论文的后记中写了这样一段话："感谢我的导师周一星教授，感谢他对于我的帮助和指导，也要感谢他对于我的宽容和鼓励，从他身上我学到的不仅是知识，更重要的是他对于事业和学问孜孜以求的精神和作为一名知识分子的高风亮节，这也许将成为我的城市规划职业生涯中享用不尽的一笔宝贵财富。"

事实证明，我当时的感受是对的。周老师于我不仅是博士学位的导师，帮助我拓展了城市规划政策研究的领域；更是我做事为人的榜样，引领我确立科学的思维逻辑，对于工作和事业的敬畏与执着。

在与周老师相知相遇的时间里，在与其他规划、地理学界专家学者的交流中，我深切感受到周老师身上具有的知识力量和人格魅力。周老师是一个有着传统文人风骨和现代科学思维的知识分子，这种高端的低调、荣耀的谦虚、伟大的平凡，是我所崇尚的。所谓尊重知识、尊重科学，不正应该体现在这些日常的点滴细节里吗？

感谢周老师，我为是你的学生而自豪！

作者简介

石楠，1961年5月生，1999年入学北大，师从周一星教授，2005年获人文地理学博士学位。现任中国城市规划学会常务副理事长兼秘书长、《城市规划》杂志执行主编，中国城市规划设计研究院教授级规划师。邮箱：shinan@planning.org.cn

做一名整体的地理学家

——周一星教授与北大的整体地理学

吴必虎

北大有没有地理学？2017年9月21日，教育部、财政部、国家发展和改革委员会印发《关于公布世界一流大学和一流学科建设高校及建设学科名单的通知》。根据教育部新闻办公室公布的消息，北京大学入选"双一流"建设高校A类名单，同时由北京大学城市与环境学院主持建设的地理学科和生态学科入选"双一流"建设学科名单。从官方文件来看，北大不仅有地理学，而且还是获得国家认可的一流学科中的最佳状态：A+。

北大有完整的地理学吗？根据北京大学城市与环境学院官方网站的学院简介，在讲述北大地理学科发展史时，最后几行文字是这样描写的："北大在2002年将原城市与环境系与环境科学中心合并成立了环境学院。……2007年5月，学校决定将环境学院的两部分分开，原城市与环境学系所属部分成立了城市与环境学院。"

实际上城市与环境（以下简称城环）学院官网的这段描述是不符合实际情况的，或者说官网不方便讲出真实的情况：2002年的原"城市与环境系"包括了完整的地理学科的体系，自然地理、经济地理（人文地理）和地理信息系统三位一体，共擎地理科学大纛，而2007年的"原城市与环境学系所属部分"成立的"城市与环境学院"已经丢失了原来的地理信息系统（拆分到地球与空间科学学院）和原来的区域经济学（经济地理领域，拆分到了政府管理学院）。北大的地理学在学院之间不再完整，在城环学院内部也逐渐退出统治地位，降格为与生态学、环境科学三足鼎立的弱势地位，从学科是否具有院士带头人来看，生态学和环境科学都有院士支撑门面，而地理学继侯仁之教授之后、傅伯杰院长短暂地回归母校又回到北京师范大学之后，早已不再拥有自己的"带头大哥"。

随着中国城市化逐渐由过去40多年的增量型发展模式（由此支持了建筑学主导的城乡规划和区域发展）转向存量型调整的空间生产权力政策研究模式（地理学重新获得自然资源与国土空间管理与规划的影响力），中国地理学发展又一次出现重大发展机遇，全国各大高校纷纷投入资金及人力资源重振地理学科，清华大学在1952年院系调整时期地学力量整体调动进入北京大学之后，又于2016年重新创建地学系；北京师范大学地理学科快速响应发展出"三宫六院"的庞大队伍（2016年北京师范大学成立由地理学与遥感科学学院、资源学院、灾害风险科学研究院、地表过程与资源生态国家重点实验室、遥感科学国家重点实验室共同组建成立的地理科学学部）。中国地理学会2021年也公开发文号召各地理学科所在大学重举学科大旗，恢复地理学科系名院名。北大地理学却由于在2002—2007年五年间遭受到的调整后遗症而再难集中力量重振旗鼓，不得不沿着既有的发展格局而摇摆前行。

在庆祝周一星教授八十寿辰的愉快时间，我为什么要提及北大地理学科发展的一波三折而又有点沉重的话题呢？那是因为周一星教授自始至终地为北大地理学的整体发展而付出的大量心血，也是当年我在亲身经历那个原城环学系体系内的地理学科被拆分为三个学院过程中目睹周老师为挽救地理学的完整性所做出的不懈努力而至今难忘的一次致敬。

周一星和他的朋友们

我是1997年1月开始进入北大城环学系做博士后研究的,1998年年底出站后留城环系任教,2002年城环学系被拆分时我还是名脚跟尚未站稳的小小副教授,但也为当时地理学科的发展陷入分裂而焦虑,因为我从大学本科、硕士、博士阶段都是在华东师范大学地理系接受的完整的地理学训练,对地理学的基础理论及其在区域发展中的规划应用的理解还是比较深切的。当时记得在北大未名BBS网站参与了热烈的讨论,我写的一个帖子还一度入列某一天的十大热点,反映了当时城环系的学生是多么关心学科命运。遗憾的是现在似乎在北大BBS站里找不到20年前的数据了,也找不到保存那个时代电子文档的软盘、不知被放到哪里去了。现在只能凭脑子里残留的一些记忆,来为校友和读者们重叙周一星老师和一批老教授们为北大地理学的整体性而不辞辛苦地奔走呼吁的情景。

北大地理学的整体发展曲折起伏,确实是各大学科中所少见的。1904年在京师大学堂文学科中虽然设立了地理学门,但据王恩涌先生考证,当年仅仅是个计划,并未实现,也许这个起始的不顺预示了其后的曲折命运。所以要讲北大地理学的真正的起源,还得从清华大学的地学系谈起:清华大学于1928年成立地理系,1929年招收学生,1933年,学科扩大为覆盖地理、地质、气象三个领域并改名为地学系。1938年西南联大时期,原清华地学系与北大地质系合并为地质地理气象学系。1945年清华地学系迁回北京。1952年全国高校院系调整时,原清华的地学系调整到北京大学,与燕京大学历史系少数教师一起成立地质地理系。由清华搬到北大,这是第一次大的变化。根据刘超(2017)在《自然科学史研究》发表的《以苏联为蓝本:建国初期北京大学地理专业之设置》的研究,在苏联专家涅干诺夫和列别杰夫影响下,北大地理学科由1952年初建时的一个自然地理专业的9位教职员、30多个学生的弱小机构,发展到1959年的自然地理、经济地理、地貌学三个地理专业,达到50位教职员、262名学生的规模。除了"文革"期间政治运动原因,北大地理学科发展总体上还是一帆风顺的,直到2002年的拆系风波,发生了影响北大地理学发展和整体性破坏的第二次裂变。

虽然当时周一星教授等老一代地理学家做了很多努力，但终究没有能阻止地理学科被粗暴地纳入环境学院、地理学科被肢解事件的发生。20 多年过去了，现在唯一能在网络上找到的一个证据是一封"北京大学地理科学研究中心致全体老师、学生的一封信"的文件，它于 2002 年 10 月 28 日 23:08:45 发布于北大未名站（写信的时间其实是 10 月 7 日），第一署名人是中心主任周一星教授，此外还包括两位副主任蔡运龙教授和周力平教授，中心秘书李有利教授。为了让大家感受一下当时周一星教授带领的保护、传承北大地理学完整性的人们的拳拳之心，这里摘抄这封信的主要内容如下：

各位老师、同学：

北京大学地理科学研究中心（Geographic Science Research Center, Peking University）已经正式成立了，它由原城市与环境学系（地理系）的各方向，现环境学院的资源与环境地理学系、城市与区域规划系、生态学系、历史地理研究所联合组成，……本中心的宗旨是致力于推动北大地理学各分支、各相关单位的学术交流与合作，促进北京大学地理科学研究整体水平的提高，为建设国内先进和国际一流的地理学教学与科研基地做贡献。完成这样的任务，在现在的新的组织构架下显得愈加重要和愈加迫切了。说到组织构架，让我们简单地回顾一下历史。

北京大学地理学的教学与科研可以追溯到清华大学成立地理学系的 1929 年。……1988 年地理系为了适应招生的需要，采用双名法，在国内主要叫城市与环境学系，在国外主要叫地理系，并形成了人文地理（人文、历史地理、城市规划、区域经济），地理信息科学以及自然地理与环境地学"三足鼎立"的格局，发展欣欣向荣。进入 21 世纪，北京大学进行院系调整，虽然遥感和 GIS 教研室和遥感所一起进入了地球科学与空间信息学院，但没有形成大的分裂，其主体共同进入了所谓环境方面的学院。虽经同仁和国内外同行的多方努力，现在的环境学院（英文名为 College of Environmental Sciences, Peking University）在名字上已经不能全面反映地理科学的内涵。也就是说，北京大学地理学和地理系的沿革，在它成立50周年的时候，要由地理科学研究中心来传承了。

地理科学研究中心挂靠在北京大学环境学院。它虽然是一个虚体，但还是尽量要做一点实事。譬如定期或不定期的以中心的名义组织一些学术报告，给地理学各个领域之间以及与国内外兄弟单位之间进行交流提供一个平台；帮助师生发表和传播他们的研究成果；每年把北大地理学的论文成果收集编目，向外界宣传；编一个通讯；编一个网页等等。虽然困难很多，但有学校和学院领导的支持，有大家的积极主动的参与，困难是可以克服的。

我们发出倡议：希望大家与中心共荣辱，同心德，为中心发展出谋献策，为中心建设增砖添瓦，利用一切机会，小到信封、信纸、名片，大到学术交流和论文署名，从朋友间闲谈到正式会议，尽量多用"北京大学地理科学研究中心"的名字，以扩大中心的影响，为北京大学地理科学的发展做出贡献。让我们把中心办成北京大学地理科学的一面旗帜，一支永不熄灭的火炬，一块中国地理科学的前沿阵地，北大地理学子尽展才华的平台和北大地理学人永远热爱的温暖之家。

北京大学地理科学研究中心

2002/10/7

这个虚体的地理科学研究中心成立以后，周一星教授身体力行，推动落实那些他号召大家共同努力的计划，其中一个计划就是与科学出版社合作推出的《北京大学地理科学丛书》，得到了切实的进展，周一星教授在一篇《北京大学的地理学也是常为新的！》公开信中说：

"北大是常为新的"（鲁迅《我观北大》语），北大的地理学也是常为新的。顺应科学发展和社会需要，北大地理学在不同历史时期相继率先开拓出综合自然地理、城市规划、环境保护、遥感等重要方向。进入21世纪，北京大学进行院系调整，原地理系主体进入了环境学院，形成资源环境与地理学系、城市与区域规划系、生态学系、历史地理研究所四个研究和教学实体，遥感和地理信息系统进入了地球与空间科学学院。北大地理学科在新的组织框架下，以地理科学研究中心为纽带，继续高举地理学大旗，促进北京大学地理科学整体水平的提高，推动北大地理学与国内外同仁的学术交流与合作，为建成一流的地理学教学与科研基地而努力。

作为实现上述目标的一种途径，我们与科学出版社合作推出《北京大学地理科学丛书》，至今已陆续出版了多部著作，并且一再重印，表明它确实符合学界和社会的需求，并逐步形成了自己的品牌。我们将继续把这件很有意义的事情做得更大，做得更好。兼收并蓄是北大的传统，我们欢迎国内外同仁加盟。

北京大学地理科学研究中心
2004 年 6 月 5 日

周一星教授在维护北大地理学整体性的过程中，再一次表现出国内城市地理与城市规划学界称誉他是一位"敢于说真话的学者"的风骨。周一星教授在思想上努力促进地理学的统一，并付诸于实践，长期坚持推动这一目标的实现。作为一名"完整的"地理学家，周一星教授自认自己是从小就与地理学"有缘"。他在《城市地理求索：周一星自选集》中介绍说：

我能做哪些事？我与地理有缘。从小学五年级开始喜欢地理课，初中就订阅《地理知识》，给老师画地理教学挂图，高中开始梦想当地理学家，大学如愿读北大经济地理专业，毕业后又在母校从教。受上世纪七十年代参与北京、邯郸、承德、芜湖等城市规划的启示，1978 年开始进入城市地理学这个在中国几乎空白的领域。

北大地理学的系统训练及整体的地理学养成的成功，表现在对学生的区域性和整体性的学科训练上，对于区域发展的理解，离不开对整体地理学的把握。令人欣慰的是，在我国为党中央政治局授课的140多位学者中，来自北京大学经济地理专业的就有四位：周一星（1959级）、樊杰（1978级）、隆国强（1983级）和林坚（1986级）。北大地理学能为国家输送众多杰出人才，是值得总结的，他们四位的受教育时期，北大地理学都是整体性的课程体系在发挥支撑作用。我相信，整体的地理学的训练，应该是功不可没。

周一星教授基于良好的地理学训练，在研究城市发展和城市人口等领域，都做出了显著的贡献，他前瞻性地预见到中国人口与经济具有向沿海6个条件最好的城市密集区集聚的趋势并把这6个地区命名为"都市连绵区"。正是有了这样的学科理论支持，周一星在中国城市规划和城市地理研究领域取得了众口皆碑的成就，并在2016年荣获中国城市规划学会"终身成就奖"。在北大知名地理学家中，另一位获得这一殊荣的学者就是侯仁之先生，他曾于2006年获此奖项。

进入21世纪之后，北大地理学的整体性受到了多种因素的干扰而逐步被分割成了过于细小的领域而缺乏对其整体的把握。有一位网名叫luzhe的北大地理学校友在其博客（http://blog.sina.com.cn/luzhe）中称：

杨吾扬老师他们那代人的时候，北大地理应该是在全国领先很多的，很多那时的老先生，在学界的影响力应该也是非常大的。现在随着这代人的退休、逝去，慢慢地似乎"北大地理"的声音弱了不少，尽管现在SCI很多，出色的成果也不少，但是很难归到地理学的范畴里面去了。曾经介绍过地理学的诺贝尔奖，即"瓦特林·路德国际地理学奖（Prix Vautrin Lud）"，那些得奖者基本上都是对地理学的基本方法和理念上有贡献者，大致就是杨老师他们那代人做的路数，但是今天在北大很少见到这个方向的研究者了，不知这是好还是坏。

这位校友比较含蓄地批评了现在北大地理学被引入了只顾发 SCI 却对地理学理论没有什么贡献的道路上去了，虽然他/她对这样的路数"不知是好是坏"没有做出判断，但是不难看出对这种发展趋势的忧虑。关于这一点，胡兆量教授（2017）也曾在回顾北大经济地理专业的办学过程得失时明确指出，需要提高教学计划课程设置的科学性。20世纪五六十年代的课程设置的优点是重视基础理论和基础知识，现在的教学计划课程设置看上去很美，与时俱进了，但是回头看来"经过几十年的演变，专业的基础理论和基础知识是削弱了"。

另一位博主李汝资（http://blog.sciencenet.cn/u/liruzi）也指出，人文地理学内部近年来也越来越缺乏像吴传钧、李旭旦、杨吾扬、袁树人等老一辈地理学家，越来越少了那种学术观点的碰撞与争论。以国内地理学顶级期刊《地理学报》文章为例，那些"辩论性"的文章不知不觉中已经消失。更多的是自说自话，"自成一家"；而对于外界一直质疑的人文地理学的"不科学性"，地理学人仿佛也只是为了"科学"而"科学"，变得越来越被动，仿佛遇到了前所未有的"瓶颈期"。

党的十九大以来，特别是 2018 年中央推行大部制以来，中国地理学的发展迎来了前所未有的大好时机。在自然地理学的发展机会方面，生态文明建设和自然资源部门掌控一切自然资源的管理与利用；在人文地理和经济地理方面，中华传统文化伟大复兴、乡村振兴和国土空间规划一张蓝图绘到底；在 GIS 的发展机会方面，5G 技术、北斗技术、智慧城市、天眼工程和物联网发展一日千里；在区域地理方面，一带一路倡议和负责任大国的国际关系新定位……在工业化高速发展时代，一切学科发展朝着工程化、细分化、标准化，有其发展的时代背景。但是现在中国和西方发达国家之间的差距在逐步缩小，很多地区已经进入后工业化和后城市化阶段，知识的学习和应用重新回到了需要综合的时代，地理科学的学术研究与人才培养，是到了重新呼唤其整体化的时候了。周一星教授长期以来孜孜以求的地理学整体性生境，以及他一直以来对自己学术生涯的整体地理学家的学术生命追求，这个时候必然会展现出其熠熠生辉的榜样力量。

整体的北大地理学，回来吧！

祝周一星教授八十华诞生日快乐、身体健康、学术生命之树永远长青！

作者简介

吴必虎，1962年1月生，北京大学城市与环境学院城市与区域规划系教授、博士生导师，北京大学城市与环境学院旅游研究与规划中心主任，主要研究领域有城市与区域旅游规划、目的地管理与营销以及更广泛的旅游与游憩研究等。邮箱：tigerwu@urban.pku.edu.cn

跟随老师学习的十年岁月

赵新平

我是1980年高考考上陕西师范大学地理系的。在那个年代,能考上大学,对于上溯多少代都以农为生的寒门子弟来说,那肯定是烧了高香了。但是,被分配到地理系,学习地理学而且是师范院校,用那个时代的话说,是选对了道路却进错了大门。倒不是我看不起教师职业,也不是我对地理学有偏见,因为在中学期间,我连一节地理课也没有学过,偏见或歧视都无从谈起。拿到录取通知书,我没有一点高兴,只有失望。一定是什么环节搞错了!于是在老父亲的带领下来到县招办询问,既确定是师范院校,也不是把物理系错写为地理系,因为地理学也是招理科生的。总之,从那一年开始命运让我与地理学结缘。不过老实说,经过了四年的学习之后,虽然说学习成绩尚可,但我对地理学仍然说不上热爱,因为我所学的地理学,更像是一些常识或知识的堆积,缺少一些思辨性。要在地理学中选择,我偏向于人文地理,只是师范院校的地理学,对自然地理较为偏重,人文地理课程并不多,而且基本上都只是概论课,如经济地理学概论、人文地理学概论,可就是那些并不充分的学习,好像一扇门半掩着却让我从缝隙中窥见了一园撩人的春色,心中痒痒的,总想进去深入了解。

机会出现在 1987 年。我因分配进入高校教书，一介本科生要胜任高校的教学仍然是吃力的，所以单位轮流外派教师去外校进修。我有幸被派到北京大学地理系，师从黄懋枢老师，修习中国自然地理学，学期一年。大学毕业那年，我也曾考了一次研究生，虽然成绩过了录取线，可最终没有考上，那一年我考的是经济地理，就是因为认真地学习了胡兆量先生的经济地理学讲义，我的专业课还是获得了较高的分数。能见到神一样的胡先生，心中自然是高兴且期待的。到了北大，黄懋枢老师给了我极大的自由，让我有很多的时间去学习除中国自然地理以外的课程。那时的北大，因为改革开放不久，学校里各种思潮、各种学说，纷繁缭乱；那时的北大地理系，大量的西方地理学思潮被引进，地理学进入了一个学科体系重新建构的时代，群星璀璨，新学众多。我好像是刘姥姥进了大观园，如饥似渴地选修或旁听尽可能多的课程，不管是地理系的还是其他系的，不管自然地理还是人文地理，基本上不要什么学分，只要能给我们单位有个交代就行。

不记得是 1987 年下半年还是 1988 年上半年，也不记得是选修还是旁听，总之我听到了周老师的城市地理学课程。尽管此前已经有于洪俊、宁越敏合著的《城市地理概论》一书出版，但我并没有学懂。那时，城市地理学对整个地理学都是一个新领域。我认真地一节不落地全部聆听了周老师的整个学期的课，也不记得是否拿到了周老师给的学分。那时周老师还很年轻，戴眼镜，浓眉下双眼冷清平静，偶尔会有一些笑意，使得他的课堂更显得安静。给本科生讲城市地理学，周老师从城市化入手，从城市基本概念与城市地域分类开始，解析古今中外的城市发展。整个学期，周老师保持了一贯的风格，紧紧抓住基本概念，对"工业化与城市化、城市发展与变迁"这样一个宏大的人文现象进行解析。他讲课的声音并不高，娓娓道来，逻辑性极强，又不时把中国当下的城市发展问题引入思考。一个学期下来，在他的讲述中我个人终于开始初步了解了城市地理学。越听越觉得这就是我想学的地理学。

20 世纪 80 年代末期，经过了不到十年的改革开放，苏南乡镇企业获得发展，中国经济发展中市场的力量越来越大，在国家投资动力不足的背景下，市场机制逐步显现，打破了计划体制的僵化。对地理学直接的影响就是以前计划体制下的经济地理学已经变得无所适从，我们所学的经济地理学那些生产力布局、地域生产综合体等理论已经不能解释市场机制，令我们这些热爱经济地理学的学生感到一片茫然，整个经济地理学面临调整学科体系的窘境。当时，西方地理学中计量革命的热潮在杨吾扬教授的倡导下，成为整个北大地理学教学的热点，但经济地理学与人文地理学的学科体系的重构，还没有完成。在这样的背景下，周老师的城市地理学已经很早就呈现出了人文地理学的现代样貌，他从地理学的视角把城市化这个在改革开放后焕发生机的人文过程与现象，解析给你听。之所以说这就是我想学的地理学，是因为我看到了一个以研究与解释中国城市问题为基本目标、以一整套概念与理论来阐释城市发展与城市问题的新地理学，这是一门既有理论、也面向应用的学问。就是在听过了周老师的课程后，我确定了想跟随周老师学习城市地理学的打算。

真正成为周老师的学生，还要再等一年。1989 年 4 月底，我借到地理所参加世界农业类型学讲习班（孟延春也在那个班）结束的时机，来到学校，找到了周老师，向他清楚地表达了想考他的研究生的想法，得到了周老师的首肯。我满怀喜悦，回去紧张地准备考试。1990 年，我们这些在职生因为政策的变动，只能全部以毕业返回原单位为前提参加考试。好在，最终还是被录取了，终于成为周老师门下那一届唯一一名研究生，有幸正式列入周老师门墙。

图 1　2004 年 6 月在毕业典礼上周一星（左）给赵新平（右）整理学位服

　　研究生的三年，是我一生中收获极大的岁月。在周老师的学生中，我是先天条件较差的，基本技能与知识结构都没有优势，只是比其他同学社会生活阅历稍多些而已。研究生的三年，有幸在周老师的指导下，系统地学习了城市地理学研究生课程，也参加了大量的调研。当然，在这三年里，我还尽可能多地选修了其他老师的课程。几十年来，那一位位名师的音容笑貌，经常还会萦绕心头。那时，各位老师关于经济地理与人文地理的学科重构已经初见成效。杨吾扬老师的地理学思想史课堂上，杨老师仰头发问的神态，时常让我们对地理学的走向保持思索；魏心镇老师的国土规划，他辛苦收集的国外国土规划的新思路，在他的带有东北口音的讲述下，让我们对整体思考空间发展，眼界大开；朱德威老师的地理数学方法，是我学习最吃力的课程，不过聆听朱老师介绍的一个个著名的数学方法，统计方法、系统动力学、灰色模型等等，无不让我们的思路得到升华；王恩涌先生的文化地理学、政治地理学，更把我们带入更广阔的人类活动空间规律的宏大思考；胡兆量老师的区域分析方法课，浓缩了他一辈子关于区域研究的心得，让我们对如何开展区域分析打开了多个视角与维度……。当然了，三年期间，最让我难忘的是周老师的研究生课。因为，周老师的课程已经在中国城市问题研究方面更加深入，更加成熟。在研究生课堂上，周老师讲授了大量他关于中国城市问题的研究成果，正是他把那些关于中国城市问题的深入思考成果呈现在我们面前，引导我们展开讨论，启发我们从各个角度进行辨析。我总是会想起，每每当我们深入到对城市问题的政策与体制进行反思时，我们对城市问题的考察会进而拓展到社会问题、体制问题、管理问题，从而对各类城市问题得不到正确认识，得不到较恰当的制度设计，而产生焦虑，产生发声的冲动，也同样让我们感到我们研究的学问是有用的。也正是在周老师的课堂中，让我越发坚定了一个认识，只有面对社会问题与需要的学问才是有用的，只有从阐释现实问题本质中才能找到解决问题的恰当方法。

图2　2004年6月毕业典礼，周一星（左二）与赵新平（左一）、李东泉（右二）和沈金箴（右一）合影

周一星和他的朋友们

  我的研究生学位论文是周老师申请的自然科学基金项目的一个部分。这个课题是周老师在多年城市地理问题研究过程中对城市研究深化迫切需要解决的基础问题而提出的，这个问题就是建立科学的城市地域统计概念与统计标准，分为两个：一个是关于城市实体地域，类似于建成区或城市景观地域的统计概念，也可叫城镇化地区；另一个就是关于城市功能地域，类似于美国的大都市区，进而还有都市连绵区（带）的统计概念。这两个基础统计概念的建立是中国城市研究走向科学与规范的基础，十分重要。尽管到今天这两个概念及其统计标准仍然没有出现官方的标准，但缺少两类概念造成的研究上的混乱却是我们常常能够看得到的。

  城市实体地域的研究主要由师兄史育龙承担，我则主要接受了城市功能地域（即大都市区的部分）的研究任务，当然主要的思路完全接受周老师的指导。从今天已经发表的成果可以看出，史育龙师兄很好地完成了任务，发表了多篇文章，而我却没有文章发表。这其中一个主要的原因，是我对中国大都市区可能的形态与形成机理产生了教条式的理解，因而与周老师产生了认识的分歧：我坚持大都市区应当主要由城市中心扩散为主要动力而形成，而1992年前后，中国的城市中心区外迁式的扩散尚不显著；周老师则认为中国的大都市区将会是外围集聚与中心扩散两种动力共同作用，他认为中国的大都市区应当有中国模式。时至今日，中国大都市的快速发展已经表明周老师的远见卓识。因为我的固执影响了周老师的课题推进和质量，也让我错失了在大都市区研究上有所贡献的机会，成为我心中永远的遗憾。我时常在反思，是什么让我那样固执？我以为，总体上还是对城市发展及其复杂性理解得不到位，周老师有到美国多次考察的眼见为实，更有对城市化与城市发展精深的理解，这些都是我所缺乏的。我把这个原由写出来，不敢求得周老师的谅解，主要还是讲出我的反思。这个事情，在我心中多年发酵，让我认识到对一个事物内在规律及其复杂性深层理解的重要，也让我提醒自己少一些没有因由的固执。

研究生毕业后，我回到宁夏继续我的教师生涯，也因为娶妻生子远离了周老师的研究团队，远离了城市地理学热烈的研究氛围。倒是因为与本地相关部门合作，参加了一些土地方面的课题与工作。再回到周老师的课堂是七年之后。1999年周老师再次同意收我做了他的博士生。当我回到这个团队的时候，周老师已经在中国城市问题研究上取得了更加辉煌的成就，后来他给中央政治局讲解中国城市化问题成为周老师的研究得到国家认可的重要标志。

我一直以为，城市问题研究最大的难度是对城市化及城市发展内在规律深入的理解。我也认为周老师大量重大成果的取得是与他在城市化问题上的深厚造诣相关联的，他的大部分成果都是围绕城市化基本机制进行全方位的分析研究所取得的。要理解周老师的学术思想与体系，如果对城市化的认识不到位，一定不会完全理解城市的各个侧面，对城市相关领域的研究也难以取得好的成就，因此，我一直试图把自己的研究重点放到城市化方面。读硕士研究生时对大都市区的研究是关于城市演化的理论探索。在博士论文选题时，由于我本人参与了一些关于土地方面的工作，也因为我来自农村，对土地问题的重要性及其与城市化深层的关联性有更切身的体会，我就想从土地与城市化的角度进行探索并进行选题。当然，这个方面也是在当时城市化研究中比较不受重视的一个角度，当时人们较多关注人口进城的制度问题也就是户籍制度，而我从大量的乡村调研与生活中，注意到影响城市化与城市发展的一个重要因素是土地制度，城市规划与城市地理都对土地制度重视不够。当我把我的想法与周老师商讨时，他积极地支持了我的想法，当然周老师也认为要重视土地问题，只是他的精力与关注重点始终没有放在土地问题之上，他支持并鼓励我对城乡土地制度与城市化进行研究。

当时，我为了获得一些一手材料需要外出调研时，周老师积极地支持并动用了他的社会关系，我去浙江收集材料时，他就介绍我去找当时浙江建设厅的杨厅长寻求帮助，甚至还动用了朱德威老师在宁波的关系，让我能够深入到当地土地局进行走访，也了解了乡村干部是如何参与乡村土地运作的。我们关注城市土地的取得，主要是关注土地征用制度，这是一项政府行政权利，即在中国只有政府通过行政程序征用，农村土地才能进入城市变成建设用地，但是在宁波，我看到宁波的村干部也敢对乡村土地进行"预征"，从而把土地的产权牢牢抓在村干部手中。这既是农民与政府就乡村土地权利进行博弈的一种形式，也是村干部紧紧抓住土地产权提高土地谈判筹码进行利益博弈的一个案例，是十分鲜活的城乡土地变迁过程中权与利影响人的行为方式的例证。题外话，这位杨厅长就是后来那个外逃的女贪官，估计周老师也不曾想到。

　　土地制度是一个十分复杂的基础性大制度，我从研究城市化需要了解土地制度是如何影响人的迁移与生活选择，需要了解土地制度如何影响城市发展的角度，一头扎进土地领域，结果进去了之后才发现，这个领域哪是一下子就能弄得清楚的！而在中国又有不同于世界的土地公有制，党和政府把公有制看得十分重要，所以中国的土地制度更加复杂，而且具有政治敏感性。要系统说清楚中国土地与城市化的宏大故事，我以博士论文为开端实际上仅仅是开了一个头，这篇博士论文首先把土地问题弄清楚就让我花了大功夫，毕竟我不是土地领域的学者，连一名土地管理专业本科生也不如。事实上，中国改革开放四十年就是因为在土地制度上进行重大的改革与制度创新，才把土地资产盘活，搅动了一池死水，从而把经济从极端困境中拉上发展的快车道，总之，土地制度改革居功至伟。然而，从城市化的角度，土地制度在中国的影响却要两说，一方面乡村土地制度并不支持农民进城，城市土地制度却让城市因为土地经营进而"经营城市"，展开大规模城市化。在这样的制度下，城市化进程如何评估，土地制度应如何调适，每一个问题都是大问题。所以我的博士论文甚至都不能说是发现了问题，主要还是提出了问题。而要回答这些问题，我个人的准备也不够。结果是，论文没有做完，人却出了问题……。好在是在周老师的支持下，我经过五年努力勉强毕业。而对土地问题的研究却由此成为我后半生的唯一方向。2004年我进入到深圳国土房产局，真正打入内部了解与学习土地事务，从此脱离了城市地理，甚至我都几乎不参与城市规划业务。

与硕士论文没有发表公开论文一样,我的博士论文也基本没有论文发表。原因是我以为我对城市化与土地问题关系的剖析,远远没有达到能说清楚的程度。我个人其实对发表文章的冲动一直不高,我一直以为,一定要在有真正立得住的观点或思想时写出的论文才是有价值的。这个方面,周老师也一直在影响着我。在求学期间,周老师经常讲述一个观点,论文比一般著作更有价值,因为论文更浓缩而不能注水,大体意思如此吧。记得我就城市化道路问题写了一个综述文章,给老师看,请他把关与润色,这篇文章虽然是我写的,但其中主要的观点基本上都是周老师在课堂有过论述或点评的。周老师修改完成后,还推荐我去中国社会科学投稿试试,结果一投即中,一个多月就很快发表,后来新华文摘也几乎全文转载。但是论文署名时,周老师却坚持把自己的名字放到第二位,而且以后在编辑他的文集时,也不选入。这件事让我看到了他对名利的严谨与坚持边界。到了深圳,我参与了很多项目评奖,我也都坚持不是我的成果我绝不靠前署名。

从 1987 年开始,我整整跟随老师学习近十年,两次毕业后又工作了近二十五年。回顾在学校期间,我跟随着周老师,或上课,或调研,或外出做规划,周老师总体是偏严肃的,当然也有朗声大笑的时候。我还记得我拿到了海关的数据,周老师是多么高兴;记得在安吉,周老师吃到了臭苋菜杆想起家乡味道的陶醉;记得为了平息安吉县委书记的怒火,周老师去做他并不擅长的劝说;当然最深的印象还是他在课堂上每每讲到要紧处与激动处,声音放大,睁大眼睛盯着我们的样子……

今天,在写下这些文字的时候,我已经快到了退休的年龄,周老师也即将八十大寿了。时间面前,谁也没有特权。回顾跟随周老师学习以及后来不时的见面,我知道我不是周老师的好学生,但不管怎么讲,也跟随了有近十年光阴,几十年间,周老师给了我机会,让我从一个边远的地方走进北大的校门,也把我领进地理学中最有用的学科之一。尽管最终又步入了另一条岔道,但周老师给我的影响却是一辈子的。记得在北大，我学习周老师的字体已经较有模样了，算是学生中写字最像周老师的了，只是后来离开了，这些年用电脑不怎么手写了，字写得就又不能更像老师的了……

最后，请让我送上我对老师的祝福，愿周老师、谢老师健康快乐。

作者简介

赵新平，1962年11月生，陕西渭南人。曾经于1987—1988在北大地理系进修。1990—1993年、1999—2004年师从周一星老师。现供职于深圳市规划国土发展研究中心，从事土地政策研究。邮箱：914160829@qq.com

周老师与"程序猿"

杨 齐

和周一星老师的大多数学生一样,我也是在上他的城市地理课的时候开始了解周老师。周老师教课,不只是引经据典地灌输知识,他注重细节,做学问刨根问底,培养学生研究问题的能力。上大学时我十六岁,比较幼稚。我原本喜欢数理化,想学物理,对偏文的地理课程颇感生疏和无奈,但周老师在他的城市地理课里,时不时整出一点数学来,在所有地学课程里面,是我比较喜欢的一门课。我对他最初的印象是治学严谨,备课很认真,课讲得非常清楚。

图1 1998年3月28日AAG波士顿年会后,周一星(右二)与杨齐(左一)等出游

考研的时候，我很想学城市地理。但我本科毕业的那年（1985），北大地理系经济地理专业只招五名硕士生（后扩招两名），周老师头一年招了于艇，我们这一年他没有了名额，我也就失去了做周一星教授"嫡系传人"的机会，但这并没影响以后几年里我继续跟周老师学习，直接接受他的"传帮带"。

我本科毕业后，与几个同班同学以及来自陕西师范大学的刘红星、北大分校的杨钢，一起考上了北大经济地理专业的硕士研究生。我与同班同学蔡渝平和杨颖选择了杨吾扬教授为导师。师兄蔡渝平成绩一流，考的本来是公派留学海外的名额，外国语学院培训结束后，因留学名额缩减没走成，跟杨吾扬老师研究城市经济学。师姐杨颖会画国画，有些艺术天赋，决定跟杨老师研究文化和旅游地理。杨吾扬老师的研究方向是理论地理和交通运输地理，我若学习交通地理应该是顺理成章，但可能是周一星老师的城市地理学课程讲得太好了，我"中毒"过深，或者是本科最后一年时跟周老师做过一点研究，喜欢上了城市地理，当杨老师与我讨论研究方向时，我居然就选择了城市地理。杨老师是一个思想解放、非常开明的好导师。学生感兴趣的东西，他都大力支持，并在教研室的其他老师中为学生寻找合作指导老师。我因为选择了城市地理，自然就成了周一星老师的半个研究生。后来的几年里，实际上我更多是在周老师指导下学习和研究，如果按武侠小说中师徒的说法，我恐怕算是改变了师门。好在杨吾扬老师并不在乎，对我一直视为己出，没有半点"歧视"，后来还招我做了在职博士生（其后的故事，待另文再表）。

在北大读研和随后留校任教的五年里，我跟周一星老师有了很多近距离的接触。我们一起讨论问题，在他的指导下我阅读有关文献，去图书馆查找资料，一起合作研究了若干专题。我们做的第一个题目是关于城市规模等级体系的研究，周老师从公安部和国家统计局弄来中国城市人口规模和区域经济的一批资料，想做一个城市规模级别及其演变的分析，建立一个统计模型，以找出城市规模等级体系与腹地诸因素之间的一些发展规律。20世纪80年代的时候，中国大学里的计算机还不普及，北大靠打孔纸带输入数据和代码的计算机，被宝贝一样地供在未名湖附近的红二楼，在我们进入高年级时才退役。我和周老师做统计计算和分析，是借用我们上计算机课程实习的时机，在城里西单那条路上一个多所高校共用的计算中心做的。周老师和我一起设计好方案，我和同学一起骑车去上机，在做完作业后，顺便干些"私活"。记得当时所用的计算机是 TRS-80，没有硬盘，操作系统和数据都是存储在 $5\frac{1}{4}$ 寸的软盘上，编程语言是 Basic（不知道软件是不是比尔·盖茨亲手写的那款），进入机房前要脱鞋穿白大褂。我说这些的意思，是想解释周老师和我研究的方向，在当时应该算是"高科技"了。在他的带领下，我们是在地理学的前沿研究领域标新立异。我们这项研究成果，最后被周老师写成文章，我们共同署名发表在《地理学报》刊物上。

我毕业留校任教以后，学校的计算机资源已经有了很大的改善，我所在的教研室也先后进了两台 IBM-XT 个人电脑。周老师和我继续钻研如何将计量分析引入城市地理的研究中，我们一起所做的第二个合作项目，是分析中国不同城市规模的经济效益究竟受哪些因素的影响。我们一起把有关数据，录入用 dBase 软件建立的数据库里；又把从新华书店买来的大比例尺全国地图贴在墙上，给城市和铁路航运网编码，量出节点之间的距离，查火车时刻表计算出城市之间的出行时间，写计算机程序，算出城市之间的最短距离和时间，再做统计和回归分析。我们的这项研究成果，由周老师主笔写成文章，发表在《经济地理》上。文章后来还被国外专著选中，翻译成英文在海外发表。这项研究成果曾获得北京市科技进步奖，我跟着周老师感受到获奖的荣耀。从本科、研究生，到留校任教的十二年里，我跟周老师一起参加过多个城市总体规划和城市体系规划的实习。其中给我印象最深的，应该是 1982 年浙江嘉兴市城市总体规划的实习。胡兆量教授率队，教研室老师们带领我班 19 名同学和几位高年级研究生，在嘉兴调研月余，与当地城市规划局的官员和工程师们一起制定城市发展的总体规划。记得周一星老师负责的铁路站场的选址专题，他领导的小组，硬是把铁道部已经敲定的在嘉兴西南湖附近扩建铁路货运站的方案推翻，提出了一个更利于城市中长期发展的选址方案。这件事情，在很大程度上彻底改变了我对经济地理和城市规划学科是否有用的怀疑，打消了我以后继续在这个领域深造的顾虑。

很多时候，"师傅劳心，徒弟劳力"似乎已是天经地义。但我们做这些研究时，周老师不仅仅提出研究的想法，他除了仔细解释研究目的和意义、分析各种可能的方案外，还能放下架子耐心听取学生的意见。他亲自和我一起录入数据，我们一个人从统计年鉴、地图或列车时刻表上读数，一个人在键盘上敲入数字，这样既提高效率，又减少出错的概率。周老师事必躬亲、严肃认真的治学态度，给我留下了深刻的印象，影响了我的为人处事，他是我一生学习的楷模。更重要的是，所有这些研究工作，我只不过是打打下手，文章都由他亲自执笔，但发表时却是周老师和我共同署名，其无私精神，令我肃然起敬。正是因为周老师的提携，我在国外留学读博的申请材料中，有了几样推销自己的资本。我申请麻省理工学院读研，没有考过 GRE，TOEFL 成绩也是刚刚过了学院要求的最低分数线，最后能被录取，我觉得与当年与周老师一起做的研究工作和发表的论文不无关系，是周老师为我的职业生涯提供了敲门砖。籍此机会，请允许我向周老师说声，谢谢您！

图2　2010年10月周一星（左）和杨齐（右）在华盛顿

可能是因为和周一星老师一起鼓捣计算机上了瘾，我在麻省理工学院读研时，充分利用了学校的有利条件，选修若干计算机、网络分析和运筹学课程，迷上了交通运输规划和交通仿真的研究，因为它与地理、城市规划和计算机科学紧密关联。我学习计算机编程是半路出家，非科班出身，但和周老师一起编写程序的经历，使我从实践中磨练出了一手当码农的技巧和乐趣，一辈子乐此不疲。在MIT读研的时候，我一边上课，一边写交通仿真软件，软件后来被提升改造，用于波士顿中央高速公路和通往机场隧道交通工程的交通仿真分析，不仅解决了实际问题，也为我等交通研究中心的几个同学挣得经费，让我们衣食无忧地完成学业。MIT毕业以后，我先留校做了一段研究工作，后加入美国Caliper公司，开发交通规划、交通仿真和地理信息系统软件。工作以后，虽然不做城市地理和规划，也脱离了学术界，但一天到晚与计算机打交道，让我时常想起与周老师共同录入数据，在非常原始的计算机上编程计算，鼓捣计量模型的青葱年代。有时候我在怀疑，是不是周一星老师把我引到了我现在从事的这个行当？但无论选择这个职业的原动力是否是周老师，能几十年如一日地做自己喜欢的事情，的确是值得庆幸的。

最后，说到我和周一星老师的关系，还必须要提到师母谢琴芳老师。大学四年级的时候，我就常去周老师家里，或讨论研究方案，或汇报工作进展。可能可怜我"营养不良"，谢老师经常留我吃饭。我老家在西北，农村长大的孩子比较实诚，不会客气。谢老师留我吃饭，我就像是小时候在亲戚朋友家一般，从不说"不"字，或许是北大食堂的馒头、糙米、玉米糊吃腻了，巴不得蹭顿饭改善一下。谢老师一般会做出几样南方小菜，有时也做炸酱面、炒饭或包饺子，记忆中非常好吃。快四十年了，中关村那套位于第一层、一门三户、进门左手的单元，在周老师一室又半、再多个人就转不开身的小家里，周老师拉出折叠餐桌，我与他们的孩子周力一起吃谢老师做的饭菜的场景，是我永远忘记不掉的。

作者简介

杨齐，1963年3月生，甘肃武威人。1979年入北京大学地理系经济地理专业。1983年本科毕业后，继续读研，1985年获硕士学位后留校任教。1989年读杨吾扬教授在职博士，但1991年半途而废，赴美国麻省理工学院留学，1997年获得博士学位。北大本科期间上过周一星老师的《城市地理》课，后与周老师有过多项合作研究。现就职于著名交通和地理信息系统软件开发商美国 Caliper 公司（http://www.caliper.com），任副总裁，主管交通仿真软件的研发和应用。邮箱：qiyang@alum.mit.edu

周老师的微笑最暖人

张 勤

最早有机会在课堂外与周老师"密接",是 1982 年 5 月。当年,北京大学地理系承担了嘉兴城市总体规划的编制任务。我和孟晓晨的毕业论文选题都与嘉兴总体规划编制有关,她研究嘉兴的对外联系,我研究嘉兴的城市性质。系里或教研室安排周老师辅导我写毕业论文。我当时应该是很紧张(亚历山大)的。课堂上的周老师很严肃,与系里的其他几位老师比,堪称"不苟言笑";也很严格,批评错误一丝不苟、不讲情面。

我和孟晓晨 5 月 3 日跟随谢凝高老师先到嘉兴(打前站),在嘉兴、湖州(当时的嘉兴行署驻地)调研。几天后,周老师和大队人马一起赶到嘉兴。周老师立即带我和孟晓晨去杭州,到浙江省统计局收集浙江省各市县的经济社会发展资料,特别是国民经济各部类的产值和就业情况。省统计局在省府路的省政府大院里,我们住在保俶路底的省建委招待所,每天步行往返,持续了大约有一个星期。周老师带我们去接洽并和我们一起抄资料,后面几天周老师回北京(学校还没有放假,周老师要回北京上课),留我和孟晓晨继续抄写。统计局的同事问了我们一个问题,我至今记忆犹新。"那位男同学怎么没来?"他居然没看出周老师是老师！周老师面相年轻，而且亲历亲为地与我们一样抄资料，所以被误会了。那位同事惊叹"北大老师这么年轻，一点架子都没有！"

我们完成资料抄写工作回到嘉兴，与从北京回来的周老师会合。我把抄来的资料，以及初步分析计算的结果交给周老师，等周老师吩咐下一步工作。按照分析城市性质的需要，我计算了嘉兴各经济门类在全省的区位商，以及产业的集中化指数。那年，教我们"计量地理学"的朱德威老师也去了嘉兴。他看我计算工作量大，特意把他美国同学送给他的可以简单编程运算的计算器借给我。1982年，这个计算器的先进性堪比今天的"月球车"。譬如计算一组数据的百分比，只要先编一个小程序（其实就是一条命令），把总数设定为分母，再依次输入各分项数据，就可以得到各分项数据的百分比值，不用每次都重复输入相同数字的分母（好几年后开始流行"Casio 科学计算器"，再过了好几年才有"Excel"）。当然，计算结果是需要一一抄写到本子上的。有这个计算器帮忙，我的工作效率提高了很多。资料分析结果交给周老师的那天，我看到他在临时搭起来的办公室里（嘉兴城建局给北大的师生找了一幢刚刚完工的住宅供我们居住和工作）验算我交的那堆资料。现在想来，也许是因为周老师一贯认真严谨，也许是我的计算速度超出了周老师的预期。我当时有点难过。觉得周老师太过认真了，一点都不信任学生嘛！更担心出现计算错误被严厉批评。

在忐忑不安中熬到了 5 月 19 日，我的生日。孟晓晨和"79 经地"的几位女同学张罗给我过生日。不知周老师是怎么知道的，他居然给我送了生日礼物！是五本一套的小人书[①]，还用英文写了"To study hard more and more, make progress day by day."从周老师手里接过礼物时，我看到周老师笑了！我心里的一块石头算是落了地。好像是从这一刻开始，经常都能看到周老师笑了。有一天周老师从

[①] 番外：我一直把这套小人书珍藏在我的百宝盒（早年间装巧克力糖的铁盒）里。我的女儿晓歌（她是"周教授"的粉丝）3 岁那年发现了这套小人书，认定是周爷爷送给她的，被她据为己有并且爱不释手。崭新的小人书变成了现在的模样。

外面回来，神秘地跟我们说他在嘉兴街头看到了最便宜的促销——金戒指，5 分钱一个！把大家都逗笑了。

图1 2005 年 9 月 29 日周一星（右）、唐子来（左）与张勤（中）在怀仁堂

因为是带着生产任务写论文，期间很多分析、结论以及说明，都是和周老师一项一项讨论过来的，所以论文的起草过程没觉得有压力。这是我第一次用学到的专业知识观察、分析实际问题，并提出解决问题的意见和建议，并在周老师的指导下尝试了运用数学分析方法刻画城市职能的演变过程、区域关系。我收获的不仅仅是一份论文，还有周老师对我的信任。当年看到周老师在我论文上批阅的"好"字时，我内心的感激和骄傲，至今记忆犹新。我是 7 月初从嘉兴返回北大的。两个月的"密接"，我真切地体会到周老师的博学、正直、亲切和对同事、学生的关心爱护。知道周老师其实很爱笑，而且制造幽默气氛的水平一流。

图 2　2019 年 10 月崔功豪（左）、周一星（右）和张勤（中）在城市规划重庆年会会场

回校不久我就毕业了。1983 年年初，周老师联系我，问我是否同意把毕业论文改写成学术文章，与他联名向《地理科学》投稿。周老师如此郑重地征求我意见，令我十分感动。我的这篇论文本身就是嘉兴城市性质分析的专题报告，对现状的归纳、对趋势的研判和对规划的建议都要写入总规说明书，是"真刀真枪"，不同于一般的本科生毕业论文。我觉得周老师在我的论文上花的功夫特别多。论文中的主要观点和结论都经过与周老师的反复请教商讨。与周老师一起发表论文，是对我工作的肯定，我当然愿意了。《地理科学》1984 年第 4 期发表了周老师与我共同署名的文章《关于我国城市规划中确定城市性质问题》。我用周老师分给我的稿费（周老师说"二一添作五"），买了一套 13 卷的《大不列颠百科全书》。

一转眼 39 年过去了。当年周老师带我写了一篇论文，我赚了两套珍藏版的书，收获了与周老师不同一般的师生情谊。参加工作后，我一直都与周老师保持密切的联系，还幸运地参加了周老师牵头编制的广西自治区城镇体系规划，协助周老师准备给中央政治局集体学习城镇化专题的讲稿。周老师可爱可敬，做学问敏锐、

图 3　周一星老师送给张勤的小人书

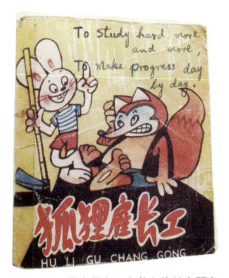

图 4　周一星老师在小人书上的英文题字

严谨、执着，生活上乐观、豁达、真诚，特别有人情味和烟火气。

衷心祝愿 80 后的周老师健康喜乐，笑口常开！

作者简介

张勤,1963年5月生,北京大学地理系经济地理专业1978级学生。1982年毕业,分配到当时的城乡建设环境保护部城市规划局工作(即后来的建设部、城乡建设部、住房和城乡建设部)。2012年调杭州,现任杭州市规划和自然资源局副局长。邮箱:zhangqin120614@qq.com

周一星老师手把手教我做研究

张小雷

改革开放后，中国经济快速发展，城市化是经济发展最为明显的表现。从20世纪80年代初期开始，中国学者就关注城市化与经济发展的关系，如周一星老师1982年发表于《人口与经济》上的论文《城市化与国民生产总值关系的规律性探讨》，就是这方面最具有代表性的研究成果。20世纪90年代以来，城市体系理论研究和各类各级城镇体系规划实践逐步得到学术界和政府的重视，成为城市地理研究的热点问题，也成为国家规划体系工作的重要组成部分。1989年我开始在中科院新疆地理所师从黄文房老师做硕士研究生，从事新疆塔里木盆地城市地理研究。1994年通过黄老师推荐，我考取了吴传钧先生的博士研究生，但吴先生要求我在职学习，毕业后继续留在新疆工作。根据专业特点，吴先生给我介绍认识了周一星、许学强、崔功豪、宁越敏、顾朝林等名师，指导博士论文和地方委托的撤县设市、城市化和城镇体系规划等实践工作。新疆地理所也推荐我参加了建设部在南京大学举办的城镇体系规划培训班。当时交通不便，互联网还没有，刚开始的科研举步维艰，只看文献总感不够，就斗胆给外地的一些老师写信求助。

> 一星如月
>> 周一星和他的朋友们

了解到周老师当时已经在济宁、泰安、梧州等地做过城镇体系规划工作，并正在给洛阳做城镇体系规划研究，我就给他写信希望得到指导，包括规划的程序上、思路上和工作方法上的诸多问题。周老师在百忙中及时回复了信函，信是这样写的：

张小雷：

试回答您信中的几个问题。

1. 县级城镇体系规划，因为比较简单，一般不组织评审，都是在县域总体规划时，作为其中的一部分内容纳入，需按"规划法"办的，后者一般由县、省科委组织评审，并无审批一说。市域、县域规划是否并不清楚。

2. 市带县市域一级体系规划就要收集到乡镇级资料。做县级，就要到乡一级。我是主张少做县级，把县级规划的钱集中起来做地区级或是市域级的效益最高。因为县级的体系规划相对简单，不值得一做，这是愚见，不见得正确。相应的，引力公式、潜力计算用于县级，作用不会很大，很多情况，我凭经验足矣！这类模型探索越多越见其作用。乡级产值结构、从业职工结构资料重要，不过资料收集常有困难，需下功夫。

3. 体系规划应考虑到生态、人文自然景观、历史遗产等，特别是环境脆弱区和有旅游前景的县，但一般的县都简单，成不了大气候。

4. 绍兴是县域规划类型，城镇体系是其中重要组成部分。过一个月，我可能会寄贵所一份我在洛阳做的体系规划的本子，目前正在修改加工中。城市体系规划要做得好，一定不能"照猫画虎"，要有理论基础，城市化和城市地理中的城市体系理论是规划的指导。我在这方面有几篇文章，都可用于体系规划，有闲暇时可取来消遣用，或许有用。向韩所长问好。

此致敬礼

周一星 1994.12.2

图1　1998年11月20日周一星（右二）访问新疆地理所

老师的亲笔回信化解了一个初涉城市地理研究学子的困惑和疑问，教导我既要学习城市地理学的经典理论，也要结合工作实际；首先重视城市化动力的经济要素，也要关注非经济要素，还要关注城市与政治、经济、文化、社会、军事等人文要素与自然要素在空间上的组合。在老师的指导下，我们团队做了几个典型县域、地市域城镇体系规划，2004年完成全疆（包括兵团）城镇体系规划，通过了国务院审批，成果还获得了建设部城市规划协会规划设计二等奖和新疆科技进步一等奖，从2005年开始的新疆自治区连续三个国民经济和社会发展五年规划中的城市化和城镇体系规划章节都是我们负责编写的。在学术研究方面，通过大家共同努力，也发表了一些文章和专著，如《新疆城镇体系的理论与实践》《中国城市地理基础》《近20年新疆人文与经济地理发展与展望》等。

图 2　1998 年 11 月周一星（左）、张小雷（中）和鲁奇（右）在天山一号冰川

周老师给我们团队引荐了许多城市地理名师大家，比如马润潮老师，他来新疆专门研究南疆落后地区和中亚自下而上城市化问题，马老师又推荐我于1997年到伦敦参加了第一次国际会议，打开了眼界，也认清了自己的不足。和周老师的缘分还不只如此，我一直有个心愿能到北大跟周老师学习，但吴先生有言在先，不敢提做博士后的事。在博士毕业答辩时，周老师说服了吴先生，但必须在职做，不转人事关系，做完回新疆。虽然自称"俗家弟子"，但因此有了两年跟随周老师学习和体验校园文化的美好时光，也有了近距离向经济地理教研室（即后来的城市与经济地理学系）老师们学习求教的宝贵机会，这段时间的再充电对我在新疆从事科研工作起到了重要作用。做博士后期间适逢中科院开始"知识创新工程"试点，1998年被选任为由新疆地理所和生物土壤沙漠所联合重组的生态与地理研究所副所长，研究领域扩展很大，其中主持完成了中科院塔里木河流域生态演变与区域发展重大项目，该成果于2008年获得国家科技进步二等奖。没想到后来身不由己，科技管理行政工作任务越来越重，一任所长、三任分院院长和13年科技厅长做了近20年，期间虽然做了一些有益于新疆稳定和发展的科技管理服务工作，但是几乎荒废了学业，深感对不起老师们多年的学术培养，唯一可以

安慰的是一直努力在传承老师们教书育人、爱生如子的精神财富和优秀传统，带出了50多名硕士、博士研究生和博士后。

图3　1998年11月周一星（二排右四）和张小雷（后排中）等在哈萨克族的包里用餐

今天重读27年前周老师的回信，心中充满无限温暖。今年欣逢伟大的中国共产党建党百年大庆，也是尊敬的周老师八十大寿的喜庆时刻。此刻的心情凝练成一句话就是：感恩党的关怀，感恩导师的培养，不忘初心，世代相传。

作者简介

张小雷，1963年9月生，陕西华县人。1998年4月至2000年4月入北京大学从事博士后研究工作，师从周一星老师。主要从事城市地理、人文与经济地理和区域可持续发展研究。曾主持国家和地方多项科技项目，发表论文130余篇、专著9部，曾获国家科技进步二等奖（2008，排名第一）和多项省部级奖励，国务院政府特贴专家。邮箱：zhangxl@mail.iggcas.ac.cn

好人，学者，导师和长者
——恩师周一星教授

宋 伟

时光荏苒，岁月流转，转眼之间我毕业离开燕园、离开周一星老师已经三十年了。每每想到如此，心中就充满了感怀，求学期间的情景往往会猝不及防地从心底涌出。可是要下笔把这些回忆和感慨记录下来，却一下子又不知从何处谈起。现在就从纷繁的记忆中抽取一些碎片和小故事，梳理成为一篇感想，算是我给周老师补交"城市地理学"课的一份试卷吧。

一

我1983年考入北大地理系经济地理专业，求学期间非常有幸地聆听过诸多名师的课程，按现在的流行语，他们都是地理学界"殿堂级"的学者，有仇为之、胡兆量、杨吾扬、魏心镇、陈传康、林雅真、董黎明、周一星、王缉慈等，现在想想作为刚刚踏入经济地理门槛的学生，能聆听这么多学术大师的教导是多么的幸运啊！

虽然大学开始几年没有上过周一星老师的课，但是拜读过周老师的论文，还通读过他和林雅真、董黎明老师合著的《城市环境与规划》一书，并由此初步萌生了对城市及城市问题的兴趣。这期间也耳闻了一些有关周老师的传说，比如有关他的严厉、有关他的不苟言笑等。直到高年级上《城市地理学》课才真正有机会近距离地接触和了解周老师，亲身体验了他讲课的魅力。

记忆中周老师上课时戴一副深色的（可能是变色的）眼镜，好像看不清镜片后的眼睛，这也为周老师在我心目中的形象平添了一层神秘的色彩。周老师上课时的标配还有一只保温杯，讲课过程中会不时喝一口水，润一下嗓子。他讲课时基本上不苟言笑，虽然不是神采飞扬、引经据典、滔滔不绝，但却自有其独特的风采。周老师讲课留给我最深的印象就是逻辑严谨，系统性强，内容充实，条分缕析。可以看出来周老师的教案经过了精心的准备，每个专题概念都讲授得非常清楚，易于理解记忆，并辅以案例数据，严肃却不枯燥。还有一点印象非常深刻的就是周老师课程的理论性很强。地理学，特别是经济地理学在当时很大程度上还是建立在归纳综合基础上的一门学科，很多部门地理课程也偏重于对事实的陈述和对实践经验的总结以及原则和方针等。虽然这样的内容及范式很重要，但难免让人觉得经济地理学偏重于描述，缺乏深刻的理论基础和系统科学的研究方法。周老师在授课时引入了欧美城市地理学中比较成熟的理论和方法，并做了系统的讲解。更可贵的是周老师不是单纯介绍西方的理论方法，而是结合中国的实际问题及他个人的研究成果，融会贯通，使课程立足于中国的特色，还兼具了国际视野，让学生们觉得耳目一新，受益匪浅。通过这门课的学习，我更加坚定了研究探索城市及城市问题的选择，一直到今天这仍然是我教学科研的主要方向。有人说，好的老师可以塑造和影响学生的人生道路，对我来说周老师就是这样一位杰出的学术领路人。在这门课程里除了学到了专业知识，我还有另外一个非常大的收获，就是开始关注学习如何讲好一门课。我个人非常喜欢周老师的讲课方式，觉得很适合我，因此在后来的教学实践中我常常在不知不觉地模仿他的讲课风格。在后来的岁月里，我曾有机会专门向周老师讨教讲课的方法，周老师和我分享了他从他的老师张景哲先生身上学到的教学之道:"好的教学是科学性(内容)和艺术性(形式)的统一,上好一堂课是用不同形式、不同方法来突出课堂重点的过程,如同演奏小提琴钢琴奏鸣曲。"周老师在他缅怀张景哲先生的文章中专门回忆了张先生对他教学生涯的深刻影响。周老师对我教学生涯的影响又何尝不是如此!

上"城市地理学"课,还让我无意中对周老师性格的另一个侧面有了直接的认识。将近期末时,我患了急性黄疸型肝炎,需要住院治疗,每天要打点滴吃药,因为有一定的传染性,无法离开病房。我一度很焦虑,担心会延误期末考试,是否需要补考等,我甚至提出是否可以在医院里考试等几种不同方案。没想到一向严格的周老师最后决定免了我的期末考试,并且还给了我一个不错的成绩,我当时感到心中的一块大石头一下子落了地,更觉得这是周老师对我前一段时间学习态度的肯定。能得到周老师的肯定,我备感欣慰,同时我也感受到了周老师这样一位给人严厉刻板印象的学者不太为人所知的慈爱温情的一面。多年之后当我自己也成为了老师,我更深地理解了,老师都是在温柔地注视着每一个学生,用他/她最真诚的心传递知识和力量;在学生需要帮助的时候,他/她会竭尽所能地为他们排忧解难,呵护他们顺利坚定地前行。

二

1987年本科毕业,我被推荐跟随胡兆量教授攻读硕士学位。暑假结束返校后的一天,周老师的研究生于艇过来找我,让我和他一起去给周老师祝贺教师节。我问于艇是不是要去给所有老师祝贺节日,于艇说不是,只是去看望自己的导师。我觉得很诧异,说我的导师是胡兆量教授,我还准备去见胡老师呢!于艇说你还不知道吗,两位老师暑假期间调换了研究生。时至今日我也不是很清楚当初两位老师做出交换研究生决定的初衷。就这样我们班的韩世君同学成了胡老师的女弟子,而我则成了周老师的研究生,开始了学习探索城市问题的三年硕士之旅。

图1 2004年1月31日周一星（左）和宋伟（右）在肯塔基州路易维尔大学相聚

　　研究生期间赶上周老师搬家，从中关村搬到蔚秀园。我和刘红星、陈耀华等去帮助搬东西。这是我第一次走进周老师在中关村的家，目光所及让我感到十分震撼。印象最深的是老师的居住条件，很老旧的一个单元，卧室和厨房都很小，老师也没有专门的书房，室外的环境也不是很好。真的难以想象一位著名的北大学者就是在这样狭小的陋室里做出了骄人的学术成就。真的是"斯是陋室，惟吾德馨"。搬入蔚秀园新居后，老师留我们吃饭，师母谢老师准备了一桌丰盛的晚餐，还特意做了南方春卷，特别好吃。饭后我们到楼外燃放了一些爆竹以示庆祝。记得当天周老师非常高兴，在某个时刻甚至露出了孩子般兴奋的神情，由此我进一步体验到了老师感性可亲的一面，顿觉师生之间的距离更加拉近了。

　　周老师特别强调学习中国际视野和学术前沿的重要性，并鼓励学生参加学术活动。周老师曾派我去参加在湖南岳阳举行的人口问题讨论会，让我开拓了视野，还结识了像北京社科院人口所李慕贞教授这样的学术前辈，后来李慕贞教授作为答辩委员会成员参加了我的硕士论文答辩。研究生期间周老师多次出国参加学术会议，老师每次出国回来都会带回大量的学术资料让我们翻译、研读、学习、讨论。记得他还制作了内容丰富、形式生动的幻灯片，为研究生们讲述他在国外的考察心得和前沿学术成果。通过周老师的言传身教，我逐渐养成了广泛检索和阅读文献的习惯，通过阅读了解新的学术成果，并为自己的研究工作提供参考和指导，这个习惯让我至今受益匪浅。

图2　1992年周一星（右一）与宋伟（左一）等在美国

周老师一直致力于中国不同空间尺度城市发展问题的研究，提出要突破单一城市的局限，建立都市区及都市连绵区的概念。我在硕士论文选题时曾纠结于是研究微观尺度的城市问题还是比较宏观的城市现象，当时周老师正在国外访问，他建议我关注高度城市化区域城市群或城市带的问题，特别指导我仔细研读

宋伟　好人，学者，导师和长者

Terry McGee 对东南亚地区 Desakota 现象，以及 Jean Gottmann 有关 Megalopolis 的经典研究，探索中国都市连绵区的形式、空间界定及其发展机制。在周老师的悉心指导下，我选择长江三角洲都市连绵区这一中国最典型的城市带作为研究对象，采用了理论和实证相结合、定性和定量分析相结合的研究方法，探索国外学者提出的理论框架和中国现行的社会经济过程的相似性及差异性，尝试用多元回归模型等方法从经济发展水平、地理位置、交通条件、城市间相互联系等多个方面探索了长江三角洲都市连绵区形成的机制，并以中心城市和县域为基本单元界定了长江三角洲都市连绵区的空间范围和入选标准。这篇硕士论文为三年的学习做了一个总结，取得了一点初步成果，为后续更深入的研究提供了一些经验及借鉴。由于自己当时学术水平和时间管理上的局限，这篇论文存在许多不尽如人意之处，加之后来没有在这个领域继续研究，只能作为一个永远的遗憾了。

三

1990 年硕士毕业后我到美国求学，在美国和周老师见过好几次面，包括 AAG 年会上的相聚。周老师对我依旧非常关心，仔细询问了很多学习生活上的情况。周老师还到访过我们家，印象最深的一次应该是 1992 年的寒假岁末之际，当时我和刘玉在乔治华盛顿大学读书。那年周老师在明尼苏达大学做访问学者，利用寒假的间隙出行。记得周老师先去了李向明和杨齐在波士顿的家，之后乘坐灰狗长途大巴来华盛顿。当天我和刘玉邀请了学校的一些中国同学，准备在周老师到达后给他接风，并一起辞旧迎新。中午我们一行人来到一个美国朋友的家，朋友一家人出去度假，让我和刘玉过去住住，顺便给他们照看一下房子。下午我们和同学一起准备晚餐，到了傍晚按照大巴时间表去 UNION STATION 接周老师。等我们到了车站却被告知周老师乘坐的那趟车早已经提前到达了，我们把车站的里里外外搜了个遍，又等了一阵，却始终没有发现周老师的身影。当时还没有手机联络，我们只好先行返回。说明了情况，大家都有些担心，长途车站所在的区域治安一直不好，况且天色渐晚，周老师会在哪里呢？这时一个同学提议去我租住的公寓看看，当我们心急火燎地赶到公寓大楼时，远远看到周老师正安详地坐在门口的长椅上。原来大巴提前抵达后，周老师看看时间尚早，就自己按照我公寓的地址找过来了，碰巧我们又不在家，就坐在门口耐心等待。终于是有惊无险，大家松了一口气，同时都很佩服周老师，一个人人生地不熟，又是傍晚，居然直接找到我住的公寓来了。其实这也不奇怪，周老师多次出国参加学术活动，对国外的情况比较了解。更重要的是，周老师是一位地理学家，有着敏锐的空间方向感；他还是一位城市地理学家，对城市的结构形态、交通状况等等都了然于心，怎么会在都市的茫茫人海中迷失呢！大家听罢，无不赞叹不已。

周老师和我们一起在美国朋友家这栋三层的 townhouse 里住了两天，他对这栋房子及其所在街区的环境产生了浓厚的兴趣。他考察了房子的建设年代、建筑风格、内部结构、开间进深等等，全都仔细探究；同时观察了街区建筑的分布、间距等，估算了建筑密度。周老师还特别关注了这栋房子的供热结构，他认真查看了锅炉和空调系统，并且问到这样一家一户独立供热在能源消耗上是否是一种经济和高效的方式？还有这种多点废气排放的空间形态是否会对城市环境质量产生更多负面影响？周老师的华盛顿之行本是一次轻松之旅，但旅途中他一直没有停止观察和思考，这样一栋小楼便自然成了他了解考察美国城市基础设施和城市环境的样本。"没有人会随随便便成功"，其成就的背后是永远的好奇、是不倦的探索、是辛勤的劳作，这些美好的品德在周老师身上都得到了充分的体现。

四

从上"城市地理学"课程到硕士毕业离开燕园，我在周老师身边学习和工作的时间不过短短的四年。可是这四年却是我人生极为珍贵的时光，它很大程度上奠定了我未来事业的基础和发展方向，还有比这更重要的吗？在燕园四年以及后来的岁月中，我与周老师的相处在情感上经历了从敬畏，到适应，再到亲近的转变。在我的心目中周老师的形象是立体的、丰富的、有色彩、有温度。他是一位为人正直、胸襟宽广的好人；是一位治学严谨、造诣精深的学者；是一位传道授业、桃李天下的导师；是一位善良温厚、呵护后辈的长者。能遇到这样一位好人、学者、导师和长辈，是我人生的幸运和幸福。在此周老师八十寿辰之际，学生衷心祝愿老师健康幸福平安，学术思想长青！

作者简介

宋伟，1963 年 10 月生，1987—1990 年在周一星教授指导下攻读硕士研究生。现任美国肯塔基州路易维尔大学地理与地球科学系教授，系主任。Email: wei.song@louisville.edu

我与周老师的学术之交

柴彦威

真正与周老师的学术之交始于我来北大做博士后研究。尽管博士后的合作导师是杨吾扬老师,但由于我和周老师都研究城市地理,所以参与周老师的课题调研与讨论会更多一些。

1994年6月,周老师带我去中科院地理所参加中国地理学会城市地理专业委员会的筹备会议,第一次见到了国内多位经济地理与城市地理学界的知名学者,也是我第一次在国内介绍时间地理学。此后几十年,周老师带我南下北上,闯荡地理学界,成为我学术道路上的知己;我自认为与周老师亦师亦友,学术交流之路难能可贵。

20世纪90年代,中国城市化发展进入高潮期,并且出现了郊区化现象,周老师等学者率先开始了郊区化的研究。我做博士后期间与周老师讨论最多的就是郊区化的话题,从郊区化的概念、中心区的界定到中外郊区化的比较等;有一段时间,我与周老师几乎每天中午都在一起吃饭、讨论这些问题。

图1　1994年11月周一星（左二）和柴彦威（左一）等考察抚顺

记得有一天，我带着日本城市地理学者成田孝三研究大阪中心区衰退的著作，与周老师边吃饭边讨论其中关于中心区界定的内容；其中的一个观点引起了周老师的极大兴趣，那就是中心区的界限应以"二战"结束时的建成区为空间范围、并且不应该变动的论述。我记得当时周老师极其兴奋地说：这跟我的观点一致啊，这就是北京二环内的范围。后来周老师在关于郊区化的研究中坚持了这种观点。但我当时并不完全认可这一说法，与周老师展开过激烈的争论。1995年我在《经济地理》发表过郊区化概念的论文，提出了狭义郊区化与广义郊区化之分；周老师见到我时还说，明明很好的一个概念被你这样一说就搞混了。我那时也很倔强，与周老师据理力争：关于郊区化的认识，你是美国经验，我是日本经验，我们谁也说服不了谁，云云。

我无意在这里继续讨论郊区化研究，但大家可以感受到我与周老师讨论时的那种氛围：平等、自由。周老师常常问我关于日本的博士培养情况，当知道研究组例会这个重要环节后，他即刻让我组织每周的例会。我按照日本模式，很快就有了比较有影响力的周老师组会，以至于其他老师的有些博士生也要求申请加入组会。因为我是做博士后，时间相对多一点，也参加了周老师的研究生课程的讲授，我记得那年是学习"城市社会地理学"，正好我看过英文、日文版，就结合自己的学习，讲过很多次课程。那一段时间，我与周老师几乎天天见面，相谈甚欢，很荣幸周老师有一次这么说：我们就是学术上的知己。我后来十分怀念：那是我与周老师的"学术热恋期"。

在我博士后出站报告的答辩会上，作为北大城市与环境系副系主任的周老师对我工作给予了充分的肯定：日本留学回来的就是不一样的风格，给我们带来了日本地理学微观实证的特点，学术界就应该百家争鸣。当时，我找工作时曾经考虑去中科院地理所并且谈好了待遇，周老师知晓后坚决反对，立刻带我去北大校长办公室，一直等着拿到留校即安排住房的校长批示为止。周老师说：你看看，我这还是第一次来校长办公室。

图2　1994年12月25日周一星（右二）和孟延春（左三）、赵永革（右一）在柴彦威（左二）家里过圣诞节

1995年开始，我参加了周老师合作主持的国家自然科学基金重点项目以及面

上项目的调研与讨论，特别是一起去辽中南都市区调研，合作完成了大连居住郊区化研究的论文。我记得，当时关于大连郊区化的一些认识，我们之间有一些不同的观点，周老师就建议删除那些论文中的不同观点，求同存异。在周老师的示范与帮助下，我申请到了博士后基金项目、回国留学人员科研项目，留校后即申请到国家自然科学基金青年项目，开始有了自己的小团队。其实，我的第一个合作者也是周老师给介绍的。有一天下午，周老师到我办公室，说有几个本科生要选题，你也说说。所以，我就有了指导的第一个本科生王恩宙同学，1997年我们合作在《经济地理》撰写了介绍时间地理学的论文。因此，周老师这样以身作则，言传身教，自然而然就成为了我们模仿、学习的榜样。

周老师是我国城市地理学科的领军人物，当时讲授城市地理学核心课程，教学效果很好，学生好评如潮。我留系后，周老师就找我说：我教的城市地理学最多也就是三分之二的内容，缺少城市内部空间结构的部分，以后我的课程就叫城市化与城市体系，你开一门新课，就叫城市空间结构与形态，这样我们北大的城市地理学就全了。周老师对学科建设高瞻远瞩，时常强调北大城市与环境学院的"城市"这个板块的教学应该加强，所以，人文地理学本科教学计划中除了城市地理学、城市经济学以及城市规划相关课程外，新增加了城市社会地理学、城市社会学等，而研究生教学计划里增加了城市地理专题、城市经济专题、城市社会专题等城市研究系列课程。

周老师曾任中国地理学会常务理事，也是继许学强老师之后第二位中国地理学会城市地理专业委员会的主任委员，长期以来，积极组织城市地理学等海内外学术交流活动，热心培养青年一代，给我们做出了表率。尤其是，周老师最早就参加中国城市研究国际网络，有很多在世界各地的大牛学者朋友，并常常邀请他们前来国内做讲座，对中国城市地理学的国际化做出了杰出贡献。我作为周老师任主任委员期间的秘书，做人做事都深受周老师的影响，后来自己做主任委员期间无形中就会模仿周老师的各种做法。师者，所以传道授业解惑也。

图3　2019年8月24日周一星（右）与柴彦威（左）合影

此时此刻，我眼前一幕幕浮现出周老师在国内外地理学术交流上敢于质疑、一针见血的发言与评述，在项目评审会上不唯上、只唯真的学者形象，在日常交往中谦谦君子、平易近人的大家风范。我很荣幸，在自己的成长道路上有周老师这样的学术知己。值此周老师八十华诞之际，谨祝周老师身体健康，家庭幸福，万事如意。

2021年1月10日

作者简介

柴彦威，1964年3月生，北京大学城市与环境学院教授，智慧城市研究与规划中心主任。主要从事行为地理学、时间地理学与城市社会地理学及城市社会规划与智慧管理研究。曾获中国地理学会青年地理科技奖与优秀地理图书奖等及北大正大教学奖等。中国地理学会常务理事、城市地理专业委员会原主任。邮箱：chyw@pku.edu

位卑不忘忧中国
——城市地理学者周一星先生的学术初心

郭文炯

1996年,我在北京大学城市与环境学院跟随周先生做访问学者一年,从此以后,我回到学校一直从事城市地理、城市规划方面的教学与研究工作。由此,在以后的工作、会议中,与周先生交往甚密,能够结识这样一位既有真学问、又有真性情的老师,是我学术生涯的一大幸事。2021年2月下旬,接到"关于征集周老师八十华诞庆祝活动文集稿件的通知"十分高兴。究竟从哪个侧面来体现先生的学术影响和师长风采?"真问题""真学问""真性情""真勤奋""真独思"等这些周先生对我影响至深的形象展现在面前。但对我们做学术研究的学者来说,这些形象的背后更深层次的东西是什么?归根结底是学术研究的初心,是人生观和价值观。我由此想到周先生在《城市规划寻路:周一星评论集》前言中写道,"我自问是一名位卑不忘忧中国的平常学人"。同时,讲到他的人生观"努力工作,为国效力;努力工作,为国争光"。

"位卑不忘忧中国",这就是作为一位城市地理学"平常学人"崇高的学术研究初心。聚焦中国城镇化进程中的"真问题",凭借一种不唯书、不唯上、只唯实的执着追求，推进知识创新、理论创新、方法创新，做出"真学问"，为国家制定正确的城市和区域发展的方针政策出谋献策，这正是他"位卑不忘忧中国"学术初心的具体体现。

发现问题是学术研究的起点，解决问题是学术研究的归宿。重大问题的发现、凝练与提出，是呼应社会重大需求、开展学术研究的第一步。聚焦中国城镇化和城乡规划中重大的理论问题和实践中需要解决的"真问题"才能做出无愧于时代的"真学问"。孟延春在《当代中国城市地理学的基石：记我的导师周一星教授的重要学术创建》一文中提到周先生在研究工作中坚持的信条，第一条就是"结合中国的实际，大量进行应用理论研究"。周先生认为，理论研究的生命力在于能指导实践，解决问题。跟随周先生学习期间，我参加工作时间不长，如何选题开展城镇化方面的研究是当时急需解决的问题。记得一次在向周先生请教这方面的困惑时，他说：真正的理论是从实践中产生的。研究不能盲目照搬国外城市地理的学术理论、学术概念，也不能过于凭借个人的某一个学术兴趣进行一些毫无实际指导价值的研究，而应该根据我国城镇化发展的现实需要发现问题、分析问题和解决问题。在其后他给研究生讲课时多次提到这一观点。有一次和研究生讨论问题时，他讲到现在他都不愿意参加国际学术会议，为什么呢？因为受我国当时城镇人口统计口径多变和混乱的影响，他作为中国的城市地理学者，却无法确切给出"中国城镇人口"的准确数据，他感到羞愧。正是基于这一司空见惯又急需解决的中国城市统计口径问题，他花费了大量的精力对其进行深入持久的研究，提出解决的思路、方案，并多次给人口统计主管部门提建议方案，积极推进研究成果转化和应用。作为一名城市地理学者，周先生在推动我国城市人口统计科学化中发挥了重要的作用。

立足理论前沿，面向中国实践，聚焦中国城镇化问题，服务现实社会，通过理论创新、方法创新与中国化，周先生在发展我国的城市地理学，构建中国城市地理学的理论体系，开拓城市地理学的应用方面做出了重要贡献。在中国的城镇概念和城镇统计规范、中国的城镇化道路、城市发展方针、城市体系、郊区化、都市连绵区以及城市体系理论与方法等方面都有突出的建树。2010年，周先生出版了《城市地理求索：周一星自选集》。该文集的一个显著特点是在每篇文章前面都撰写了题注，较为详细地介绍了文章选题的有关背景，说明为什么要写作这篇论文，以及论文发表过程中有关的争论，论文发表后的相关反响。自从我带硕士研究生以来，这本书一直作为我的学生的指定必读书目。

图1　2006年4月马润潮（中）、周一星（右）和郭文炯（左）在壶口瀑布

作为一位学人，要做出经得起时间考验的"真学问"，不仅需要有敏锐发现"真问题"的能力，有厚积而薄发的知识储备，有不断创新的研究方法和能力，更是需要把做出真学问作为一种价值追求，一种对真理的执着追求。"认真"的天性，"独思"的习性，不唯书，不唯上，只唯实，批判地接受知识的信条，展现了周先生作为城市地理学"平常学人"的学术风骨和严谨治学、学以致用的科学态度，也正是这样的基本素养和科学态度，才能使理论和政策创新充分体现前

瞻性和科学性，做出经得起时间考验的"真学问"。

图2　2006年4月周一星（左）和郭文炯（右）在壶口瀑布合影

2010年上半年，我参与了时任山西省委书记领题，由省住建厅组织的"山西省城镇化推进战略研究"调研课题。课题提出：紧扣"提速、提质"主题，以太原都市区为核心、区域性中心城市为节点、大县城和中心镇为基础，构建"一核一圈三群"城镇体系框架；以"三规"为引领、"三区"为支撑、"三改"为抓手，加快推进城镇化，实现山西转型发展、跨越发展的山西省城镇化发展思路。课题提出2015年前城镇化速度年均1.7～2个百分点的城镇化发展目标。2010年7月28日，由时任山西省委书记主持召开了"山西省城镇化推进战略研究研讨会"，住建厅邀请了周先生讨论调研报告。尽管，会前住建厅及我与周先生就报告确定的城镇化战略及目标做了沟通。但是，周先生在会上仍然很坦率、客观地分析提出了对报告中一些主要观点的不同看法。首先，他前瞻性地表明："我不主张你们提紧扣城镇化提速、提质，不要再提速了，而要将城镇化战略的重点从关注城镇化的速度转向关注城镇化的质量，要防止单纯通过行政建制的办法来提高城镇化的数量指标。"其次，关于城镇化目标，他指出："综合考虑山西的条件和国民经济增长、就业、用地等条件，2015年前城镇化速度年均1.7～2个百分点，太高了！发展是要的，但不是加速发展，我们在这个时候把城镇化速度定得那么高是没有必要的。"之后，在空间布局上面，他也对"一核一圈三群"提出了看法，建议不妨还是一级龙头抓住太原都市区，二级龙头抓住大同都市区、阳泉都市区、长治都市区和临汾都市区。真正把都市区做实了，再用它们来带动区域经济发展。经过十多年山西城镇化和城镇体系发展的实际验证，周先生对报告的建议是经得起实践检验的"真学问"。

作者简介

郭文炯，1965年3月生，二级教授，太原师范学院城镇与区域发展研究所所长，山西省城乡统筹协同创新中心副主任，山西省城市规划学会理事长。邮箱：1599292286@qq.com

作为地理学家的周一星先生的国际影响

——从中国的郊区化研究说起

吴缚龙

周一星教授是中国最早研究郊区化的学者,他治学严谨,在城市人口数量和城镇化增长速度核定、郊区化概念的厘定以及郊区化的特征等方面的研究在国际学术界产生了重大影响。我有幸在 2000 年年初受到周先生郊区化研究的启发,和先生与他的博士生冯健一起开展城市空间结构和郊区化的研究,观察到先生对中国郊区化趋势的洞见和极其深远的国际影响。

郊区虽然是一个日常生活中经常提起的概念,但是要明确划分郊区还是非常困难的。周一星先生从人口与中心城市的联系上来划分城市的空间结构,是一个科学准确的方法。从他后来主持国家自然科学基金研究可以看出,他致力于建立科学的中国城市地域类型的划分体系。

从治理体系来讲,在计划经济体制下,郊区不是一个独立的行政主体。从中心城市出发,走出建成区,来到城市边缘区,最后达到广袤的乡村地区,在这个城乡演替的谱系中,实际上只有两种类型。在体制上可以明确划分城市和乡村,通常对应"体制内"和"体制外"。城市边缘区既有体制内,又有体制外的要素。

但是因为城乡二元对立，郊区并非呈现治理上的独立类型。而在改革开放之后，随着市场化进程，城市边缘区成为城市化的前沿，既出现从中心城区扩散的郊区化，也显现乡村向城市的转化，或者说乡村地区和郊区的城市化。

从中国郊区化的进程来看，城市的郊区化越来越明显，不仅仅限于居民向郊区的迁居，还包括在郊区建立城市经济和建设新城。与此同时，越来越多的乡村地区也被纳入城市化进程之中。但是在城市边缘区的村庄，在被彻底拆除之前，仍然保持了很多体制外的特征。虽然郊区在行政区划上不是一个单独的类型，但是因为体制内和体制外的治理空间、正规和非正规开发模式相互混合与并存，在研究的意义上，形成了一种交杂的特殊类型。这种类型充分体现了中国城市经济和社会的转型。

图1　2001年2月AAG纽约年会期间马润潮（中）、周一星（右）和吴缚龙（左）合影

无独有偶，国际学术界对郊区化的研究近来超越了早期美国城市蔓延的范畴。战后美国的"郊区主义"呈现了一种郊区的生活方式和治理模式。居民为了脱离中心城市，形成自我治理的地域类型。这是一种非常特殊的郊区化模式。然而最

近，根据"全域城市化"理论，郊区化越来越被看成城市化的一种形式。城市大爆炸，碎片散落全域，很难划分城市地区和乡村地区，这种城市化的进程弥散在广袤的空间。即便在乡村或者郊区，城市发展进程也依然可见。正因为如此，学界反对清晰地划分城市或者非城市，或者界定介于两者之间的郊区。这种政治经济研究的视角不再把郊区化研究看作地理科学研究。

作为地理科学家的周一星教授，强调郊区化研究的概念厘定和科学依据。他看到国内高中地理教材把"郊区化"误用作"郊区城市化"，对此做出了澄清，即他的一系列的郊区化研究是对城市向郊区扩散的研究。现在回过头来看，先生的一丝不苟的科学精神，值得赞扬。只有如此才能明确界定研究的对象，才能客观地显示城市变化。他的研究实际上是对城市人口的空间分布及其变化的研究。也正因为如此，需要对空间的圈层做明确的界定。继而，需要对各个圈层做标识，比如中心城区、郊区和乡村。这样才能准确地知道在不同地区的人口和人口密度的变化，这样的命名也符合人们通常的用法。

图2　2004年3月周一星（左一）邀请吴缚龙（左二）在北大讲课

周一星先生对空间的划分可谓一丝不苟。比如在 20 世纪 90 年代中国许多城市规划使用了"主城"的说法,即"城市的主体建成区"。但主城往往是中心城区和近郊区的合并,使用主城就看不出中心城区人口在城市总人口中的相对比重的下降。而这种中心城区和其以外的地区在人口相对比例上的变化是郊区化的标志。与另一位青年学者关于"城市的郊区化"和"郊区的城市化"概念的辨析,体现了他对地理概念的准确认识的追求和一丝不苟的科学精神。他精准地传达了当时西方文献中关于郊区化的定义。

非常有意思的是,2004 年这一场关于城市的郊区化和郊区的城市化的商榷,比西方类似的讨论早了十年。西方学界关于全域城市化的争辩始于 2015 年,在 2018 年达到高潮。相应地,关于美国式的"郊区化"的研究逐渐衰退,而对"郊区"本身的研究随之兴起。伴随在城市研究中采用全球的比较视野,对世界"南方地区"的城市边缘区,或者所谓的"郊区",进行了研究。因为英文的郊区一词,常常令人联想到美国的郊区,引起一些学者的不安。

图 3 2013 年 11 月城市规划青岛年会期间周一星(左)与吴缚龙(右)合影

我赞同周先生把郊区作为空间标识的做法，而不是把"郊区化"自身看成一种理论（类似地，我反对把"绅士化"这样源于伦敦的范畴加以扩展并改造成理论）。先生的研究源于中国实际，又深晓西方理论，这才是学贯中西的境界。中国的郊区化和郊区研究，在周一星教授开创和引领之下，是非常深入和前沿的。其中也得益于中国的人口和城市数据以及深入调研的工作条件。而在许多"南方地区"，基本资料都相对缺乏。但是，这些地理研究不得已日益依赖观察和思考，也产生不少有趣和深刻的想法，只是这些研究必须和西方相对应。失去了对应，便失去了"乐趣"。而周先生创导的郊区化研究，始终扎根于中国的实际，所展示的空间转化，本身就极具理论价值和政策意义。

周一星教授对中国城市郊区化的研究是开创性的。非常有必要指出，他的郊区化研究是什么，而不是什么。他的研究是对中国城市人口在城市空间上的分布和再分布的研究，并剖析了引起这种再分布的动力机制。因为对空间的严格划分，他能够指出，城市区域中人口增长最快的地区在哪里，即在通常所认为的"郊区"。这种增长可以描述为他和罗根（John R. Logan）合作文章的题目：《边缘的增长》。他对计划体制下缺乏边缘的增长而在改革开放后出现的增长转变的中国政治经济社会条件有充分的认识和令人信服的解说。需要指出，不应由此望文生义。虽然他使用严格的郊区化定义，他从来也没有说过中国郊区化是美国式的郊区化在中国的再版。恰恰相反，他深刻地指出了中国郊区化与美国的不同之处。

周先生对我们的研究鼎力支持，我也由此参与国内许多学术活动和常到北大作讲座，并得到他和他的同事们的盛情接待。得益于他的谆谆教诲，我自己的研究逐步侧重于中国"郊区"，或者说"郊区中国"（见 Urban-China.org），与"城市中国"相呼应。和李志刚与沈洁等一起，参与加拿大的重点国际研究课题"全球郊区主义"，继续探索中国郊区的演变。

作者简介

吴缚龙，1965年9月生，伦敦大学学院巴特莱特规划学院（Bartlett School of Planning, UCL）规划讲席教授，英国社会科学院院士，研究领域为中国城市转型与规划，据社会科学引文索引（SSCI）排名为全球前50名的地理学家，曾获英国国家经济社会基金会（ESRC）2013卓越国际影响力奖。邮箱：fulong.wu@ucl.ac.uk

周一星老师

——晚辈终生学习的榜样

张志斌

五一长假结束第一天上班,接冯健博士电话,说近期要为导师周一星教授八十华诞举办一个小型学术活动,嘱我与周先生之间若有故事,可写一篇回忆性的短文。通完电话,我的思绪就开始不平静起来,回想在北大城环系求学的点点滴滴,除了以"一塔湖图"著称的美丽校园外,更多让我魂牵梦绕、感恩泽惠的是诸位先生的言传身教。除了我的导师胡兆量教授外,读博期间还有幸系统聆听了王恩涌、杨吾扬、周一星、董黎明等先生的博士生专题课程。每位先生渊博的专业知识、个性鲜明的授课风格、在各自研究领域均为国内翘楚的学术地位以及他们身上所体现出的老一辈知识分子的铮铮风骨,当属晚辈终生学习的榜样。

一、课堂上的记忆

回想起来,周一星老师的城市地理课程向来以严谨而著称,不苟言笑的形象和缜密的课程结构设计相得益彰,一进教室不由自主地会让你打起十二分的精神来,每一堂课的讲述都是引经据典、旁引博征,思路清晰,观点鲜明,其内容实质上就是一篇极具深度的科研论文，令每一位学生都印象深刻，受益匪浅。每次到北京出差与在京同学小聚，总会谈到周老师上课的一些情景，依然历历在目，仿佛就在昨天。先生的好多观点，即使对当下如火如荼的国土空间规划而言，也仍具重要的指导意义。当时我们是硕士生和博士生一起上课，每堂课学生人数还是比较多的，周老师也全然不在乎，在课堂上不乏对自己研究生的科研和学习情况进行点评，甚至直接指出其不足之处，给人以威严之感。所以当我怯生生地就兰州作为国内典型的带状城市，如何开展郊区化研究向他请教时，先生又一改往日的严肃，认真思考了几分钟后，非常耐心地对我的疑惑一一做了解答，想起来至今仍觉温暖！常言道"严师出高徒"，在周老师的严格要求和精心培养下，他的不少学生已经成长为"学术明星"或重要岗位的领导，在各自领域奉献本领才智，成就人生价值，产生了广泛的社会影响。周老师可谓"教书育人"的楷模。曾几何时，社会上"争取项目，攀比论文"之风愈演愈烈，不过我始终将教学放在第一要务，将得到学生的认可视为第一荣誉，也获得了西北师范大学"最受学生喜爱的十佳教师"，甘肃省"师德标兵"等称号，我想这与像周老师这样的一代名师的言传身教是分不开的。

二、学术研究的启迪

作为改革开放以后最早将西方城市地理研究的新理念和新方法运用到中国轰轰烈烈的城市化进程中的开拓性学者，周老师的研究很大程度上拉近了中国城市地理与国际主流研究的学术距离，提升了中国城市地理研究的国际影响。不论是郊区化、城市经济联系方向、城市实体地域，还是城市发展方针、城镇体系、城市性质等，莫不如此。虽然在校学习时间只有短短的三年，然毕业后对周老师的著作和城市地理文章的追踪从未间断，不论是《城市地理求索：周一星自选集》，还是《城市规划寻路：周一星评论集》，每一篇文章都不止一遍地仔细读，慢慢品，认真学，成为照亮我学习和工作的"灯塔"。记得周老师曾对我们说，仅城市经济联系方向，他思考、分析和反复论证了整整十年，才在《城市规划》杂志正式发表，与导师胡兆量教授经常教导我们的"地理学十年定律"不谋而合。我也是力求遵从周老师倡导的"逆向思维"来看待日益繁纷的人文地理现象和城市地理问题，一点一点缓慢艰难地开展着属于自己的"学术研究"，成不了大器，也小有所得，截至目前主持了两项国家自然科学基金项目，一项国家社会科学基金荐，时不时"滥竽充数"做一回咨询专家，也都是事先查阅相关资料，尽量对主题内容有所了解和掌握，尽管远达不到周老师深入全面的分析、精辟独到的见解，但总比对区域概况全然不知，到了会场匆匆翻翻文本、听听汇报就凭经验和套路发言要好得多，因而在一定程度上也得到了"小地方"的认可，偶尔还能在地方政府决策中建言献策，这都是从周老师等诸位先生身上汲取的营养。在我心目中周老师堪称"学术研究的典范"。

三、几次会议的片段

2006年中国地理学会的学术年会在兰州召开，其间我所在的西北师范大学作为承办单位之一，招待来自全国各地的参会代表，我当时作为学院班子成员一起向宾客致谢，按西北的惯例每一位客人面前都是斟满酒杯先干为敬，因此喝了不少酒，宴会之后又被同学拉到一小型会议室，记得有二十来人，均为国内城市地理和人文地理的青年才俊，大家围坐在周老师周围，一派其乐融融，尽管当时好多人我都不熟悉，但酒后喧宾夺主，话多得不能自控，"严重破坏"了室内的气氛与秩序，好多想跟周老师交流的都因我的干扰而未能如愿，甚至估计会"心生抱怨"，然而周老师始终对我的失态给予包容，并耐心地询问了我工作和生活方面的一些情况，其实是意在为我圆场，为此我一直愧疚不已！

2011年城市地理专业委员会的学术年会在安徽师范大学召开，刚刚大病初愈的周老师，利用在老家疗养的机会，专程赶来参加会议。会上他深情地回忆了当年在芜湖从事城市规划工作的往事，先生"不唯书，不唯上，只为实"的生动案例令在场的每一位无不动容。晚上在师兄焦华富院长的安排下，得以与周老师同桌就餐，席间他又对我国城市地理的发展趋势发表了自己的见解，嘱咐在场的每一位，特别是年轻人：国家的发展已经给城市地理学和你们个人提供了更好、更广阔的舞台，一定要发挥英语好的优势，紧盯国际前沿，结合本土实际，做出属于中国的城市化理论，时隔多年仍觉犹在耳畔。

2019年，兰州大学杨永春教授倡导召开了"一带一路"与西部城市高层论坛，许学强、周一星、宁越敏、顾朝林、柴彦威、周春山等六位曾经的城市地理专业委员会主任及时任主任甄峰均悉数到场，据说这是城市地理专业委员会的第一次全家福。我和赵雪雁等几位同事利用难得的机会，与远道而来的前辈和老师们共进午餐。诸位先生均执意要我坐在上座令我惶恐不安，周老师安慰我说，老师让你坐哪里你就坐哪里，心里顿觉踏实不少。席间又和他聊起当时在学校时的点点滴滴，让我再一次体会到了老师的慈祥和对晚辈的关爱，上学时的"威严形象"荡然无存，此情此景真是终生难忘。

四、有感而发的话

我一直在偏远的大西北工作生活，在信息还不够发达的时代，可以说是读着胡兆量、周一星等先生的著作走进人文地理科学殿堂的。1997年伴随着香港回归的钟声来到燕园开始博士阶段的学习，毕业后仍回到西北师范大学继续工作。一转眼二十年过去了，遥想当年怀揣梦想从黄土高坡来到未名湖畔，从兰州到北京，从西师到北大，尽管一切都是那样的新鲜，那样的陌生，那样的"高大上"，每每有"高处不胜寒"之感，但也是踌躇满志，发奋努力，暗下决心誓要干出一番事业来，以致初回原单位时有太多的失落和不甘，觉得命运不济，壮志未酬。如今的我，早已过了不惑之年，少了当初的锋芒与不适，更多的是坦然与淡定，秉承着"兼容并包"的北大精神，牢记导师胡兆量教授临行前"只要好好工作，在哪里都能做出成绩"和周一星教授"西部城市发展的动力机制应该有其特殊性，值得深入研究"的教导，三尺讲台，四季春秋，对自己所从事的专业和职业的感悟越来越深，不知不觉与故乡的山、故乡的水，以及一届一届的莘莘学子融为一体，时不时感到"黄河之滨也很美"！

最后，衷心祝愿周一星老师：生日快乐，身体健康，诸事顺遂，阖家幸福！

作者简介

张志斌，1965年9月生，甘肃会宁人。2000年北京大学人文地理学专业博士研究生毕业，西北师范大学地理与环境科学学院教授，博士生导师，曾任西北师范大学地理与环境科学学院副院长。为甘肃省发展和改革委、住房和城乡建设厅、自资厅决策咨询专家，甘肃省文化产业发展顾问，荣获甘肃省"师德标兵"称号。

超越距离的师生际会

陈彦光

我最早知道周老师的名字是在华中师范大学本科三年级的时候（1986年春夏之际）。当时已经学完了经济地理学的通用知识，由年轻的经济地理学家曾菊新先生给我们主讲城市与经济地理学专题。在讲"中国城市发展现状及其分析"专题过程中，涉及城市等级体系变化的时候，曾老师介绍了"周一星统计表"，属于城市规模级的归纳分析方法。当时记下来这个概念和相关内容介绍，但并未特别留意——那时我既不喜欢经济地理学，也不喜欢城市地理学。后来在介绍城市规模分布的各种测度如首位度、四城市指数等概念时，曾老师突然话题一转，讲起周老师来了："中国地理学界出现一匹黑马，那就是北京大学的中青年教师周一星。"接下来简介周老师的研究成果及其影响。于是我在课堂笔记中记下"周一星（北大）"，然后画个圈圈儿——我已记不起来当初圈住周老师的大名是何用意。

当年未曾想过，此生此世早晚有一天会与周老师结下师生情缘。一方面，我原本是一个没有太高志向的人，不喜欢应试，似乎未曾想过到北京大学学习，当然更不会想到在北京大学任教。另一方面，如前所述，我当时的兴趣也不在于地理学。我原本喜欢文史,人生目标是当一名作家。我只想混一个当年所谓的铁饭碗,然后从事自己喜欢的写作,至少从事自己感兴趣的工作。几年前,河南财经政法大学有位青年教师对我说:"你的事迹可以写一个小小的励志故事。"殊不知本人从未励志,我只是励趣而已。高考填报志愿,我之所以选择地理专业,是因为这个学科最接近文科,容易应付考试,从而可以腾出大量的时间看自己喜爱的图书,写点自己想写的东西。大一期间,忙于参加各种文学社团的活动,专业也就是以"60分万岁"为目标。然而,经历那一年的文学活动,我逐渐发现,文学创作对我而言"此路不通"。我喜欢并擅长的其实是古典文学,对于当代文学,我既无优长,也没有太大的兴趣。但进入地理之门,出去也不大容易了,于是人生发展之路迷失了。1984年6月29日,"地质学"课程的南京野外实习课结束,返回武汉。在轮船船头的甲板上,看着缓缓西沉的夕阳,我的同窗好友范绪富对我讲:"我看你这一年没怎么认真学习专业课。如果你的专业学得不好,业余爱好再突出,同学们依然看不起你。不论你是否喜欢地理学,建议你先将专业学好,

图1 2015年10月周一星(中)、曾菊新(右)和陈彦光(左)在信阳

然后再及其余。"此言有理，我接受忠告，故从大学二年级开始，非常认真地学专业课，至今保留着大学期间的二十多本课堂笔记。虽然学习认真，但终究是没有方向；没有发展方向，就看闲书。不论数理化文史哲天地生，只要能满足自己的好奇心，遇到什么吸引人的书刊报纸就阅读。直到大学毕业，我也没有找到自己特别感兴趣的学科方向。毕业前夕，人生发展方向十分明确的同学农生文在毕业纪念册上给我的留言写道："我钦佩你的博学，但奉劝你早日选定方向深钻下去，切勿广种薄收。当今时代已不是亚里士多德时代了。"但我真正找到自己的发展方向，并且决定致力于城市地理学研究，那是接触分形几何学以后的事情了。

1987年大学毕业之后，我被分配到家乡附近的信阳师范学院，加入该校当年的"地理筹备组"，在刘嘉言教授的领导下创建信阳师院地理系。除了出差考察、买资料之外，我当时的一份工作是负责资料室和收发报纸。《人民日报》《光明日报》和《中国青年报》等都会涉及一些科学知识，值得一读。彼时《人民日报》的周末版有一个"每周文摘"，像是百科知识卡片。其中一个文摘介绍了"紊乱学"和分数维度概念。所谓紊乱学，后来翻译为混沌（chaos）学。当时吸引我的不是这些概念，而是这些理论的功能。该文摘资料说，这类学科研究专门处理貌似无序、实际上背后隐藏更为深刻秩序的理论和方法。那时我正在寻找地理空间现象的有效描述工具。见到这段文摘，我一下子兴奋了：地理系统说不定就是貌似无序实际上隐含更为深刻的空间秩序的系统。这样的话，地理学就是一个具有很大理论发展空间的学科了。于是，我到学校简陋的资料室查阅资料，了解何谓混沌，什么是分数维度。在《国外科技动态》和《自然杂志》等期刊上见到一点零星的资料和科普文章，于是做了笔记。那时，地理学"计量革命"（1953—1963年）后的理论革命不了了之（1963—1976年），地理虚无主义思潮泛滥，后现代地理学家正在哀叹"地理空间没有秩序"。然而，混沌学家却宣称对世界万物的另外一种判断："上帝只让很少几类现象保持真正的自由！"不自由，那就意味着有规律；有规律，那就有相应的数学描述方法。循着混沌资料的路径，我找到分形（fractal）几何学。前面所谓分数维度，原来是指分形维数。凭直感，我觉得这门几何学工具会在地理研究中发挥用途，并经常与同事们谈到自己的看法。信阳师院地理系创建之后的1992年，资料室进了James Gleick 的 *Chaos: Making a New Science* 的中译本之一——《混沌学：一门新科学》。这是一本科学报告文学，讲述作者所知的混沌、分形、复杂性等理论产生的前因后果。我由此得知，分形几何学是探索复杂性和奇异性最有效的工具之一。图书到货时，我已经到东北师范大学地理系读研究生了。寒假回信阳期间，我从同事余国忠手中要过这本书，认真看了一遍。余国忠后来常常向朋友夸耀："是我给陈彦光指引了分形城市研究的方向！"

　　研究生期间有条件阅读一些有关分形的学术论文，通过学习计算数学掌握了分维测算方法。在寻找分形几何学的地理应用对象的过程中，我找到了城市体系。在当时的条件下，城市体系相对容易测量，而城市体系又是城市化的四大内容之一。于是我的研究工作自然而然以城市体系和城市化为主要对象。我采用分形几何学研究城市体系的空间格局，借助混沌思想研究城市化的非线性动力学过程。硕士毕业论文题为"豫北地区城镇体系的分形研究"，内容涉及空间结构、规模分布、异速生长和人地关系。根据单位政策，我当年只能报考定向培养硕士生。也就是说，毕业之后我必须回信阳师院工作。因此，获得理学硕士学位之后，我返回信阳师范学院继续分形城市研究。1996年的一天晚上，我的两个同事——罗静和余国忠——抱着各自的孩子来到我的宿舍，建议我牵头组织一个研究团队，集聚一部分青年教师将科研活动搞起来："在这个地方，做事不一定有希望，但不做事则毫无希望。做——也许还有一线希望。"他们找我牵头的理由很充足，彼时我光棍一条，无孩子负累，故可一马当先。不论怎样，年轻人做事好商量。为了那一线希望，我们真的就组织起来了：成立一个分形城市研究小组，抱团申请河南省自然科学基金项目。活动经费是自掏腰包，但没有人不积极参与。在此过程中，我的同事单纬东做了很多有益工作。单位领导都是年轻人，大力支持我们的工作。几年努力下来，我们团队先后申请下来3个省级项目。基于1997年获批的第一个省基金项目，我们完成一批学术论文。问题在于，这些文章在哪里发表？以信阳师院的名义投稿地理期刊，不找关系的话，几乎没有被录用的可能性。讨论之后，大家决定先在《信阳师范学院学报（自然科学版）》开辟一个"分形城市研究"专栏。我们向《信阳师范学院学报》编辑部提出开设专栏的设想，但编辑部负责人对我们的论文不大信任：一次发表那么多文章，如果质量不高，岂不影响学报的声誉？所以表示，搞专栏可以，但得邀请国内城市和地理分形研究的名家审稿，为论文质量把关。那是1997年的事情。我和周老师的缘分从此开始——绕了大大一个圈子，讲到这里差不多可以言归正传。

为了让我们这批论文顺利通过评审，我着手给国内城市地理研究的名家写信，逐个介绍我的分形城市研究：目的、方法、成果和意义。毫无疑问，要给周老师写信，彼时他已经是城市地理学的著名大专家了。我是1997年10月22日晚上给周老师写信的。周老师没有及时回复。实际上，除了陆大道先生和艾南山先生之外，我当时没有收到其他回信。寄出的邮件基本是泥牛入海。不过，专栏还是办起来了。这意味着，虽然许多地理学家没时间回信，但却支持了这个专栏。毫无疑问，支持者中包括周老师。1998—1999年出了两年的"分形城市研究"专栏，共计发表22篇文章——这批文章为《信阳师范学院学报（自然科学版）》入选北大图书馆认证的中文核心期刊立下大功，此为后话。由于这些前期工作，加上国内许多具有远见卓识的地理学家的支持，我们团队于2000年成功地申请了国家自然科学基金项目"城市体系空间网络的分形结构及其演化机制"。这是信阳师范学院的第一个国家级项目，打破其历史记录。没有国内地理学家的大力支持，此项目不可能获批。支持该项目的地理学家，我后来知道的，包括四川大学的艾南山先生，南京大学的林炳耀先生，当然也包括周老师了。

信阳师范学院学报：自然科学版　　Journal of Xinyang Normal University
第24卷　第3期　2011年7月　　Natural Science Edition Vol. 24 No. 3 Jul. 2011

DOI:10.3969/j.issn.1003-0972.2011.03.018

《信阳师范学院学报：自然科学版》论文被引分析

张建合*，任长江

（信阳师范学院 学报编辑部，河南 信阳 464000）

摘　要：用文献计量学方法考察《信阳师范学院学报：自然科学版》论文被引用的分布情况。统计结果显示：CNKI数据库共收录该刊1981—2010年原文2 886篇，被引1 315篇，总被引4 487次，单篇最高被引65次，高被引学科为地理学、化学和生物学，高被引作者为陈彦光（15篇文章）；没有被引用的文章占全部发文量的54%，20%的论文拥有80%的被引频次，符合“二八定律”；论文被引频次的分化现象揭示出：组稿策划应抓重点选题和重点作者，评价成果不能单一地看刊物级别。

关键词：信阳师范学院学报：自然科学版；高被引论文；引文分析；被引频次

中图分类号：G353.1　　文献标志码：A　　文章编号：1003-0972(2011)03-0355-05

图2　“分形城市研究”专栏的影响

1997年12月22日，我突然接到周老师的来信，信中的大意如下：

你的分形城市研究，我看来看去似懂非懂，颇有云里雾里之感。但你我的研究有一个共同的主题，那就是城镇体系和城镇化。我的研究方法属于传统方法，但我不守旧，不排斥新方法。我很想知道你是怎样将分形理论和方法应用于城市地理研究的。你能不能到北大来一趟，给我们的学生讲一讲你的研究，让我听听？如果你能说服我，分形城市研究真的很有前景，今后我可以支持你的研究！

从写信到收到回信，间隔两个月。在这近两个月的时间里，我猜想，周老师评审了信阳师范学院送审的分形城市论文，思考了许多相关的问题。不论怎样，如此大气磅礴的回信，出乎我们分形城市研究小组的意料。大家一直认为，有必要去说服周老师。

有机会和周老师交流，我当然求之不得。但年关已近，信阳是过路站，不太容易购买火车票。1997年12月24日，我回信周老师并与他商量，翌年再去交流。

1998年元月13日，接到周老师的回信，赞同新春之后去京城交流。1998年3月5日（星期四），在同事罗静家吃完晚饭，罗静送我到信阳站，乘坐从信阳直发北京的大慢车——528次火车去京城。到达北京已接近次日中午了。我在中科院第一招待所安排下了住宿之后，就到北大西南门附近的博士楼——39号楼108房间去见周老师，那是周老师当时的博士生曹广忠和孟延春的宿舍。见面之前，我想象周老师高且胖，事实则是他瘦而精神。稍事问候之后，周老师将我带到他的办公室，约定交流的日程安排，并送了我一本他的专著《城市地理学》——实际上我于1996年11月中旬从商务印书馆邮购了一本，但这本作者签名的赠书尤其珍贵。3月8日下午和9日上午，我到北大地学楼，在周老师的研究生课堂上讲了大约六七个小时的分形与城市研究（包括答问过程），周老师全程认真听取我的报告。3月13日晚上，我到北大电教听了周老师的学术报告"城市的郊区化"——我的杰出小师弟姜世国也在这天出席周老师的报告会，他当时正在北大读本科。他记得的题目是"北京的郊区化"。我读博士期间，姜世国成为周老师的研究生，并且教给我许多计算机知识，这是后来的事情了。3月14日（星期六）傍晚乘火车离开北京。在这一个多星期的时间里，我先后到海淀图书城买书，到国图查阅城市研究资料。

通过这次交流，我猜测周老师看到了分形城市研究的前景。记得休息的时候，李迪华建议周老师："您将这个人从信阳挖过来！"周老师表示得先有博士学位，然后李迪华建议我考周老师的博士生，我表示不考。周老师和李迪华都挺意外："为什么？"我说："周老师的博士生，对我而言，当然梦寐以求。但听说北大博士生考试外语特难，我没有太多的精力练习英语听说——我希望将时间用于自己感兴趣的研究。"周老师建议："从长计议——先到北大做访问学者，加强交流，并学习这边的专业和外语。"原本我是一个没有志向的人，那一瞬间周老师的鼓励激发了我弱不禁风的志向。听从周老师的劝告，我果然到北大做高级访问学者了，时间是1998年秋到1999年夏。访学期间的一天中午，周老师带我到北大南门一个饺子店吃饺子,我们边吃边聊。周老师告诉我:"做研究,平台很重要。我就充分利用了北大这个平台。你看,同样研究城市,你主要研究信阳市,充其量研究郑州市,我研究的则是北京市,郑州、信阳能与北京比吗?同样研究城市化,你充其量研究河南省,我则研究全国,河南省能与全中国相比吗?如果你到北大来,你可以采用分形理论研究北京市,研究中国城镇体系和城市化,那份量就不一样了。"在访学期间,我的同寝室的访友之一是来自延安大学的任晓林。晓林当时痴迷于文学,天天笔耕不辍,笔名斯林——如今弃文从事公共管理研究。1999 年,当他听我讲述我和周老师的一些事情之后,大为感动,认为周老师是一位品学兼优、难得一遇的学者,很想写一篇有关周老师的文章。印象里我带他见过周老师一次,但周老师很忙,无暇与斯林详细交流。由于未能深入了解到周老师,文学报道的事情也不了了之了。

  访学那一年,我没有专心在北大学习和研究。一方面,北大给访问学者提供的条件实在太差:四个人一个房间,其中连一张像样的书桌都没有。另一方面,信阳那边发生了太多的事情。因此,我大部分的时间往返于北京与信阳之间——我老爸曾埋怨我"一点点收入被火车轮子滚掉了"。总之,我的访学表现不是太好。1999 年 5 月 1 日,周老师生日,我的高访生涯也差不多到了尾声。当时周老师带着学生在颐和园搞了一个生日聚会,邀请我参加了。午餐之前,已经留校的曹广忠老师悄悄问我:"下一步怎么打算?"我回答说:"没有进一步的打算,走一步看一步。"曹广忠问:"还打算考周老师的博士吗?"我反问:"你看我这个表现,周老师会要吗?"曹广忠感叹说:"咦!你太不了解周老师了。周老师非常宽宏大度,他看人不看小节看大体。你回去之后,要给周老师写信,保持联系,争取考到北大攻读博士学位。"曹广忠的话让我心中一动:治学大家、为人大度,哪里去找这样的导师?于是,我那原本弱不禁风、后来又萎靡不振的志向再度振作了一次。我与周老师保持了联系,并决定考一次试试看。

图3　1999年5月1日周一星（前排右五）和他的学生们在颐和园

2000年3月中旬，我到北大参加博士生入学考试。3月13日晚上，在北大西南门外的"考研一条街"遇到了来自南京的才子冯健——他也报考周老师的博士生，并且与我一个中学同学李斌（报考北大化学系博士生）住在同一个旅店。一见面，刚刚谈及我的研究设想，冯健给我一个当头棒喝："你想用数学方法发展城市理论？三百年也成功不了！"古人云："自信人生二百年，会当水击三千里。"三百年也成功不了，那我还有什么奔头？接着冯健就开始放言："城市研究，我就喜欢周老师的都市区、都市连绵区和郊区化，那才是正途。"我的耳朵嗡地一响——郊区化？两年前的此时此刻，1998年3月13日晚上，我正在北大电教听取周老师的学术报告——"城市的郊区化"！我还没有听明白，他已经研究上了！专业方面，话不投机，我就王顾左右而言他，转移话题到艺术。谁知刚刚开口，冯健又是一个当头棒喝："我学国画、练书法已经十多年了！"于是冯健对艺术大发宏论，我闻所未闻。我感觉这小伙子外表身长八尺，内心才高八斗，疏狂可爱。我们的艺术之争持续多年。2001年4月1日，我与姜世国、冯健一起爬上杭州的凤凰山，还在一个山峰上与这个小伙子争论艺术问题！"凤凰论艺"，此为后话。彼时彼刻，我刚刚振作不久的志向再度打蔫：考试方面，我哪里是这种少年英才的对手？没有想到，后来与这位青年才俊成了忘年交！2000年3月19日外语考试，自我感觉不好。若无天助，必当名落孙山。

图4　2001年3月31日冯健（右）与姜世国（左）在杭州西湖苏堤（此后发生"凤凰论艺"）

冯健顺利考进了北大周老师名下，这原本是没有悬念的事情。我对自己这次考试不抱希望。4月24日（星期一），信阳天清气朗，我收到两封来信。一封来自周老师，另一封来自南京的冯健。周老师告诉我，我的外语考试成绩没有过线，正在争取破格录取。冯健则告诉我，他已经通过博士生入学考试，如果我能去南京，他一定邀我"频频举杯"——"人生得意须尽欢，莫使金樽空对月"。第二天，即4月25日，周老师突然打来电话，告诉我"已被破格录取了"。后来得知，原来北大研究生院以"业绩特长生"的名义"录取"了我。

于是我离开了信阳师范学院，到北大攻读博士学位，不过，要先通过期末由外籍教师负责的英语课程考试，才能正式入学。然而，一波三折，好事多磨。2000年12月7日，北大研究生院突然下达通知，"业绩特长生"取消，所有的业绩特长生重新考试！据说取消的理由很充分：很多并无业绩特长的人，正在通过各种关系，冒充特长生进入北大攻读博士学位。北大担心将来无法堵住这个漏洞，干脆提前彻底封锁入口。我对中国的考试招生模式一直腹诽，可以说颇有微词。但北大"业绩特长生"流产一事表明，在中国特定的国情背景下，除了硬考，也的确找不到更好的招生模式。这么一来，半年来的光阴废弃，从头开始。于是我重新复习外语，耗费大量精力再度应试。正在我茫无头绪复习英语之际，有朋友告诉我：北大博士外语考试重视技能训练，听力基本都是历年的托福考试题，你照着托福试题练习就行了。我突然想起，十多年前，1989年我和同事出差北京的期间（正是那次出差路过北大南门一次），接受罗静的建议，于5月3日在王府井书店买了3盒托福英语听力训练磁带，并且这次带到了北京。于是，赶快从行李箱翻出那几盒磁带，反反复复听了多遍。一天小雪，冯健突然来访，邀请我去未名湖畔赏雪：很快就要考试了，再复习也没有什么效果，不如且去踏雪聊天。于是，我们来到湖滨看雪，托福磁带丢在一边了。考试的前一天，冯健收拾好自己的宿舍，让我舒舒服服睡了一觉。2001年3月17日外语考试，上午英语笔试，下午考听力。吃过午饭，稍事休息之后，提前进入考场，平心静气。听力开考之初，发现我根本不用听考场的播音：有50分的题目正是出自我10年前购买的那套托福英语听力磁带。我几分钟之内勾画了全部的答案，当然全部正确。另外50分的题目，我以为也是那几盒磁带的内容，但突然变了，与那几盒磁带内容无关，我没反应过来，一下子懵了，结果只答对一个，仅获1分！英语听力总分51分，比分数线50分多出1分。另外一场考试——笔试，得61分，也比分数线60分多出1分。不过，那61分全靠实力。考试成绩出来以后，周老师不无幽默地说："你真会考试，分数几乎没有浪费！"

可能有人会说，你讲这些故事，是不是离题了？与周老师有什么关系？我想说的是：太有关系了。我的所谓博士生英语考试，一半靠实力，一半靠天助。天助，才是更深层的因缘际会。古人云："谋事在人，成事在天。"人算不如天算。

十年前不经意购买的几盒磁带，成就了这次外语考试。也许一切都是巧合，也许冥冥之中自有某种因缘。如果果有后者，那么我与周老师的某种缘分十年前已经启动。在此考试期间，我的人生履历出现一段空白：信阳师范学院除掉了我的名字，已无记录；北京大学这边没有正式入学，因此也没有记录。我当了整整一年的北漂！好在终于登上了周老师的航船。在周老师这艘学术航船的风帆下，我度过了人生第四段愉快的时期。有人曾经总结说："一个人20岁之前总以为幸福生活尚未到来，但35岁之后蓦然发现，幸福时光已经过去。"博士生毕业后年近40，忙于生计，人生的幸福时光对我而言果然渐行渐远，如茫茫烟水中远去的风帆。由于这段博士生生活，我在35岁之后居然度过了几年幸福时光，实在是人生幸事。

到周老师门下之后，我的研究工作发展到人生的第三阶段。第一阶段是大学毕业后的尝试期，那时还不懂得学术研究，与同事一起"摸着石头过河"。第二阶段是研究生阶段的起步期，那时开始采用分形几何学方法研究城市，重点是城镇体系和城市化，与周老师的重点研究对象不谋而合。一项科学的研究就像一棵树，传统成果是土壤，是根系延伸的地方；前沿方向则是阳光、雨露，是枝叶舒展的空间。树大根深才能枝繁叶茂。两个方面的工作可以统筹兼顾，偏废任何一方都不利于研究的进展。然而，在遇到周老师之前，本人对于传统是批判多于继承，那时没有认识到传统的深刻价值。此前我只对地理分形现象有兴趣，全力探索地理系统中的无特征尺度现象，虽然部分研究也涉及地理学的传统理论和方法，但多属于偶然。在向周老师学习并与周老师交流过程中，我逐步改变了对传统地理学的看法，在地理分析中，努力从特征尺度和标度两个角度开展工作。我发现地理的传统研究成果中，有很多瑰宝。虽然有些已经陈旧发黄，但如果引入新的思想洗涤和开发，可以重新闪闪发光。

有一天，周老师给我三篇文稿，让我学习学习。那是北京师范大学梁进社教授的文章：一是研究 Wilson 最大熵模型，二是推导逆序 Beckmann 模型，三是证明周老师提出的人均国民生产总值与城市化水平的对数关系（见《城市地理学》pp.136—137）。沿着这个线索，我研究了最大熵原理，开始有意识地从传统地理学研究中挖掘理论和方法资源。这也导致我的一系列研究成果的出现：其一，利用最大熵原理，基于城市元胞假设，以一种简单优美的方式推导了城市人口密度的 Clark 模型。其二，将基于中心地理论的逆序 Beckmann 模型变换形式，与 Davis 二倍数法则统一起来，发展城市等级体系的递阶结构模型，由此演绎出城市位序－规模分布的三参数 Zipf 模型和城市人口－城区面积的等级异速生长模型，建立了城市体系、水系和地震能量级等空间系统的类比关系；进一步地，在等级体系的递阶结构模型的基础上，借助最大熵原理推导了 Zipf 定律，纠正了前人（如 Curry）的推理失误，并与前述城市体系递阶结构模型统一起来。我最初是在周老师《城市地理学》第 7 章（p.265）看到 Davis 二倍数规律介绍的，后来请王法辉从美国帮我复印了相关的英文资料。其三，考虑到城市交通网络 beta 指数与人均国民收入的对数关系以及人均国民收入与人均国民生产总值的异速生长关系，推导出城市交通网络 beta 指数与城市化水平的线性关系，为利用地图直观地判断一个区域的城市化水平提供了参考。

在学习周老师论著的过程中，我逐步了解到，在城市地理学领域，公认的基本定律有三个：一是距离衰减律（1885 年前后提出），二是位序－规模律（1913 年提出），三是异速生长律（1956 年被引入城市地理学）。这些规律、定律或者模型，在周老师的论著中都有介绍或应用。在《城市地理学》一书中，周老师系统地介绍了距离衰减律和基于距离衰减律的引力模型应用，对位序－规模律讲解得尤其透彻，并顺便介绍了异速生长律（距离衰减律：第 8 章，p.360；位序－规模律：第 7 章，pp.254—310；异速生长律：第 7 章，p.274）。周老师可能是中国城市地理界最先介绍异速生长律的学者。1977 年，C.P.Lo（罗楚鹏）等基于卫星图片，借助异速生长分析方法预测我国城市人口增长，其准确程度曾令我国著名地理学家李旭旦感到惊叹："美国曾有人用类推法，利用了我国解放初期发表的七年城市人口统计，根据其后城区面积的逐步扩大（用卫星图像量算）与人口增长的比例关系，建立模型，推算出今日中国城市人口数字，其正确程度达90%以上。"这里所谓的"比例关系"，就是城市人口－城区面积异速生长关系。1978年，周老师曾将Lo的文章以"中国城市人口估算"为题译成中文，作为北京大学地理系《城市规划参考资料5》中的一个篇章。这非常可能就是中国最早出现的城市异速生长定律引介资料。地理学这3个定律都与标度和分形概念、思想以及原理有关。从2001年至今，我本人的大量研究工作都是围绕着几个定律展开的。在位序－规模律和异速生长律方面，初步形成了自己的理论框架，在以距离衰减律为基础的理论和模型建设方面，正在形成自己的理论框架。我的上一个结项的基金项目是关于异速生长的（2013—2015），最近结题的项目则是基于距离衰减律的城市空间关联研究工作（2017—2020）。但感到相对满意且形成比较严谨的逻辑体系的研究工作，则是以城市位序－规模律为基础的一系列探索性成果。基于中心地理论、Zipf定律和交通引力模型，我建立了距离衰减指数、位序－规模分布指数和中心地网络维数的数理关系，并开展了一系列理论推导和实证分析工作。大约2015年暑假期间，河南大学的李小建教授打来电话，他高兴地对我说："我正在英国查外文资料，发现有关城市位序－规模研究的很多新进展来自你的研究成果。"比较一下可以看出，我的研究进展与周老师《城市地理学》和相关论著的有关内容形成大概的比例关系。

  城市化方面，周老师的论著对我博士生期间的研究工作有很大影响。做访问学者期间，我对《城市地理学》中的城市化预测模型特别感兴趣。从有关公式看来，城乡人口增长率差本质上就是城市化水平Logistic增长模型的内生增长率。在生态学中，Logistic映射随着内生增长率的改变可以形成分叉、周期振荡乃至混沌。我试图从城市地理学的角度研究混沌问题，并尝试回答遗传算法创始人John Holland的一个问题："从长期看来，为什么捕食－牺牲相互作用会呈现强烈的振荡，而组成城市的相互作用却非常稳定。"基于周老师计算的城乡增长率差，我于1999年做了城市化水平增长预测模型一个初步的研究，作为"分形城市"专栏的一个成果。在撰写博士论文期间，一直考虑城市化水平的Logistic增长与混沌的关系，到2006年终于有一个小小的理论突破：基于城市化水平的定义，可以将一维Logistic映射分解为二维城乡相互作用映射，生成与生态系统类似的分叉、周期振荡和混沌，由此导致对混沌的新认识：混沌并非过去理解的"确定论系统的内在随机性"，而是系统要素非线性耦合导致的不稳定行为。虽然这个成果至今没有被混沌科学家所关注，但我依然认为这对混沌理论是一个有意义的贡献。一门学科发展到一定程度才能对科学界普遍感兴趣的问题发表本学科的独到见解。从这个意义上讲，这个发现对于地理学也是一个有意义的贡献。遗憾的是，地理界至今也没有人关注这个成果。

不过，我关于城市化的有些研究将可能会引起国内同行的关注。周老师最早介绍Northam城市化曲线分段模型。对此我做了一些理论分析，将Northam的三分段修正为四分段，这个成果获得周老师的赞赏。后来的一个成果是，城市化二元分段理论和模型：基于城市化水平可以做第一套分段，基于城乡比测度可以做第二套分段。前者适合于城市化前期，后者则适合于城市化后期。还有一个发现，国内同行们可能会有兴趣，那就是：西方的城市化曲线大多表现为一次Logistic曲线，而中国的城市化曲线则是二次Logistic曲线。中国的城市化动力学不同于西方。类比城市化水平测度、城乡比测度、分维和空间熵，定义了一套完整的城市化、城市形态和城市体系描述测度。从2006年开始我着手撰写一部专著《城市化非线性动力学分析》，断断续续写到今天。该书的缘起，与早先阅读周老师的《城市地理学》及其相关的研究有关。

以上仅以周老师的代表性论著《城市地理学》为例，说明周老师的学术研究对我研究工作的一系列影响。没有讲到周老师文章对我的影响，因为我不想将此文写得过于严肃，像一篇学术论文似的。管中窥豹，可见一斑。

虽然取得了自我感觉尚可的研究成果，但并未获得地理界的广泛认可。对此周老师非常清楚。所以，一直以来，周老师鼓励我撰写英文论文，在国际期刊发表自己的成果，扩大影响。2003年12月8日，在龙翔路鸿翔大厦参加国家自然科学基金资助项目结题后期评估与答辩会议期间，华东师范大学一位著名城市地理学家的一番评论令我记忆犹新："你的城市分形研究，国内有人说是，有人说非，我们不懂，故无法判断谁是谁非。况且国内期刊的稿子，就是那么几个人审来审去，是靠水平发表还是靠关系发表，无法辨别。建议你将论文投稿国外期刊。如果外国人发表你的东西，我就相信你的研究成果。"先生们的忠告理当接受。博士生入学之后，我就着手给国际地理学期刊投稿。然而，这又是一条漫长而曲折的人生博弈之旅。从2001年到2010年，整整十年，我一直在与各种国际地理期刊的主编论争以至于发生冲突。一方面，他们找到的评审专家写出的评审报告往往肤浅甚至胡扯；另一方面，有时候评审专家评价很高，但主编凭个人好恶而拒绝采用。2009年，瑞典著名华人学者江斌教授要求周老师评审一篇关于城市位序–规模分布的英文稿子，周老师推荐由我评审，从此结识了江斌教授。江斌教授在北京访问期间，浏览了我的几篇文稿，然后颇为感叹地说："你的文章都有很硬的内核，但不对海外地理学家的口味——大多数地理学家不喜欢数学模型。不要再给地理学英文杂志投稿了，否则白白浪费时间。建议投稿交叉科学杂志和统计物理学杂志，先让一部分成果尽快面世再说。"江教授的话启示了我，于是我决定改弦易张，给地理学以外的杂志投稿，先将成果公布出来再说。虽然游走于学术界的边缘，但成果总算可以见到天日。2011年之后，积累多年的研究论文逐步以英文形式问世了。

回想起来，我的人生成长之路虽然崎岖不平，行进轨迹波荡起伏，所幸在于一路遇到一些慧眼独具的人。在我的研究还是一棵小苗的时候，周老师已经看到其生长的趋势；但在我的研究已经长成一棵小树之际，依然有人试图将其当作一个碍眼的小草。记得李敖在其"李敖有话说"节目中比较两类人待人接物的差异，认为"大家"与愚夫愚妇看人看物有本质的差别：愚夫愚妇看人看小节，"大家"

图 5　2003 年 11 月 21 日武汉地理学大会期间

看人重大体。1994 年，硕士生期间，在一次讨论课程结束之际，不知因为我说了什么，我的研究生导师丁四保先生曾经当着几位同学的面对我笑道："你，务必在学术上做出成绩。"我问"为什么"，丁老师说："你这个人，缺点太明显，说得好听点是特点太突出。如果你将来做出学术成就，你所有的缺点在世人面前都会成为特点；否则，你所有的特点，在俗人看来全部都是缺点！"丁老师可谓洞察世态人情！实际上，东北人颇有辩证思维。当我的一位研究生同学抱怨我缺点太突出的时候，我的一个关系特好的、来自东北的研究生同学罗宏宇立即为我辩护："你知道我为什么跟他做好朋友吗？我就是看上了他显而易见的缺点；有特长者必有特短！"那位同学反驳："难道有特短者就有特长？"罗宏宇笑了：

"那要看你的眼力。"在正式走进周老师门下之前,周老师与丁老师有过交流和沟通,对我的长处、短处都心中有数。丁老师与周老师交流之后认为周老师有大家风范,故大力鼓励我追随周老师研究城市地理学。托老天庇佑,我幸运地来到周老师门下。这么多年来,周老师果然以其大家风度,包容了我的特短,发挥了我的特长。2006年9月10日,为周老师撰写一首教师节贺诗,题为《教师节有感》,表达了真实的感慨和感谢:

> 千里文心两地通,长安一谒见高风。
> 公如伯乐寻良骥,我似浑金待巧工。
> 八载情缘流碧水,九天景曜拱苍穹。
> 任他云雨常翻覆,宇甸澄清始见功。

"伯乐"云云,来自王法辉早先的一席话。2002年5月29日中午,突然接到周老师的电话,他兴奋地要我去校园内的淮阳餐馆见一个人。这个人就是我原来的同事罗静的高中同班同学、北大地理系杰出校友、美国北伊利诺伊大学教授王法辉。当时周老师和王法辉正在淮阳餐馆吃工作餐。初次见面,王法辉的两个感叹让我印象深刻。其一是,"这个世界真小。我正和周老师提到你,周老师说你就在身边,而且还与罗静有那么一层关系。"其二则是,"千里马常有,而伯乐不常有。周老师就是你的伯乐!"我当然算不上什么"千里马"——周老师门下的千里马另有多人,但自喻为"浑金"聊作自我安慰之词。

话说回来,2004年我结束了博士生生活——不顺利地毕业了。虽然从2001年开始,周老师和陈效逑教授安排我在北大城市与环境学系临时讲授研究生课程"地理数学方法",但我从未想过毕业后留校任教。就学术而言,北大是藏龙卧虎之地。我不是一个喜欢竞争的人,我从来喜欢沿着人生阻力最小的方向行动。我希望找一个竞争不那么激烈、压力较小的工作单位,比较轻松地升迁为教授,然后轻松愉快地从事教学和研究工作。然而，天不遂人愿，冥冥之中的某种力量又开始动作。2004年5月前夕，我完成毕业论文稿就提交送审，没有推荐任何评审专家，然后轻松愉快地回故乡度假去了。这个轻松愉快的大意导致严重的不愉快后果：我的毕业学位论文——《分形城市系统的空间复杂性研究》——被人否决了。因此，我不能按时毕业了，只能推迟获得学位。在联系工作单位的关键时刻拿不到学位，怎么给人交代，上哪儿去？这个时候，记不准究竟是我昵称为"尕妹子"的李东泉，还是我的高中同学左正立，建议我选择留校任教："你没有学位，联系其他单位说不清楚，北大了解内幕，无需解释。"我仔细想想，此论颇为在理，于是决定争取留校：留下来继续讲授研究生课程"地理数学方法"，同时承担本科生计量地理学以及城市规划系统工程学课程的教学工作。在早年的北大本科生中，流传周老师的一个名言："没有计量地理学的地理系，不可能成为一流的地理系。"为了北大地理专业的发展，周老师尽心竭力。将研究生地理数学方法和本科生计量地理学教学延续下去，是周老师多年的愿望。从这个意义上讲，我逃离北大的想法是一种自私自利的心态。

  关于留校的事情，有一个插曲。我读博士期间，北大城市与环境学系更名为环境学院。当时学院的院长是从美国聘请的江家驷教授。要留校，当然得经过院长的认可。经过周老师安排，我与江院长面谈一次。一见面，江院长当头一瓢冷水："你为什么要留校？留校有什么好处？不如到其他单位找个工作。"我说，我对从政没有兴趣，无非教学和科研，不涉及太多的人际关系。然后江院长架起二郎腿，眯着双眼问我："听周一星老师介绍，你采用数学方法研究城市，工作做得很好。那么你告诉我，怎么个好法？"于是我手持简历和成果目录，简要介绍自己的研究，江院长迷瞪双眼，似听非听。突然，他瞥上我简历上的"fractal"一词，双眼一亮："让我看看你的简历。"他的目光很快落到"分形"（fractal）二字上："你是采用fractal geometry研究城市？"我回答他："是的，我绝大部分论文是采用fractal思想和方法研究城市。"江院长一下子兴奋起来："陈彦光，你不用多讲，我相信你！如果你说你采用微积分、线性代数之类的数学工具研究城市，做得多好，我根本不信。但是，如果你说你采用 fractal 方法研究城市，我不太怀疑。我虽然是物理学专业出身，但非常关注城市。在美国，我时常留意城市的结构和变化。城市演化服从 scaling law（标度律）。设想一个人坐在热气球之类的飞行器上，从高空看城市，然后下降，不断下降，最后进入一个社区，每一个距离对应一个层次，每一个层次都看到城市不同的细节，但整体上表现一定的规律，那就是尺度不变性。这种规律在物理学上叫做 scaling law。Fractal 理论是研究 scaling 现象的有效方法。"随后江院长侃侃而谈，谈到 chaos（混沌）、complexity（复杂性）、仿生科学，如此等等。他对一些科学术语的中文翻译不了解，涉及具体名词都采用英文。他说他和美国混沌理论的著名学者 Edward Lorenz，与华人科学家杨振宁等都很熟悉，曾经交流相关问题。临了，江院长表示："周一星老师没有看错，你可以留在北大从事教学和科研，将城市理论研究发扬光大。"随后江院长给周老师打了一个电话，不知道说了什么，周老师高兴地给我打了一个电话："陈彦光，你在学术上又遇到一个知音了。"

图 6　2015 年 10 月 23 日周一星在信阳

2005年再遇波折，我在原单位信阳师范学院的职称——实际上是河南省教委统一评定的职称——北大不认可，需要重新认证。于是周老师亲自找学院党委书记莫多闻教授，与莫老师一起向北大人事部争取我的副教授职称。我的职称认定材料送到评审专家那里，评审专家的鉴定意见大意是："陈彦光已经达到教授水平，建议授予教授职称！"我猜测那位评审专家很有影响力，北大人事部真的给我发了一个教授任命通知！那是2005年8月22日的事情。后来改正为一个副教授通知，但正教授通知并不收回："对外，你可以以教授自诩，因为著名评审专家认可你了；对内呢，你享受副教授待遇……。"十年之后，2014年，我终于被北大正式任命为教授，这又是后话。

如前所述，本人不是一个有志向的人，而是一个凭兴趣做事的人。二十多年前，我虽非淮西布衣，行藏却似江湖野客。我的家乡信阳濒临淮河，位于大别山与桐柏山交接地带，是中原南下江汉平原的重要关口。我的原单位信阳师院位于桐柏山脉的贤山之北，淮河支流的浉河之滨，依山傍水，有茂林修竹。工作之余，品茗读书，看庭前花开花落；天晴之日，经丘寻壑，任天上云卷云舒。如果不是遇到周老师，我会在那个山清水秀的地方平平淡淡地"从一而终"，工作至退休。博士学位是要的，但不会选择北大——我会选择一个容易通过考试的高校。当年，曾经生吞活剥王维的《终南别业》诗一首，表达个人的志趣：

少年曾慕道，栖止北山陲。
野兴应花发，心思唯鸟知。
坐看云起处，行到水穷时。
偶尔逢渔叟，桃源若可期。

严谨的诗词不得引用小说家言，而起首一句引用小说《聊斋志异》中《崂山道士》的文句。故这首所谓的"诗"不能见于方家，非良师益友我秘不示人。不过，我常常觉得自己颇像《崂山道士》中的那个王生：仰慕仙家，却不能刻苦。

大约 2003 年寒假，春节前后，拙荆抱着孩子在老家感叹："陈彦光有什么本事？他不过是遇见周老师，周老师将他弄到北大读了个博士而已。"我老父笑眯眯地说："你也去遇到一个周老师那样的人，然后让他/她将你也弄到北大读一个博士学位！"我太太默然无语。问题在于，陈彦光常有，而周老师不常有。所以，将近二十年过去了，拙荆终于未能改读博士学位。

贤山，一名贤隐山，隶属于秦岭的东端分支。秦岭-淮河是中国最重要的地理分界线。没想到这个地方也是我人生的分界线。前年清明节回故乡，友人开车带我重游贤山，路过昔年活动过的地方，隐隐若见当年的行迹，但青年时代的那帮朋友大多星流云散了。休对故人思故迹，且将新水沏新茶。在品尝信阳毛尖的过程中，思绪万千……。周老师是我人生的大贵人，他激发了我年轻时候墙头草一般的小小志向。冥冥之中的巧合居然帮助我真得考进了北大，成了周老师的博士生，还做了一系列至今让人感到莫名其妙、不知所云的研究！毕业之后又"以其昏昏，使人昭昭"地教书至今。2014 年，在我年过半百的时候，晋升为教授——正式获得北大人事部的教授认证通知。尽管梅开二度，延期十年，总算对自己有一个交代了。

图 7　2017 年 7 月 9 日周一星在作学术报告

评上教授以后，似乎无所追求，但并非真的如此。2014年年度体检的时候，遇到阙维民教授。阙教授教导我说："学问这个东西，如鱼饮水冷暖自知，不足为外人道，外人也无法真正了解一个人的学术水平。所以，评上教授之后，更重要的不是鼓吹自己的学术，而是进一步加强道德修养。"对于阙教授的话，我深以为然。修养道德，当以吾师为典范——见周老师而思齐。虽然不可能齐，但不能不思齐。从这个意义上讲，周老师永远是我的领路人。

等到将来有一天，历史的尘埃落定之后，有人回顾这个学术界泥沙俱下的时代，发现在许多人尽情享受盛世太平之际，还有一些人先忧后乐，在认真地做事，而在这些认真做事的人中，有一个陈某，在周老师的扶助下，从不同既往的视角，揭示了地理学的一些规律，发展了地理学的一些理论和方法，创建或者改进了一些具有解释或者预测功能的地理数学模型，初步形成了自己的理论框架。那么，将以此报答吾师。

作者简介

陈彦光，1965年12月生，河南罗山人。1987年获华中师范大学理学学士学位，1995年获东北师范大学理学硕士学位，2004年获北京大学理学博士学位。现为北京大学城市与环境学院教授。研究生课程"地理数学方法"、本科生课程"计量地理学""城市规划系统工程学"教师，"社会综合实践调查"课程合作教师。从事城市和理论地理学研究，重点研究城市分形、空间复杂性、自组织城市网络和城市化非线性动力学。邮箱：chenyg@pku.edu.cn

师恩浩荡

孟延春

2021年迎来导师周一星先生的八十寿辰，几位同侪提议写些回忆。很乐意地响应了倡议，似乎美好的记忆滔滔不绝，但坐下来细想提笔时，却感觉才情不足，许多的记忆细节都模糊了，却没有留下可资查证的记录和物件。印象很深，细思却又不清楚了，人生如梦，但这段记忆是甜美的！

有幸于20世纪90年代追随周先生完成硕士、博士各三年的学业，周先生对我的关怀与指导堪称师恩浩荡。硕士论文研究时，正值春寒料峭，我独自在沈阳开展调研，每日得周先生"巨资"长途电话向其汇报调研工作情况之时，周先生都必关心询问一天的生活、详细耐心地答疑解惑、分析指导下一步的调研安排，电话卡一枚枚地用掉。这有力地给予我开展入户调查的精神支撑，因为我这个一米八的"大汉"在开展入户调查时确实存在很多障碍，我要费尽心机地向男女老少解释自己调研的意义，请他们填写调查问卷时我还要苦口婆心地做很多解释。至于当时具体说了什么现在想来都已经很模糊了，但有几个成功入户的调研对话，却能清晰地回想起来，也算有趣。

其一，"大哥啊，你这么高大的男人，我姑娘家的，咋敢让你进来呀？""我只是一个学生，北京大学的，毕业论文得做个问卷调查！""北京的？这么远！"接着，盯着我慢慢开了门，门还没开全，我已一侧身进去了。动作迅速，怕的是"姑娘"反悔，但也是像担心碰着花瓶似地蹑手蹑脚，既怕碰到门，更怕碰到"姑娘"。填问卷时，"姑娘"身份暴露，是夫人，咱姐，已婚。对了，我脑中的"姑娘"指未婚年轻女性。

其二，自我介绍一结束，门"唰"地开了。"嘿！哥们进来陪我打会儿游戏吧！问卷调查是什么，累吧？""我不会玩，帮我填一份问卷吧，挺快的！""你试试，不大学生吗，学习那么厉害！玩个游戏嘛！""我不会玩！""进来玩一会儿，给你填一份！"学生为了问卷上刀山下火海的心情有没有？我旋即迈步进入。进门后知道这哥们玩的是"魂斗罗"，是专门的游戏卡，恰是我熟悉的两款游戏之一，寒暑季放假时常玩。因此，也没什么担心的了，与他合作战斗。这位水平真不行，总是先我捐躯。三两局后，我让他填问卷，他说填完了再玩。这位顶岗上班的年轻工人的文化水平着实够呛，基本上是以"问答加解释"的形式代填的。他填完后邀我在家吃晚饭喝啤酒，然后再玩几把。我拒绝了，在他身上一份问卷花了差不多一个半小时。当时的调研，白天工作时间用以跑政府单位和派出所、居委会。对了，还有一个细节，当时出行的尚方宝剑是张勤师姐提供的，大部分部门通行无阻，少部分部门不灵的原因感觉更多是因为"宝剑"赋能的层级太高了。傍晚（实际上也就下午3点多）该下班的时间就到沈河区、和平区的居民楼按提前设计好的"抽样"挨户敲门，被拒是常态、大概率，到晚六七点能填个四五份问卷已经是很有成就感了，此季节的沈阳是需要呵手跺脚才能保证体温和行动能力的。

其三，"我在看孩子呢，还得做饭，男人回来没饭吃。""我帮您看着孩子，一会儿能填完。""你，北京的大学？""对，北京大学的。"孩子没让我看，我问她答，完成了问卷。其间男人回了家要邀一起吃饭。虽然饿意满满，还是谢绝了。

其四，当自己亮明"北京大学"学生身份并且出示学生证时，多数人仍以狐疑的眼神看着我，感觉像是看到"外星人"，也有少数人家表示了关切，"北大的，哎哟好好好！进来吧。""这么冷的天！来来来，喝口水。""北大的，嗯，（我们）能做什么？"有一户大家庭六七口人，开门的人不耐烦地说"去去去！没时间，要吃饭了。"屋内却传出声音"谁呀？北京大学的？来来来，快进来！"这家家长老爷子让进去，看上去比自己的父亲年长、几乎全白但浓密的寸头，进门后嘘寒问暖地填了表，很感动。

上述场景给周老师电话汇报时，只提过一两个场景的小片断，现在的回忆聊作补充汇报吧！相关调研是硕士论文的重要内容组成，但论文却没有反映出这些社会生态。

图1　1990年梧州规划调研期间周一星（左一）、孟延春（左三）等在贺县

我是周先生较早指导的博士生之一，同门同级同学为曹广忠。周先生对博士论文工作的指导非常重视。多次听到周先生说："我没读过博士，不知道如何指

导好博士论文。"记忆中周先生直接讲给我们听有两三次,也听到他讲给其他师生几次,包括在我博士论文答辩时向答辩委员们也讲起过,并诚请答辩委员给予充分的批评指导。当然我是这样理解的:一是周先生非常重视博士生的培养,要探索培养学生的有效路径;二是他谦逊品格的体现,希望更多地听取同行大家的意见;三是他对待研究工作一向严谨的精神要求;四是鼓励我们努力,做好博士生,做好博士论文。为此,也深感压力,必须成功。

图2　1994年11月周一星(右三)、孟延春(右二)等在沈阳北陵

在论文工作中,我从事的郊区化研究是西方开先河的领域,当然也是西方国家先经历的城市化阶段,查阅西方文献是不大容易的事,许多学者出国带回来的就是宝贵的文献资源。二十多年前的时代不同于现今,全球通信都不发达。即使使用电子邮件也还是很不方便的,付费的方式是常见的商业模式,电子邮件发送附件文件更是一道不小的坎儿。开始与周先生讨论时讲到国外的研究情况与观点,其实几乎绝大多数内容为其他学者论文的转引转述,偶尔得到英文文章就如获至宝。周先生专门就文献问题进行过指导,强调尽量找到原文读原始文献,因此文

献的获得成为论文工作的难点。周先生一方面鼓励我充分利用北京大学图书馆以及国家图书馆的文献资源，另一方面更是亲自拜托自己在海外的朋友帮助搜集，并利用各种机会带到学校给我。那年，正巧师母谢琴芳老师在国外访学，周先生便让我将查找到的相关英文论文的题目、作者、期刊、年份等信息写下，再请谢老师查找收集复印，谢老师再通过各种途径送回国内供我学习参考，她回国的行囊中自然少不了我的文献空间，这些辛勤付出滋养着我的论文研究。除英文文献外，周先生还指导帮助我获得了北京市公安局人户分离数据、北京市经委产业结构空间调整数据等，并带领我到北京城乡接合部的新疆村、浙江村、河南村开展调研，到近郊、远郊区考察大大小小各类别墅、商品房等居住房地产项目及获取其人员来源与构成，这些林林总总使论文的研究获得了扎实的文献基础和大量的实证数据。

由于师母出国，公子不住家，周先生便也是事实上的"单身"一族。记得有一次周老师还由此讲起空巢老人的社会现象，提到老龄社会的问题。因此，周先生便常让我们（曹广忠同学和我）到家中向他汇报和讨论论文工作，记得的频率是每一两周要有一次。先是论文工作的汇报与讨论，然后是周先生掏腰包叫外卖款待我们，我们也成了首批享用外卖商业模式创新的实践先驱，我们享受了超越校外下馆子、校内吃小炒的"奢华"待遇，那时的餐厅送餐都是连锅带盘一起送到的，保留着刚出锅的鲜美味道，当然餐厅还会再来人将锅盘收回去，比如今的大排档工业化式外卖更多了仪式感、个性化制造，吃在嘴里、美在心中，真是有拉"仇恨"的节奏，谁不羡慕嫉妒呢？好在我俩不张扬，当时社交媒体也不发达，有图有真相的手段也不是信手能拈来的。晚饭之后与周先生一同看看电视，以《新闻联播》《焦点访谈》栏目为主，再做一些交流讨论，就是独享热水器洗澡后入睡。第二天早餐后返回学校。

记得周老师在20世纪80年代讲"城市地理学"课程时，提到现代化的问题，曾指出家庭每天24小时热水供应应该成为现代化的测量指标之一，在20世纪 90 年代，家庭热水器还在发展初期与普及过程之中，大众洗澡还充斥着公共澡堂子的概念，一周洗一次澡也能算作人世之巅了，更遑论学校的洗澡条件了。想当年，洗澡还真是不易，学校为公共淋浴，尴尬的是进入澡堂（实际上是淋浴）后多半没空位，如果你不好意思站在那儿看着前面那位同学洗到不洗了或趁其打肥皂的间隙冲到淋浴之下，可能就得光腚站到澡堂关门也洗不上，当然观瞻与被观瞻是必须的；或者你排个队头，一开门冲进去，尽快扒光了冲个头份。常看到有同学为了占头份而滑摔的现象，也真是年轻抗摔打，摔倒了站起来先想到的是尴尬而不是摔坏了没有，所以无论冬夏，去洗澡时穿衣尽量少。这段独浴经历后，在洗澡问题上产生了"某种"障碍，去集体澡堂的欲望没有了，现在想来是"隐私"意识萌芽了，后来就洗了一阵子冷水澡，在人少或夜深人静时在公共水房用自来水速速冲洗，当时脑海中还经常涌现"洗冷水浴增强体质毅力"的精神支柱。

这样特殊的安排，实是周先生爱护学生门徒关切之情的天然流露，让学生能够体面地获得更好的营养和卫生，看似巧合实则是有意安排，可谓用心良苦！

由于论文研究方向定得早，研究过程有周先生的悉心指导，因此论文的完成比较顺利。因为是延续硕士期间的研究领域，所以博士生的第一年，我的论文方向就已经明确了，许多问题有时间可以吹毛求疵，例如郊区化定义的研读、郊区化城市中心区边界的确定等。记得在研讨文献时，在芝加哥的外围郊区地域碰到了"edge city"这样一个词，手头的新英汉词典查阅了 N 遍，甚至跑到图书馆工具书阅览室，看着这个熟悉而费解的英文单词，却找不到精准的中文名称对应，边缘城市、外围城市、城乡接合部城市等的翻译都曾出现在脑海中或笔记中，但都感觉不准确，与周先生讨论了几次后，明确翻译为"边缘新城"，意欲体现其与前述几个名词内涵的不同，更想体现它的新意，现在回头再看，感觉其所蕴含的"先锋""先驱"之意更深。当时的学术文献中查阅到的"edge city"具有这样的特点：位于都市区的郊区；发展极快，就业岗位多；工作用地多于居住用地；不以制造业为主，以商业、第三产业、公司总部为主；与城市中心同构，二者互补性下降。

图3 2001年5月2日史育龙（右二）、孟延春（左一）两家去庆祝周一星老师六十岁生日

可以说论文研究贯穿了三年博士生期间参与的课题工作，历时较久，周先生的指导又很周详，但是论文的第一稿完成时，也是忐忑与不安的。小心翼翼地交给周先生。一周后看到了周先生的评语，当时一块石头落了地！准确的话是怎样的，已经记不清了，大概第一句就是"这是一篇我满意或比较满意的论文"。当时同学们都各自完善着自己的论文，焦华富同学看到那句评价的话后，几次说周老师给了"满意"的评价，你不用担心了，不需要改什么了。虽然我也嘴上跟同学们说周老师也提了修改建议也得改的，但心里确实美滋滋的。很多同学说道：周老师说了没问题，那就（通过答辩）肯定没问题。我心里实际上也是这么想的！几年前搬家时，还看到那一沓500字方格稿纸上的初稿以及周老师的评论，可惜近来一直未能找到真迹，说来无"实"据在手，只能是信其有了。

论文稿完成后，周先生提出一定要邀请学养高、负责任的专家作为评阅委员对论文进行评价。仅举一例，评阅委员张敬淦先生，也是我的博士论文答辩委员会主席，在评阅意见的基础上，写了满满十多页的300字方格稿纸，张先生的书写笔迹按行不按格，每页四五百字是有的，对论文相关内容进行了详尽的评述、修正和补充建议。记得评委发言后，周先生说大家的意见都很好，我们看似完善的内容，还是有很多需要努力的方面，也特别希望大家在学生论文的答辩会上都能给出批评意见，这才对研究、对学生的发展有好处。

总之，答辩委员会给了不错的评价，摘选一段综合评价："本文掌握国内外文献充分，收集资料翔实可靠，结构组织合理，思路表述清楚，研究方法得当，附图精美，写作规范，主要结论正确，是一篇高水平的博士学位论文。"

博士论文评阅人包括张敬淦、陈光庭、王恩涌、胡兆量、陆大道、柴彦威等先生，大多给出了积极的鼓励评价，如："这是一篇很成功的论文。""该论文是一篇高水平、具有开创性的博士论文。""本文是一篇比较优秀的博士论文。""综合评价优秀博士论文。""是一篇优秀的博士学位论文。"

陆大道先生还特别对如何做博士论文给出了评价：本文选题在客体和目标方面定位得好，论文的结构和系统性也好；作者重视具体资料的获得和加工，在基本理论的指导下，通过分析、归纳、推理，阐述了一系列重要的问题，得出了若干重要的结论。作为博士论文的选题和研究过程，这是值得提倡的。

陆先生的评价笃实地反馈了周先生是很清楚博士论文指导工作的"本质"要求的。

答辩委员会委员们还口头建议我去申报 UNESCO（Uuited Nations Education, Scientific and Cultural or Ganization）的 MOST 博士论文奖（Management of Social Transformations Programme），我也做了尝试，没能成功。1999年10月7日收到来自巴黎的传真，主要信息如下：

This letter aims to notify that your application for the MOST PhD Award edition

1998/1999 had been examined, and that your thesis had been selected among the 17 final candidates world-wide.

The Scientific Steering Committee considered that the theme of the dissertation on sub-urbanisation in Beijing in the 1990s is well developed in terms of academic research.

Nevertheless, only one candidate could be selected for the final Award, and that was Dr. Adrian Saville (South Africa, 31 years old).

2001 年我的博士论文《北京郊区化及其对策研究》获评北京大学优秀博士论文奖，再次印证了周一星先生对博士论文指导工作的独到觉悟和卓有成效。

我木讷拙言，也没有文字记录细节并少有长久留存的习惯，拿起笔来时无法渲染，只能是拼尽力气地回忆。拉拉杂杂地回忆，也只是记忆的片断，少了许多轮廓清晰的全局感和轶闻细节的趣味性，回忆起来的某些轮廓与细节还可能被记忆扭曲。不确定的回忆是痛苦的，遗失了太多的生动与情感，辜负了太多的厚爱与寄托。这些挂一漏万的真切回忆洋溢着满满的"幸福"，师恩浩荡！

作者简介

孟延春，1966 年 6 月生。清华大学公共管理学院副教授，清华大学区域发展研究院副院长，清华大学公共管理学院城市更新与治理研究中心主任。1987 年、1995 年、1998 年先后获北京大学理学学士、硕士和博士学位，1992—1998 年硕博期间师从周一星先生。1998—2000 年清华大学 21 世纪发展研究院博士后。2002 年美国加州州立大学访问学者 3 个月；2005—2006 年美国哈佛大学访问研究 12 个月。邮箱：mtc@tsinghua.edu.cn

怀念当年的时光

史育龙

2010年5月,周老师的《城市地理求索:周一星自选集》由商务印书馆出版,这部由周老师亲自从近200篇公开发表的论著中精选55篇形成的自选集,是周老师几十年城市地理研究的学术思想之集大成,作为他的学生,我内心充满了喜悦兴奋!不久,收到周老师的赠书,他在扉页上写了一句话"育龙:很怀念当年的时光。周一星二〇一〇年六月十日",令我感动不已……作为一个跟随周老师学习三十多年的学生,我深有同感,也很怀念当年的时光。

一、1988—1993年

上大学时,受于洪俊、宁越敏二位老师合著的《城市地理概论》一书影响,我对城市地理产生了浓厚的兴趣。啃读了周老师发表在《地理学报》《人口与经济》《城市问题》《城市规划》《经济地理》等期刊上的论文,我对老师仰慕不已,渐渐产生了报考周老师研究生的大胆想法。

1988年9月进入燕园,开始了三年美好的读研时光。入学不久,赶上周老师乔迁,从中关园3公寓一处很小的住所,搬到蔚秀园的两居室。那时没有搬家公司，我和田文祝、宋伟两位师兄自告奋勇，利用晚上时间蹬三轮车帮周老师搬家。记得搬过去不久就到了中秋，周老师在新居请我们一起聚餐过中秋；此后每年元旦，他都会邀请学生们到家里一起聚餐迎新年。那时北大教授在学校都没有办公室，家里就是辅导研究生的地方。那三年，蔚秀园的那间小书房，成了我在北大接受周老师言传身教最多最重要的地方。

图1　1995年周一星（左三）与史育龙（左二）、阿东（右三）、孟延春（右二）、吴启焰（左一）和柴彦威（右一）在大连

由于我本科学的是自然地理，又是校外学生，入学后就跟着北大本科生一起听周老师的城市地理课。听课过程中，周老师关于我国城镇人口统计口径和数据的研究引起我很大的兴趣，遂在课余时间泡图书馆查文献试写了《关于我国市镇人口的几个问题》一文，惴惴不安地交给周老师，期待听到他的批评与指导。没想到得到了周老师的肯定，专门叫我去家里听他分析这篇文章，指出了满意的地方和不足之处等。他特别善于从厘清概念入手，敏锐地找到问题的关键所在，并特别擅于用精准的语言表达出来。在不断深挖问题的过程中，他总是用最具说服力的数据和例证来论证观点。这篇文章经过周老师亲自动笔修改后，面貌焕然一

新，后来发表在北京经济学院主办的《人口与经济》1990年第6期。这是我第一次与周老师合作发表文章，由此也确定了我硕士学位论文的研究方向。

1990年暑假，周老师牵头承担了广西梧州地区城镇体系规划编制任务，经济地理专业1987级本科班和部分1988级研究生都参加了这个课题，在酷热的梧州度过了差不多整个暑假。周老师等各位老师和学生一起，住在一个居民楼里的老招待所。在白天也要开灯的昏暗房间里每天伏案工作，大吊扇在头顶一刻不停地转着。在梧州，大家围在一台电视机前看海湾战争实况，一边看一边听周老师等教授们讲中东石油资源和各国间的历史恩怨。当时很惊叹周老师对于中东地区熟稔于心，后来才知道20世纪70年代初从江西鲤鱼洲"五七干校"回京后，周老师曾经专门研究中东石油问题，并到当时的外贸部授课。根据周老师给我们安排的分工，梧州课题要求青年教师和研究生每人带领几名本科生，负责一个问题的专题报告，大概三四天汇报进展并组织一次讨论。到各县区分组调研时，周老师安排我和几位本科生去了北部的蒙山和昭平两县，有幸到了原生态的黄姚古镇等地，回程乘船沿桂江而下，大半天到了梧州。回到梧州各组汇报交流，我代表本

图2　2002年周一星（左）和史育龙（右）考察潍坊期间合影

组汇报了我们对这两个县城镇分布特点的归纳和布局考虑，周老师很赞同。后来周老师在构思整个梧州城镇体系空间结构时，特别强调要建立梧州直接联系珠三角的便捷通道，这一思想遂成为梧州城镇体系空间结构规划的主线。1993年承担桂林城镇体系规划时，周老师再次强调与发达的珠三角建立便捷联系的重要性。1998年，周老师的论文《主要经济联系方向论》在《城市规划》杂志发表。梧州和桂林都是文中采用的案例。周老师特别注重问题研究的系统性，完成的每一个地方规划，在形成思路过程中都反复思考推敲，各种方案都了然于心，一个又一个城市案例不断丰富拓展，从一个特殊个案逐步成为更具普遍意义的理论成果。这些鲜活的案例，经过系统化的深度思考，成为他进行理论升华的实践基础。虽然每次地方课题研究，面对的都是现实问题，但他从不局限于解决具体问题，总是会在解决具体问题的基础上，进一步提炼出理论成果。这应该是一个学者研究功力的最好体现。

大约在1990年10月，周老师带我一同去上海，参加在华东师范大学召开的中国地理学会经济地理和人文地理专业委员会年会，这是我第一次随周老师参加学术会议，会上周老师代表城市地理学组（应该是中国地理学会城市地理专业委员会的前身）作了一个精彩发言。在上海，也有幸见到了大名鼎鼎的胡焕庸、严重敏等老先生，初次体验了学术会议。会后，又随周老师去了宁波，在北仑港、奉化等地实地调研。在宁波受到当地的热情接待，有一次晚餐，每人一大碗当地叫作甜酒酿的醪糟汤，结果回旅馆路上，周老师感觉头晕不适，看到他面红耳赤，我才知道周老师确实是不胜酒力的。此后所有场合，都不敢劝周老师喝酒。

也是在1990年，国家自然科学基金资助周老师开展中国城乡统计概念和标准问题研究。因为有之前关于中国市镇人口统计的文章作为基础，我的硕士论文自然就选择了这一题目。在周老师指导下，根据分省地图信息对中国城市空间结构类型的初步划分，提出了拟作为样本准备实地调研的城市名单。得到周老师首肯后，我就带着张勤师姐提供的介绍信，一个人坐火车挨个城市去实地查看城郊空间关系,并软磨硬泡地获取图表数据资料。每次回京,向周老师汇报收获,并在他指导下进一步完善调研方案。直到硕士论文《中国市镇地域实体划分方法及其应用研究》顺利通过答辩,这些样本城市还没有全部跑完。余下的几座城市是我到兰州大学工作后,抽空去补的课。在硕士论文基础上,经周老师亲自改写完成的《建立中国城市的实体地域概念》一文,我们师生共同署名发表在《地理学报》上,并被收录到周老师的自选集中,颇感欣慰。

图3 2002年周一星(左二)与史育龙(左一)团队考察青岛

研究生毕业后我回到兰州大学工作,但和周老师依然保持着密切的联系。除了到选定的样本城市调研并继续得到周老师的指导,1992年秋天南开大学召开了一次关于中国城镇化区域比较问题的学术会议,因周老师在美国明尼苏达大学做访问学者,特意推荐我参会。会议由南开大学人口研究所承办,我得以结识很多人口学界的前辈和专家老师,其中复旦大学王桂新教授迄今仍保持联系。在美期间,周老师来信介绍了他进行中美城镇人口统计对比研究的情况,并鼓励我再到北大读博士。正是在周老师的鼓励下,我1993年再次考入北京大学,跟随周老师开始了为期三年的博士研究生学习。

二、1993—1996 年

1993 年春天，我通过了北京大学的博士生入学考试。由于周老师的博导是 1993 年下半年获批的，因此在报名考试时我申请的导师还是杨吾扬教授。入学后即转到了周老师名下，因此也得以成为周老师的第一个博士生。

图4　2009 年 8 月 20 日周一星（左）和史育龙（右）在上海

1993 年暑期完成桂林城镇体系规划后，很快就承担了广西自治区城镇体系规划任务。记得周老师带领我们到广西实地调研，张勤师姐也参加了。在南宁我们住在一家条件比较一般的普通宾馆，自治区建设厅领导来宾馆看望周老师，说到曾建议周老师住另一家条件好一点的宾馆，但周老师坚持要和学生们住在一起。那段时间的每天中午，周老师都带领我们到马路对面的餐馆吃当地特色的盖饭，大家边吃边讨论问题。后来从南宁一路向南，到了北部湾沿海。当时正处在新一轮大开发热潮中，在北海，当地给我们介绍了权威城市规划机构编制的规模宏大的开发规划，记得周老师当场不客气地提出了不同意见，并客观分析了制约北部湾港口群发展的腹地短板，以及北海、钦州、防城港三市之间复杂的竞争合作关系。他鞭辟入里、有理有据地分析，看得出来当地参会领导也都是很服气的。1994

年暑期，再次参加周老师领衔的洛阳市城市体系规划，又和众多同学在古都洛阳度过了一个欢乐充实的暑假。周老师常在晚饭后拿钱出来，奖励我们去买西瓜为大家解暑。吃西瓜的过程，当然也是讨论问题的过程。

1994学年开学返校不久，得到一个好消息，国家自然科学基金批准了经济人文地理领域的第一个重点项目"中国沿海城镇密集地区空间集聚与扩散研究"，中科院地理所胡序威先生总主持，周老师负责总体设计以及其中的都市区和都市连绵区层级，并承担辽中南样本区的案例研究。正好我面临博士论文选题，顺理成章确定了我的博士论文题目《辽中南都市区和都市连绵区研究》。差不多10月底的时候，周老师带领他的所有研究生，还有刚刚从日本回国的博士后柴彦威等，一行人就浩浩荡荡直奔辽宁了。10月底的辽宁已经很冷，每天一早，在寒风中周老师和我们穿行在街头，通过同学、校友等各种关系，到政府机关、大学和研究机构访谈、找资料，到园区、市场、车站实地调研，掌握了大量第一手资料。

1995年春天到暑假，调研的重点转到了营口、大连等辽东半岛南部地区。从1995年下半年开始，周老师要求我全力以赴写博士论文了。当时面临的一大问题是理论储备不足。有些文献在北大图书馆和北京图书馆（国家图书馆的前身）都找不到全文。周老师要我检索出处后列出文献清单，他亲自写信给美国阿克隆大学的马润潮教授，请帮忙复印资料，马教授寄来了Jean Gottmann教授从20世纪50年代到80年代发表的重要文献，后来论文的文献综述部分写得很顺利，而且通过文献综述形成了后面部分的研究思路和框架，周老师也很满意。2000年胡序威先生主持的这个重点课题结题成果出版，周老师和我合作完成了北大承担部分的汇总，我的博士论文主体部分被收录在这本由科学出版社出版的专著《中国沿海城镇密集地区空间集聚与扩散研究》中。

三、1996年以后

1996年我即将毕业，周老师建议我留在北大工作。我因在兰州大学有过两年高校工作经历，想换个工种试试。周老师非常大度宽容地理解并支持我，亲自推荐我到了国家发展和改革委宏观院国土地区研究所。到所里工作后，他听说我在石景山和同事两家人合住一套房子。在一个冬日周末，专门带领在校的各位师弟师妹到我住的地方来看望，令我和家人都十分感动。临走时，周老师对我讲，条件比我想象得要好，还是要抓紧时间好好工作。当时我心想，周老师确实是最了解我这个学生的老师！当年合住的同事，至今还时常提起周老师和我的师生情谊。

图5 2020年10月2日史育龙（右一）夫妇到访周一星（右二）家

2002年春天，周老师电话告诉我山东建设厅邀请他去做山东半岛城镇群发展战略研究，考虑到我的博士论文对辽东半岛做过类似研究，邀请我随他一起去山东洽谈。我知道周老师很看重山东半岛，认为是沿海城镇密集地区集聚与扩散大课题没能专题研究的一个重要区块。在济南，周老师和时任山东省建设厅长的王军民等领导同志谈得非常顺利，后来由于课题名称问题耽搁了一段时间才签约，但签约后很快就正式启动了。在这一课题研究过程中，周老师以他一以贯之的鲜明和犀利风格，坚定不移地突出强调青岛作为半岛城市群的龙头地位。在各专题的研究中，又以他特有的宽容和包容，鼓励年轻人大胆创新，敢于提出与既有认识不一样的新观点。我在国土所城镇室的三位同事参加这个课题后，都感觉收获很大。课题成果后来获得山东省科技进步二等奖。结集出版时，时任山东省委书记和省长分别作序，充分肯定了这一课题成果。

2005年9月，周老师与同济大学唐子来教授一起为十六届中央政治局集体学习做"国外城市化发展模式和中国特色城镇化道路"专题讲解，成为获此殊荣的第一位地理学家。得知这一消息，我们都很激动，见到他说起此事，周老师只是淡淡地说："这是很多人共同完成的集体成果。"

2007年夏天，正在美国探亲的周老师患病，回到北京后立即住院手术，经过极其难熬的一段时光，周老师以惊人的毅力战胜了病魔。深知他做事认真，自我要求极高，因此在他出院后进入康复期的最初几年，每次见面我都劝他不要再想学术问题。十多年来，他在每天上午风雨无阻地坚持到公园锻炼之余，以惊人的毅力整理出两部自选集，每一篇文稿从标题到注释都亲力亲为，令人敬佩感慨不已！2018年年初，中国城市规划学会区域规划与城市经济学术委员会在深圳开会，周老师和胡序威、崔功豪、许学强、顾文选、姚士谋等老先生应邀到会指导，周老师讲到生病这段时一度声音哽咽，坐在台下的我们都流下了热泪。既为他曾经经历的磨难感到难过，也为他现在健康硬朗的精神状态感到由衷的喜悦，更为他一以贯之、初心不改的学术风骨感到无比的敬佩！今天看到行开八秩的周老师步履轻松、思维敏捷、交流自如，作为一个在周老师指导下学习、交往快33年的老学生，敬爱之情难以言表！

在校读书时，听他讲课、跟随调研，在他指导下做课题、写论文。工作以后，继续跟他做研究，向他请教问题。许多熟悉周老师的人，都会用严谨一词评价周老师的学术风格。确实，许多理不出头绪的问题经他剥丝抽茧地条分缕析，总会有醍醐灌顶、豁然开朗的感觉。面对同样一个问题，他也总能思考得更深更远一些。多年追随周老师学习，我体会到除了严谨、勤奋、唯实等治学方法和风格之外，敏锐、理性和社会责任感是他最重要的学术品格！这也许就是周老师学术青

图 6 2021 年 2 月 12 日周一星（左）、史育龙（右）在蓝旗营合影

春永驻的秘密。

33 年时间，周老师从一位英姿勃发的中年学者变成一位慈祥睿智的老人，但在他身边得到的言传身教和耳濡目染，这种熏陶已经融进我们每名学生的性格之中。我有幸两度投身周老师门下学习，成为他培养的第四个硕士和第一个博士。多年来每每遇到学界前辈，我都会自我介绍"我是周一星老师的学生"。每次这样说的时候，我心里都涌动着强烈的自豪感和浓浓的师生情。

作者简介

史育龙，1966 年 8 月生，兰州大学理学学士（1988），北京大学理学硕士（1991），北京大学理学博士（1996）。现任国家发展和改革委员会城市和小城镇改革发展中心主任、研究员。邮箱：shiylamr@163.com

解读"一星"

张天新

周一星老师的名字"一星",在我看来,并不只是个名字这么简单。在很多意义上,周老师是真正的"一星",特别是对刚刚到来的2021年来说。

一、大寿之星。2021年,周老师迎来八十大寿,可喜可贺!八十岁古称耄耋之年,虽然周老师的身体和精神状态都还特别年轻,但无疑已是名副其实的寿星。

二、大喜之星。这个八十大寿是在2020年肆虐的疫情之后来的,代表着阴霾散尽、痞极泰来,不仅为自己,也为家人、朋友和同事带来了喜气。

三、大幸之星。周老师曾经遭受癌症的生命威胁,让这个大寿来得更显珍贵。如今,周老师战胜了病魔,活力重新展现,青春再度发光。他的老当益壮,对自己、家庭、同事朋友乃至整个业界,都是一大幸事,值得加倍庆贺!

周老师不仅是2021年的寿星,纵观他的一生,堪称多个"群星"中的"一星":

一、家族之星。个人印象里,总觉得周老师无论在头型和脸部轮廓、眉宇眼神、说话声调乃至待人处事的诚恳认真等方面,都和周总理有相似之处。经过向周老师本人确认,并比较周总理的家族谱系,发现确实有同源关系,都是宋代理学家周敦颐的后代。周氏家族在江南一带非常壮大,周恩来、周树人(鲁迅)

的一支在绍兴,周老师的一支则到了常州,但都是同宗。周总理、鲁迅都是近代史上的重要人物,周老师也是北大知名教授,曾经给中央政治局讲课。因此,周老师的家族可以说群星灿烂,周老师则是群星中的"一星"。据说周氏后人中当师爷的较多,也就是老师的角色。周老师在北大当老师,是真正意义上继承了家族传统。

二、城环之星。20世纪90年代之前的地理系、也就是后来的城环系,集中了一群大师,可谓群星荟萃,形成了全国的学术高峰。单说人文地理这一块,以历史地理侯仁之先生挂帅,经济地理胡兆量、交通地理杨吾扬、产业地理魏心镇、风景地理谢凝高、旅游地理陈传康、房地产地理董黎明、城市地理周一星,在各自领域都是响当当的人物。周老师岁数算小的,但也顶起一方天地。从这个意义上说,周老师是城环群星中的"一星"。

图1 周一星(右)与张天新(左)(2021年5月15日)

三、学科之星。改革开放后席卷全国的城市化浪潮,造就了一批城市化研究的知名学者,如姚士谋、胡序威、许学强等。这个群星闪耀的方阵中,周一星的名字不可或缺。周老师的《城市地理学》(商务版),直到今天仍然是很多所高校相关专业的重要教学参考书。他不固步自封，与其他学者保持密切合作，如与许学强共著《城市地理学》（高教版）等。周老师还是城镇体系规划的推行者，曾亲自率领城环师生开展山东、河南等地的规划实践，从而无论在学术还是实践层面，都为城市化进程的健康发展做出了重要贡献。扎实的研究，让他的著作和文章影响深远。他的两篇发表在《城市规划》的文章，多年后被选入该杂志"40年40篇论文"，被认为是"影响了中国城乡规划进程的学术论文"。因此，说周老师是城市化研究群星中的"一星"，当之无愧。

在北大几十年的教学工作中，周老师认真负责、个性突出，是学生心目中具有典型和模范意义的"一星"：

一、认真之星。北大老师都认真，但是若问起城环谁最认真，很多人还是会首推周老师。他对城市化的研究一丝不苟，对城市、城市群、城市化等概念和空间结构辨析非常清楚。他坚持真理，在各种场合敢于发表独立见解，从不屈从于权力话语。

二、激情之星。好几届同学都说，听周老师的课非常过瘾，逻辑清晰、思维缜密、激情洋溢。这可以说也是他那一代老师的共同特点，和胡兆量老师类似，两人都是语调高扬，连说一两个小时声音也不会沙哑，且越讲越响亮，底气实足。

三、坚持之星。在20世纪90年代城环学院转型的过程中，他是一个顶梁柱，时时处处为学科和学院发展担忧。他坚持保留地理的名字，让城环学院一直保留着"城市与经济地理系"，沿袭着宝贵的传统。多年来的学科发展证明，这种坚持是对的，地理是城市和环境的基础，某种程度上更具概括性和根本性。

在退休后的生活工作中，周老师用坚毅的性格和顽强的行动，成为续写生命辉煌，点亮自己、照亮他人的"一星"。

一、坚强之星。周老师退休后不幸患了癌症，但他没有轻言放弃，而是始终保持乐观的心态，既积极配合治疗，又自觉加强体能锻炼。最终成功地战胜病魔，恢复健康，谱写了一段生命的传奇。

一星如月

周一星和他的朋友们

图2　2018年7月1日周一星（左二）、谢凝高（右一）、韩光辉（左一）、张天新（右二）等在何绿萍老师的八十岁祝寿会上

二、进取之星。从外人看来，能战胜病魔就属万幸，颐养天年就好了。没想到恢复健康之后，他毫不懈怠，连续写出了《城市地理求索：周一星自选集》《城市规划寻路：周一星评论集》两本书，把一生中比较重要的关于城市地理、城市规划的思考进行了归纳总结，对掌握中国当代城市化进程具有重要价值。

三、感恩之星。一般的印象，周老师为人耿直、讲原则，似乎不那么讲人情。然而在退休后出版的两本书中，他把每篇文章背后的故事、该感谢的人士，事无巨细作了交待。不仅表现出学术的严谨，更展现出其浓浓的的感恩之心。这一点与其他专业著作有很大不同，反映出一位富有人文精神的学者的博大情怀。

个人私交方面，周老师对我亦师亦友。无论在工作和生活上，都是让我感觉温暖、为我指明前进方向的"一星"。

一、信任之星。我1992年留校，就是周老师主持的面试。入职后的几年时间，正是他任城环副系主任的阶段。作为领导，他对我从开课到研究，各方面都给予了很大的信任。1994年他主持洛阳城镇体系规划，我和谢凝高老师负责其中古城保护的部分。2003年他派我去大庆考察当地的规划并给出建议。这些对我之后的研究和发展都具有重要意义。

二、交心之星。早些年除了工作联系以外，和周老师私下交往的机会并不多。但是有一次出差，飞机上我俩坐在一起，聊了一路。关于城环的历史、地理界的发展，向我这个年轻人推心置腹，说了很多难以完全公开表达的真实想法。一直以为他不讲人情事故，会与人保持一定的距离。但那次的交谈，让我感觉周老师其实是个非常坦诚和容易亲近的人。

三、知己之星。2010 年我读了他的《城市地理求索：周一星自选集》，感动之下写了一篇评论文章。为了确证文中一些细节，曾多次和他邮件交流，从而增加了相互的理解和信任。在那之后，我会经常把平时写的一些杂文散文推送给他。他也会把写自己老师的文章发给我，彼此分享人生的感受。可以说与周老师已经从上下级的同事变成忘年交的朋友，各方面都从他这里受益良多。

总之，感觉周老师在北大城环是承上启下的关键人物。上一代学术大师性格上的认真、谦和、宽容，学问上的严谨、深刻、博大，众多品德都集中在他身上得以体现。每次读到他的专业著作，都感觉到学术的深奥和思想的活跃。每次读到他回忆老师或其他人物的文章，都感觉到人性的美好和人情的温暖。每次见到他，都像老朋友相见那样开心畅怀。曾经和他共事，并成为人生知己，是人生一大幸事。对我来说，他是点亮心灵和思想的"一星"。

在万象更新的 2021 年，再次祝福喜迎八十大寿的他，健康长在、青春常驻、活力长存。记得他说还有一本回忆录要写，期待早日读到这本书。相信书中一定会有更多的闪光之处，也一定会让更多的人为之动容。

作者简介

张天新，1966 年 9 月生，1989—1992 年在北京大学城市与环境系师从谢凝高教授攻读硕士研究生，1992 年留校任教。除 1998—2002 年公派赴日本攻读博士学位以外，2010 年之前都在城市与环境学院任教，主教城市设计。邮箱：ztx@pku.edu.cn

水惟善下方成海，山不矜高自极天
——贺周一星老师八十华诞

陈耀华

欣逢周一星老师八十华诞，好友弟子著文以贺。从 1983 年进入北大开始，周老师就一直是我老师，工作中有幸和周老师一起参加过桂林、洛阳、广西城镇体系等诸多规划，加之我们又是常州老乡，因此得以聆听老师教诲几十年。周老师学识渊博、治学严谨、待人谦逊、坚持原则，令我们高山仰止。想起《孔子家语》中有句话，"水惟善下方成海，山不矜高自极天"（后面还有一句：圣人胸中有大道，得失成败在其中），说的是水，向低处流淌才能汇集成江河湖海，避高趋下是一种谦逊，奔流到海是一种追求。山，不用争高自然会接近云天，不畏风雨是一种淡定，稳如泰山是一种厚重。分享点滴往事，和大家一起感悟老师之美德。

1994 年夏，周老师带 1991 级经济地理班赴洛阳开展城镇体系规划。那时候我们经济地理专业本科班都是全班一起参加大三暑期的生产实习，教研室的老师也基本一同前往。为了便于工作，当时给周老师安排了一个套间，周老师觉得有点特殊化，遂叫负责实习安排和后勤保障的我一起住。整个实习持续了一个多月，周老师全程参与，白天带领学生一起到政府部门、大型企业、重点城镇调研，晚上开会交流讨论，编写规划报告。由于强调了城镇体系规划中历史、区域、经济三大基础的全面分析，以及目标、分析、对策三大内容的有机结合，从而保障了洛阳城镇体系规划的高质量和创新性。其中有两点我至今仍记得非常清楚：一是通过吸引范围研究发现，作为豫西中心城市的洛阳，其经济吸引范围远远大于其行政市域范围，因此规划中充分考虑了洛阳和黄河北岸的济源等地区的关系，从而做到了"不能就区域论区域"。二是在城镇体系规划的基础上提供了洛阳城市总体规划方案，很好地探索了区域规划和城市规划的无缝对接，也真正实现了"不能就城市论城市"。该项目得到了洛阳市政府和河南省的高度评价，荣获河南省城乡建设优秀勘察设计（城市规划）一等奖。为了更好地探索城镇体系规划的理论和方法，周老师还将研究和规划成果主编成《市域城镇体系规划研究：以洛阳市为例》一书，1997年由中国环境科学出版社出版。通过这个项目，北大的城乡规划和洛阳结下了深厚的友谊并保持长久的联系，后来北大陆续参加了洛阳的一些规划项目。

图1　1994年周一星（中）在广西自治区城镇体系规划调研时与陈耀华（左）和张勤（右）合影

图2　2004年9月20日中国城市规划学会年会期间
左起：陈耀华、周一星、修春亮、许锋

因为城镇体系规划而建立长期合作关系的还有广西。20世纪80年代末、90年代初，鉴于北大城镇体系规划力量雄厚，我们学院胡兆量老师、董黎明老师和周老师等牵头相继承担了广西壮族自治区当时八个地区中五个地区的城镇体系规划，包括南宁、桂林、梧州、百色、玉林，在此基础上，1994年开始，周老师主持了广西自治区城镇体系规划。我们在周老师带领下调研了广西大部分重要县市，同行的还有张勤、史育龙、孟延春等，后来他们毕业后都逐渐成了城乡规划领域的专家。这次工作，周老师严谨细致、崇尚科学的治学态度给我们留下了极为深刻的印象。其中我印象最深的，当数其时大开发背景下城市规模的预测，尤其是南昆铁路开通对南（宁）北（海）钦（州）防（城港）城市群规模和地位的影响。当时地方一些部门对港口的作用期望值比较大，导致已有规划对这几个城市的规模和职能定位偏大、偏高。周老师组织大家认真计算了西南、西北地区货物达到广西、广东不同港口的距离，以及基于不同货物流向上选择港口的可能性，为铁路、港口等交通职能对相关城市的影响提供了量化的判断依据，从而为整个自治区城镇规模结构、职能结构、空间结构的合理布局奠定了基础。这些分析问题、解决问题的方法令我终身受益，至今每年的道路交通规划课上都作为典型案例给学生讲解。

图3　2017年4月周一星（右）、陈耀华（左）在陈青慧八十华诞庆祝活动现场

周老师一直十分关心学院发展和学科建设。在学科发展方向和人才队伍建设等大事上敢于发表自己的见解，坚持自己的主张。退休这些年，一如既往关注学院、人文地理和城市规划专业的建设，关注年轻人的成长。前不久专业讨论城乡规划专业如何更好地适应国土空间规划新形势，胡老师、董老师和周老师都对专业发展的历史传承和未来创新发表了重要的意见和建议，这些意见为我们新时代的办学指明了方向。

图4　周一星在系座谈会上就国土空间规划与专业的关系发表意见（2020年10月31日）

我和周老师都来自常州，有时候我们会说说常州的事情，周老师一直十分关心家乡建设。当年沿海铁路过长江的大桥选址，周老师曾经给常州市领导建议，积极争取把大桥建在长江常州段，这样和京沪铁路构成的十字枢纽将会极大提高常州在全国交通网络中的地位和作用，对常州的长远发展是极为重要的。很遗憾这个愿望没能实现。

2007年周老师患病手术。无论是术前，还是术后的十多年，我眼中的周老师永远是勇于面对、乐观开朗、积极向上的。这么多年周老师都保持着上午锻炼的好习惯，所以经常会在中午的食堂碰见他和师母谢老师，每次看到周老师都保持着很好的情绪。最近又重新学习了周老师的《城市地理求索：周一星自选集》，这本著作是周老师术后三年内编写完成的，用周老师自己的话说：用积极愉快的"向后看"替代不言而喻的"向前看"，不啻良药，一举两得。这样的境界，真正是"山不矜高自极天"。尤其是看到书中附录一"人生足迹"，详细记录了从1941年出生到2010年该书出版时的主要经历，特别是参加工作以后几十年，每年参加的重要活动都记录得清清楚楚，这是何等的"有心"才能做到！也正是这样一生坚持不懈的"有心"和"用心"，使周老师成了学问和生活真正的强者！

诚祝周老师福如东海，寿比南山！

作者简介

陈耀华，1966年12月生，江苏常州人，1983年本科毕业于北京大学地理系后留校至今。长期从事世界遗产、风景名胜区、国家公园等研究，现任北京大学国土空间规划设计研究院院长，北京大学世界遗产研究中心主任，国家林草局世界遗产专家委员会委员，中国风景园林学会理事，中国风景园林学会风景名胜区专业委员会副主任委员。邮箱：chenyh@urban.pku.edu.cn

吾爱吾师

杨春志

作为同等学力研究生的我,只是在论文写作阶段才有幸拜到周老师门下。按中国拜师的传统,如果说大多数同门是入室弟子,我则只能算是一个室外弟子。入室弟子,和老师朝夕相处,短则三四年、长则七八年,在老师的耳提面命下成长进步,耳濡目染中感受老师的严谨治学。作为室外弟子,少了不少这样的幸运,缺了太多和老师相处的温馨画面,思来想去,一时竟不知如何入手写作。但仔细想来,在老师身边学习时间再长,也不过七八年光景,在人生长河中也是短暂的一瞬,学生们对老师的了解更多来自工作和日常生活,工作和生活中点点滴滴感受和认识才是真实的,从此入手,一样可以表达吾爱吾师的心情。

我和老师的真正接触是在20世纪90年代末,我到了现在的工作单位——中国城市科学研究会《城市发展研究》编辑部。作为一个社会团体,研究会秘书处每年都会召开(常委)理事会,作为常务理事的周老师,印象中极少缺席,出席必有发言,或针对学术问题,或针对研究会未来发展。就是在一年一年服务理事会会议中,认识老师,逐渐和老师熟悉,直至后来有机会在北大学习时拜在老师门下。

当年老师在理事会的发言每每都是有备而来，因此也常常令人印象深刻，直到现在，周老师声情并茂的发言仍犹如昨日："城市发展方针应该淡化规模政策……是否需要一个新的国家城市发展方针，值得商榷。""如果一定要有一个新的城市发展方针……从原来'控制城市规模'转向'加强协调发展'。包括城乡协调，城市经济与基础设施的协调，城市之间和城市与区域的协调，规划与建设的协调，城市与自然的协调。"

图1 2018年9月23日周一星夫妇和杨春志（右）在蓝旗营家中

现在回头看，虽然当下没有了明确的城市发展方针，但城乡协调、城市与自然协调等不就是我们现在的发展方向和追求目标吗？按周老师自己的说法："中国的城市发展方针，曾经吸引我投入研究热忱不下十几年。""我对方针持有不同看法，但一开始没有直接投入是'大城市好'还是'小城镇好'的论战，而是首先做了几年与'方针'有关的城市发展若干理论的研究。"正是这种持之以恒和坚持理论先导的治学态度，使得周老师如此与众不同，既不是所谓的"小城镇派"，虽处北大，但也不是所谓的北大"大城市派"。不惟书、不惟上、只惟实，大体就是说的这种境界吧。正是有了这种求真务实的治学态度，才使周老师的学术成果能久立潮头。

"我国前后四次的人口普查,对城镇人口的统计标准都不一样,没有一个标准连续使用过两次。"标准的不统一源于城市地理研究的基本单元"城市地域"概念的"不明确,不理想"。"建立我国比较规范的、能与国际接轨的城市地域和城镇人口表达体系,成为我的学术追求之一。"不懈的努力,扎实的学术成果,终于引起有关部门的重视,国家统计局制定第五次人口普查标准时部分采纳了周老师的成果。理事会上,当周老师发言谈到这一结果时,参会的理事们都为周老师的成就感到高兴,并建议研究会就这一问题组织专门研讨。研究会也确实将其列入下一年的计划,但不知道为什么,此后就没了下文,兴许是当时对这一问题进行研究的学者太少之故吧。2006年,此课题被纳入国家"十一五"科技支撑计划课题立项,由周老师主持,但当课题正式启动时,因为年龄原因不能担任项目主持人,而改由冯健博士主持。十多年过去了,我依稀还能回忆起当时去家里看望周老师的时候,说到课题被立项时先生的兴奋,以及不能成为主持人完成项目的少许失落。是啊,一个学者为一个课题研究投入多年精力和时间,却在最关键时刻无法主持大局,完成最后的临门一脚,任谁都会有失落感。但这种失落感只是淡淡的,"功成不必在我"的胸怀使周老师很快释然。更让周老师"耿耿于怀"的是,因为经费原因,原先设计的样本城市由十几个被减为两个。如此的变故,使得这一问题在学术上的解决可能被拖后,作为当事人,怎能不"耿耿于怀"。作为学生的我们只能苍白地劝解先生别太在意,权当好事多磨。由冯健老师接过主持的大旗,今天看来应该算是一种另类的学术传承,今后必定成为一段学术佳话。

1997年的理事会,周老师没有像往年一样谈学术问题,而是重点针对《城市发展研究》杂志未来发展、学术规范等进行发言。诚然,对于一家刚刚成立两年多的杂志,有许多规章制度和规范有待建立,因此所有理事都对杂志这个学会的学术窗口予以关注,就杂志的定位和未来发展建言献策。周老师的发言让我至今难忘，是因为周老师开宗明义地表态他的学生的一篇论文不应该被发表——该学生缺少相关领域研究基础，论文缺乏深度，没有达到发表水平——因为我们审稿的不规范，使得该文"蒙混过关"，得以发表。因此建议杂志尽快建立匿名审稿、同行评议等国际通行的规范制度，以避免类似事情发生。在我二十多年的编辑生涯里，司空见惯的是作者通过各种关系、手段寻求论文发表，偶尔会遇到因产权问题（未经课题组同意而单独将成果发表）引发要求撤稿的情形，但从未遇到认为自己学生的论文水平不够而要求（认为）不发表的情形。因为是生涯里的唯一一次，故至今记忆犹新。

图2　2021年2月17日周一星（左三）和杨春志（右二）等在松鹤楼

周老师对学生要求严格，对自己要求更严格。因为自我要求严格，2007年病愈后，周老师基本谢绝参加课题评审、学术演讲；因为自我要求严格，成就了周老师学术的高水平，造就退休十多年后仍能高居"中国高被引学者榜单（人文社会科学）"前茅的奇迹。周老师学术之树常青！在周老师即将迎来他的八十岁生日之时，祝敬爱的周老师健康长寿，生命之树常青！

吾爱吾师！

作者简介

杨春志，1967年1月生，陕西延安人，现工作于中国城市科学研究会《城市发展研究》杂志，2005—2006年跟随周老师完成同等学力硕士论文。邮箱：chunzhi_yang@163.com

良师益我的点点滴滴

王法辉

2017年,城市与环境学院(地理系)建院(系)65周年时,我写了一篇短文《永不褪色的记忆》,回忆了三位(代)老师(胡兆量、周一星和杨齐)对我的影响。由于篇幅所限,觉得言犹未尽。这次庆祝周一星老师八十华辰,冯健邀稿,我欣然答允。想利用这个机会,回顾一下周老师的教学和研究对我的科研视角和实践的影响,分几个方面系统梳理一下,也会引用相关文献佐证。也许大部分读者会觉得太学究气了,那我尽量讲得通俗一些。由于周老师淡出学术圈已经十余载,有的年轻学者可能感觉他的学术成果有点过时和通俗了,我的这个反思应该有助于更新这种认识。

我和周老师的缘份,始于大三时他教的城市地理课程。1987年夏天他又带我们班在山东泰安实习城镇体系规划。后来我毕业留校攻读在职研究生,师从胡兆量老师(胡老师也是我本科毕业论文的导师)。1991年我到美国攻读博士学位,专业是城市与区域规划。和周老师恢复联系并开始合作,是1996年我在NIU当老师后的事了。总之,我想说的是,我不是周老师的"嫡系",说不上得其真传。也许正因如此,我要谈的他对我的几点影响,更有客观性和代表性。

图1　2006年夏修春亮（左）、周一星（中）和王法辉（右）在长白山天池边

另外还有一点说明。我从业早期的研究兴趣，的确集中于城市（包括城市内部结构和城镇体系两个空间尺度），以及城市与交通的互动。最近十多年来的工作，主要关注基于GIS的空间计算方法，应用上侧重于公共卫生，也涉及公共安全（犯罪）问题。所以，由我来全面评价周老师在城市地理和规划领域的影响，可能有点掉队了，也不一定代表最前沿的思考，尽管我对城市的研究也在继续。也正因为如此，我还会谈到周老师的相关思想，如何帮助我在其他领域开创一些新研究，说明他的城市地理和规划的理念，对其他学科和方向的研究也会有启发。

一、城镇实体地域的界定

周老师是在中国开拓城镇实体地域界定研究的呐喊者和实践者[1]。记得我1991年出国时，他就在国家自然科学基金委的资助下，亲自并指导他的硕士生史育龙到全国各地调研不同大小和多种类型的城镇，研究如何界定城镇化地域范围的各种方案。这个问题的提出，是他早期质疑中国城镇人口统计口径而衍生出来的。如果城乡划分的标准不能落地、在不同地域统一标准、在不同时期保持稳定，任何相关科研和政策评估执行，就会都不可靠。可见这个问题对城市地理和

---

[1] 周一星，史育龙（1995）.建立中国城市的实体地域概念.地理学报，62(4): 289-301.

规划来说，是奠基性的根本问题，而在当时，中国人口普查数据残缺、GIS 技术还处于萌芽状态，这又是多么艰辛和烦琐的工作！

我因为受他的影响，深知这类工作的意义，后来与合作者申请和完成一个美国卫生研究院（NIH）关于伊州晚期癌症风险研究时，其中的一个创新点就是各类癌症在不同城镇化地区（urbanicity）被确诊晚期的风险差异和背后的原因。具体来讲，传统的公共卫生的相关研究，也非常关注人们的个体行为、社区环境和医疗资源的城乡差异，从而影响相关人群的健康行为和健康水平的变化。可是文献中对不同地区、不同时段、不同癌症的研究结论往往相互矛盾。究其原因，有一种可能就是城乡划分简单的二元法，非城即乡。所幸美国的人口普查数据详尽，每一个人口普查区（census tract）乃至街区（census block）都清楚地定义为城镇（urban）还是农村（rural），前者还细分为 urbanized area 和 urban cluster（后者人口密度略低于前者）。数据又以 GIS 整合后广为发布，方便使用。我们基于这个数据，把研究区细分为五级城镇化：芝加哥市、芝加哥市郊、其他大都市、中小市镇、农村，结果显示，伊州的四大癌症晚期风险是反"J"形的，即风险在芝加哥市最高，然后到芝加哥市郊、其他大都市和中小市镇依次降低，到农村又出现上弹。可见，如果仅把样本粗归为城乡两类，每类样本在不同城镇化地区的差异互为抵消，结果自然就不可靠、也不稳定了。相关思想，在 NIH 资助下的另一个项目，是研究全美肥胖症的环境风险时，借用了类似的思想，成果也很显著。我们根据样本所在县的城市化水平，将数据划分为五个子集：农村地区（0～0.01），亚农村区（0.01～0.50），亚城市化区（0.50～0.90），高城市化区（0.90～0.99），全城市化区（0.99～1.00）；然后每个子集都测算一个模型，结果各异。其中，散步或跑步环境，只在高城市化区（一般是大城市的郊区）才影响人们的健身行为和肥胖风险。此例告诉我们，相关的公共政策也不能"一刀切"，公共资源的投资应该集中于效益明显的地区。这一类的问题，在我最近一篇综述论文中，总结为"空间分层异质性的问题"，其中一种典型的异质性就是城镇化水准的精准分层[①]。

二、中国城市化的阶段性

周老师的城市地理课和相关教材[②]，多次讲到城市化进程的"S"形曲线及中国所处的阶段。所谓"S"形，就是说，城市化的早期阶段（如<25%），城市化的进程是相当缓慢的；到中期阶段（如25%~75%），是城市化的加速阶段；最后的晚期阶段（>75%），城市化的速度又放慢了。周老师当年给中央政治局领导们授课时的主题，就是中国城市化的进程和未来的走向。城市化本来是世界各国都要经历过的，尽管发达国家和发展中国家的经济发展由于所处的世界技术环境不同，具体每个阶段尤其是中期加速阶段完成的时间有异，但城市化的"S"形进程是客观规律，无一例外。可是当时部分领导和有关研究人员（包括负责城市统计数据的管理人员），有急躁情绪，体现在对中国城市化的实际水平和未来走势的预测上存在浮夸现象。周老师本着科学的精神，正如他在2010年《城市地理求索：周一星自选集》的自序中写道："不惟书、不惟上、不惟洋"，实事求是地为中国城市化号脉。其实这个问题的真实答案，还是要回到上文他提出的"城镇实体地域的界定"，只有尺度精准了、统一了，而且保持历年的一致性，才有真实的数据支持，判断好每年中国城市化水准究竟是多少，未来几年达到什么水平。这不仅需要管理层认识的一致和重视，还需要政府在执行上有相关资源落地，是一个艰巨、烦琐而又漫长的工作，真正做好可能要靠立法和执法。

这里引用一项我们最近的工作[③]，说明周老师这方面的教学和科研对我的影响。此项工作的主要目的，就是用大数据，具体是微信在春节前和春节期间的活动信号的差异，判断中国劳动力的输入区（城镇）和输出区（乡村）的空间范围和强

[①] 参见 Wang F (2020). Why public health needs GIS? A methodological review. Annals of GIS, 26: 1—12.
[②] 周一星（1995）. 城市地理学. 北京：商务印书馆.
[③] 参见 Wang Y, Wang F, Zhang Y and Liu Y (2019). Delineating urbanization "source-sink" regions in China: Evidence from mobile app data. Cities, 86: 167—177.

度，用独特的视角刻画了不同强度和类型的城市化的空间态势。这个态势通过基于 GIS 的自动区化，展示了不同空间尺度下，中国不同程度的城市化的地域范围。如果能从时间段上延续跟踪更长时间，那么我们对每个地区（无论大小）的城市化进程就有了一个基本的、可比的、相对可靠的判断，这可能是在缺失及时的、可信的、精细空间尺度下的人口普查数据时，最好的替代了。

三、城市的基本职能和非基本职能

周老师的《城市地理学》教材和相关的授课，清晰地阐述了城市内部职能的基本与非基本之分（对应的英文是 basic sector vs.nonbasic sector）：基本职能是一定程度上独立于城市、服务于城市外的区域的相关产业及就业人口，如制造业，是城市生长的原动力；非基本职能是依赖于城市本身、服务于城市本地居民的相关产业及就业人口，如服务业。我对这一理念更深入的理解和应用实践，是我读博期间，我博士导师 Guldmann 教授与我讨论城市内部人口与就业分布的相互作用时，他讲到 Garin-Lowry 模型。模型的大意是，城市用地最抽象的分类就是住宅和就业，前者通过人口普查刻画，也就等同于常说的人口分布，因为人口普查是基于人们的住地而分区汇总的，就业则需经济普查而收集数据。美国的人口普查每十年一次，以尾数为 0 的年份计，而经济普查每五年一次，以尾数为 2 和 7 的年份计。二者刻画了城市结构的空间分布态势，就业的分布影响人口的分布，因为大家往往有了工作后，依上班点由近到远寻找和决定自己的住地（或买或租）；反过来，人口也决定就业的分布，因为有了住宅小区（其楼层或高或低、间距或密或疏），附近才有了层出不穷的餐饮超市、学校医院。两者交互作用、纠缠一起，让研究者无处下手，究竟怎么解释乃至预测城市用地的空间变异和走势呢？Garin-Lowry 模型的理论基础就是把城市就业分为基本和非基本，二者扮演不同的角色，基本就业是独立的，其数量和落地的区位是外在因素预先决定的（exogenous），是模型的输入变量。有了基本就业的分布，有了交通网络刻画联系城市内部各地间的空间联系成本（spatial impedance），模型就可以通过"总就业决定人口分布、人口分布只影响非基本就业"的相互作用，求解和输出非基本就业和人口分布两类变量。这个模型虽然简明，但它的演绎非常丰富，除了许多实证上的应用（如预测城市用地变化），还可验证许多理论假设[①]。

把城市用地三分（居住、基本就业和非基本就业）的理念，对城市居民时空移动模拟也是非常关键的。我指导的一名刚毕业的博士，其博士论文是用agent-based model(ABM)来模拟我们所在的市（Baton Rouge）的犯罪时空分布。模型对城市居民（受害者、可能犯罪的人）需要模拟一天的活动。基于的理论框架就是：一般人早晨从住地去基本或非基本就业地上班，一部分人傍晚会从就业地（或从上班地）去非基本（服务业）地消费（如吃饭、购物和娱乐），晚上又都回住地休息。借用这个框架，还可以基于城市居民的时空出行模拟，分析传染病的扩散途径和时空态势以及其他应用。

四、中国城市的郊区化和多中心化

我留学美国 OSU 的第二个学期，就不知深浅地去修了一门经济系的城市经济学，是给研究生开的课。那时的西方经济学，已经是需要很坚实的数学和统计的基础了。我虽然只能弄个半懂，但对其严谨的推理、对个人行为精细的刻画还是赞叹不已，尤其对城市人口密度从市中心往外的负指数衰减和城市的浪费性通勤问题，非常感兴趣。为了寻求城市人口密度方程的中国验证，我 1997 年开始求助于周老师，寻求帮助和合作，后来发表的关于北京市的人口密度方程和郊区化的论文就是这个合作的结晶[②]。本来我的本意只是用北京的案例，验证多年计划经济体制下的中国城市是否也出现西方城市中演绎出的负指数人口密度方程（注：

---

① 参见 Wang F (2015). Quantitative Methods and Socioeconomic Applications in GIS (2nd ed.), Chapter 10. Boca Raton, FL: CRC Press.

② 参见 Wang F and Y Zhou (1999). Modeling urban population densities in Beijing 1982—1990: suburbanisation and its causes. Urban Studies, 36: 271—287.

西方城市经济学的推理中，假设居民有购房和迁居的完全自由，房市完全由市场经济调控）。合作中从周老师那学习并认识到北京1982—1990年出现郊区化的趋势，及其背后与西方郊区化机制有同有异的成因，是对论文质量的重要提升。这也是论文后来得以广为引用的原因。多年后，受周老师的学生冯健之约，我们三人又联手更新研究了北京市1982—2000年人口密度的变化，提出了从单中心到多中心的转型模式。我们的合作的确做到了互为借鉴提升，收益很大。

后来因为周老师退休专注治愈疾病和身体康复，我们的学术合作终止了，但相互的私交包括生活理念和感情分享反而强化了。周老师真得成为了我全方位学习效仿的楷模，也就是常言道的良师益友。

时光如梭，当年带领我们在泰安没日没夜地赶制规划图纸和撰写汇报方案的周老师，已经淡出学术圈15年了，我也从一个不谙世事的毛小伙变成都快过季的资深教授。回想自己的求学问道之路，念大学和研究生的那段时期，人脑就像海绵一样，如饥似渴地吸收知识，吸收得又快又牢。有幸遇到像周老师这样敬业又精业、人品又正真无私的教授们，学习效果事半功倍。很多影响，事后追溯反思时，才看到老师们当年教学和科研所留下的印记。正因为这样，我这个还在耕耘的园丁也不断提醒自己，"能力是有限的，努力可以无穷"，惟恐误人子弟。同时，我在传授学业和技能之时，不忘引述自己老师们当年如何忘我地工作和无私的情怀，希望能传承他们的追求、执着和担当：在当今这个越来越复杂、丰富又极易让人迷途的时代，是多么地珍贵！

作者简介

王法辉，1967年9月生，1988年毕业于北京大学地理系经济地理专业，同年留校任学工干部，1991年留美。现任美国路易斯安那州立大学地理与人类学系 Cyril&Tutta Vetter Alumni 命名教授。邮箱：fwang@niu.edu

我心目中的周一星老师

楚建群

2021年是周一星老师八十周岁大寿,我作为晚辈和同事向周老师表示热烈祝贺!

按照我们支部的惯例,每位老先生七十九周岁的时候,支部会专门组织一次庆祝生日的活动,在职老师和退休老师一起欢聚一堂,为老寿星祝贺八十大寿。去年由于新冠疫情影响,上半年都没有面对面组织活动,所以2020年4月30日我们在线上召开支部会的时候,大家就提出来在线上给周老师过八十岁生日,大家在线给周老师送上祝福,最后还一起唱了生日歌。周老师特别高兴,他说过了一个非常特别的也很有意义的生日。

从我上大学周老师给我们上"城市地理学"课程到现在已经三十多年了,我们上学期间周老师给我的印象是特别认真,平时也特别严肃。关于周老师治学严谨、精益求精,相信大家都印象深刻,我就不多说了。我特别记得周老师的课不仅有课堂讲授,还会要求我们课后阅读论文并进行分析、写读后感,这也给了我们最初的文献阅读训练。周老师在对我们的读后感作业进行评议的时候,不仅从学术角度肯定我们的正确观点,指出不足之处和改进方向,还对我们的为人处事态度进行斧正,对于个别同学表现出来的对原论文作者的不尊重进行了非常严厉的批评,教导我们学术观点的争论都是正常的,但是要尊重同行、尊重别人。这给我们班级同学都留下了特别深刻的印象,在我们入学三十周年聚会时大家还说起来呢!

图1 2014年6月人文地理支部南锣鼓巷活动合影

课堂之外与周老师接触比较多的是在规划实践项目中1994年我参加洛阳城镇体系规划,参加伊川和汝阳两县调研。当年的规划项目都是"大兵团作战",经济地理专业的老师们几乎全体参加,历史地理专业也有老师参与,带着研究生、本科生,浩浩荡荡地出去,从现状调查到部门访谈,从问题分析到规划方案和成果编制,大家全程参与,经常在一起讨论。当时每位老师带领几位同学开展某一领域的专题研究,共同编制规划方案。周老师是项目负责人,在大家进行调研分析汇报和规划方案交流的时候,他认真地听每个人的发言,仔细地予以点评,提出问题,及时给出补充调研和修改方案的意见。通过项目,我对周老师认真扎实严谨的工作作风和悉心培养学生的态度有了深刻的认识,非常钦佩。

图 2　2019 年 12 月 25 日周一星（前排左二）与人文地理支部成员在北大赛特勒博物馆前合影

我工作以后跟周老师的接触更多的是在系务会、支部会等场合。后来我做了大人文地理党支部书记。在组织支部活动时，每次周老师都特别认真积极地参加，从不迟到，一旦有事情不能参加活动，周老师都会第一时间请假并且说明理由。下发的学习材料他都非常认真地阅读，在支部会上主动跟大家开展讨论、交流，并且与我们的专业研究相结合发表见解。我一直觉得周老师是一位特别自律、特别严谨、特别认真的人，在各方面都堪称典范。

周老师退休之后，我突然发现他开启了开朗、活泼、亲切的一面，当我第一次看到周老师跟大家出去拍照，在前排同学头上比划"兔子耳朵"的时候，我真是既吃惊又觉得亲切。

周老师开始更多地与大家交流锻炼身体、医疗保健等方方面面的生活经验。2017年我母亲生病后,我第一时间想到去请教周老师有关就医的问题,周老师不仅系统地介绍了他的就医经验和体会,还热心地推荐了广安门中医院和医生,从中西医对比,到挂号注意事项,讲得特别细致,给了我莫大的帮助和心理支持。于我而言,周老师从严师变成了亲切的老先生和可敬的长辈。后来我也陆续听到其他老师得到过周老师在这些方面的帮助。

图3　2019年12月25日周一星（右一）与支部成员一起参观北大赛特勒博物馆的"千山共色——丝绸之路文明特展"

周老师不仅毫无保留地帮助身边的人,而且在发生大的灾情、疫情时,也都非常积极地捐款支援。2020年武汉爆发新冠疫情,周老师一次捐款3000元。各次困难党员帮扶补助，我们支部想给周老师申请，他都提出不要补助。

周老师虽然退休了，但依然积极参加各次支部会议和活动，参观南锣鼓巷、北大赛特勒博物馆，疫情之后网上视频支部会，能参加的一次都不落下。每年支部党员民主评议，周老师都是优秀，但他都谢绝优秀党员评选提名，让给在职的年轻老师。

在大家心目中，周老师是当之无愧的优秀共产党员！

作者简介

楚建群，1967年11月生，吉林长春人。北京大学城市与环境学院城市与区域规划系副教授，大人文地理党支部书记。1986年进入北京大学地理系经济地理专业读本科，1990年攻读人文地理学方向硕士，2009年获得博士学位。1993年毕业留校，在经济地理系（后在城市与区域规划系）任教。主要从事土地利用和规划方面的教学和实践。邮箱：chujq@163.com

周老师于我之传道授业解惑记

赵永革

韩愈曰:"师者,传道授业解惑者也"。作为我的本科毕业论文指导老师和硕士研究生导师,周一星老师即是我城市地理学科学习和做人做事的传道授业解惑者。值周老师八十寿诞之际,忆及三十多年来向老师学习、听取老师耳提面命的点点滴滴,撷取其中几件印象深刻的事情记录下来,作为祝福周老师身体康健和永葆学术生涯之春的小小献礼。

1987年大三上学期,我们开始学习周一星老师的城市地理学课程。北大老师的学术水平都很高,而且讲课风格多姿多彩。周老师属于备课讲课非常认真、知识讲授准确严谨的一类。出于对城市科学的喜爱,这门课我上得格外专心,除了全勤,笔记也做得仔细全面,包括周老师在黑板上手绘的各种趋势图、分析图也都一一记录。关于城镇化水平与经济发展水平的关系,周老师通过国内外数据的统计分析,提出城镇化水平与经济发展水平之间对数关系的定量模式,修正了R. Northam 线性关系模式,在理论上把城镇化与经济发展的两种阶段性逻辑地统一起来,为实践工作提供了分析城镇化发展阶段并进而可以预测城镇化发展水平的有效方法,在国内属于创新性的研究成果。我感觉特别有意思,关于曲线的三个阶段特征，我做了一些个人的思考，觉得没把握，课后找周老师请教了许久。正是周老师当时对我大胆思考问题的鼓励，萌生了我想跟随他学习的想法。我的城市地理学的笔记，当时被班上同学传抄。同宿舍一位同学，虽平时因热心学生会活动缺课很多，但认真抄录学习我的笔记后，考试也得了 70 多分，我则得了班上最高的 92 分。期末时我们二人都很开心。上这门课还有一个收获，至今令我不仅在工作上获益，也在日常生活中得益，那就是周老师要求同学们熟记各省区的城市名、位置及主要交通线，而且每堂课抽问一个省区。同学们下课后不仅相互比赛背地名和位置、连交通线、各城市风土人情、经济发展、主产粮食品种和工业门类等都一起了解熟悉。现在看来，正是周老师的要求给我们打下了专业学习的"少年功"。

到了大四下学期，也就是 1989 年春节后，本科生选择毕业论文指导老师，我毫不犹豫选择了周老师。在他指导下，结合他当时的研究重点，开始研究和写作毕业论文《中国城市经济统计区初步界定》，这成为我开始跟随周老师进行比较规范的学术研究，以及研究城市地域概念的开端。至今记得，从周老师家里和图书馆搬回一摞摞统计资料，在宿舍桌子上，趴在周老师从测绘系统搞来的一张中国分县行政区大图上，一边只能依靠纸笔和小小计算器进行记录和计算各种数据，一边把中心城市和相应的符合条件的周边区县描绘到大图上，形成当时的城市经济统计区（实际上是后来都市统计区的概念）的直观结果。因为当时资料数据来源有限，那种形势下也根本不可能做现场调研，城市经济统计区的周边县与中心城市联系强度的数据无法获取，只能依靠周边县非农业活动比重来表现（后来读研时，基于周老师提出的周边县非农化程度与和中心市联系强度具有正相关关系的假设，我进行了一些统计分析，证明的确具有比较高的关联度）。即便如此，分县数据的手工采集和计算，工作十分繁杂。尤其到了后期，天气越来越热，我身边留在学校认认真真写毕业论文的同学很少。周老师很关心我论文的进展，要求我必须保质按时完成，我也本着做一个优秀水平的毕业论文的态度，仍然照常时时去请教周老师，在宿舍挥汗如雨，计算，描图。五月份交论文时，学校已经没有对毕业论文按照普通年份进行要求，同学们论文水平参差不齐。鉴于我的认真态度和扎实的工作，周老师与教研室老师给我打了一个优秀。

图1　1994年11月周一星（左二）、赵永革（左一）、白英（右三）和刘瑜（右一）考察抚顺

　　本科毕业在老家四川遂宁市国土局工作一年后，1990年6月，四川省依托重庆市计委成立三峡库区国土规划办公室，我作为遂宁市派出人员参加了办公室工作。两年时间走遍库区川渝部分（当时重庆市依然为四川省所辖）的山山水水，周老师和北大老师们传授的知识在库区这个大课堂得到很好的实践运用。1991年年底，在得知三峡工程暂不建设、库区国土规划办公室会被撤销的消息后，我马上写信给曾经希望我到北大分校工作的系里党总支书记韩启成老师，请他指点出路，并提出请他帮忙联系周老师，是否可以报考周老师研究生。周老师一听，就对我的想法非常支持，建议我努力争取考回母校学习。在两位老师的鼓励下，我参加了1992年2月份的研究生入学考试，比较顺利地回到了北大，正式成为周老师门生。

　　研究生学习期间，周老师正好与国内城市地理的几位顶尖学者包括胡序威、许学强、崔功豪、叶舜赞、宁越敏等老师领衔，几家单位联合成功申请国家自然科学基金重点项目"沿海城镇密集地区经济、人口集聚与扩散的机制与调控研究"，周老师是总体框架设计者，同时负责辽中南城镇密集地区的研究。在周老师带领下，师生们开展了为期几年的实地调查和实证研究，我对城市地域划分、城镇密集地区空间发展机制，包括如何开展实地调查等方面进行了系统学习和研究，并以辽中南为例，形成了中国城镇密集地区集聚扩散机制研究的硕士毕业论文。其中有一件事情对我影响颇深：那是在研究生一年级的一次师生讨论会上，说到定量方法运用于空间分析的时候，我有点不知天高地厚地说，其实在实际工作中，城市和区域研究几乎可以不用数学方法，看看那些计委系统的老同志，凭借经验和对烂熟于心的数据加减乘除，也能把问题分析得清清楚楚，得出的结论和用数学模型搞出来的结果差不多。周老师很不同意我的看法，他不仅用他非常经典的几例计量分析辅助得出研究成果的案例加以说明，而且，他请当时与他一间办公室、数学专业出身的讲授空间经济数学方法课程的朱德威老师（已去世），举例给我说明数学方法的大用处。第一年暑假周老师带我们在广西桂林地区规划实习时，我用朱老师的双等差级数方法分析市域城乡居民点综合发展条件，尝到了数学方法的妙处，从此认真听朱老师的空间经济的数学方法课，认真做习题，该门课第二学年考试拿到了一百分，成了朱老师鼓励后来的研究生好好学习他那门课的一个例子。另外，我研一时还就学不学二外一事请教周老师，周老师很直接地回答，"伤其十指不如断其一指"，于是我集中精力学英语补短板，后来果然起到了作用。

研究生毕业前，周老师当时作为副系主任，负责系里教学工作，他建议我留校任教。可惜我当时眼光短浅，看周边年轻老师们，包括已经任教多年的冯长春老师婚后多年都挤住在集体宿舍，没有听从周老师的好心建议。周老师也表示理解，而且很热心地替我联系在建设部城市规划司任处长的师姐张勤，请师姐协调联系，落实了到建设部城市规划司工作。

图2　1994年11月做辽宁课题时，周一星（右三）、赵永革（左二）、史育龙（左一）、孟延春（右四）、刘瑜（右二）、刘燕丽（右一）在沈阳北陵

1999 年年底，我面临又一次人生抉择。当年，印度尼西亚新总统上任，且迫于国际社会多年压力，宣布放弃其实际占领而从未得到国际社会承认的原葡萄牙殖民地东帝汶，东帝汶在联合国监督下组织全民公决，宣布从印尼脱离。公决后，印尼军警在撤退前对东帝汶进行了大规模破坏，导致大量平民伤亡，产生大量难民。为恢复东帝汶秩序并协助其重建、大选和建国，联合国通过决议，成立联合国东帝汶过渡行政当局，派出维和部队、维和警察和民事官员，全面接管东帝汶司法与行政。联合国希望我国政府除派出维和警察外，选派七个专业的行政人员参加到维和当局，其中排前两位的专业就是城市规划和城市环境管理。12 月份任务派到建设部后，部里举行了选拔，我和城建司共三位同志入选，而且按照联合国总部要求，必须于 2000 年 2 月初就位。接赴任通知后，我心情复杂极了。一方面，这是个难得的经历，去维和团这样的大舞台增长见识、锻炼才干，既为国家做贡献，也可以增加一些个人收入；另一方面，东帝汶局势不稳定，流血事件仍有发生，基础设施和生活服务设施被破坏殆尽，地处南纬 10° 终年高温高

湿，与当地人语言不通。家人朋友听说后，几乎一边倒地反对。部里入选的另两位同事中，一人很快选择了放弃。这个时候，周老师的分析和建议，给了我极大的提醒和鼓励。他力排众议，坚决鼓励我勇敢前往，迎接挑战。正是在周老师和少数亲友的激励之下，我胆战心惊地踏出了这一步，并在随后的两年多逐渐适应并习惯了东帝汶特殊而艰苦的工作生活。虽然中期感染登革热病毒大病一场，在 2002 年 5 月任务顺利完成之时，居然有点舍不得离开了。后来，这件事被邹德慈院士主编的新中国城市规划大事记载入。因为出发日期是二十年前的大年初四凌晨，去年春节初四，我与周老师微信聊及此事，周老师还高兴地说，他当时的建议是完全正确的。

2005 年春节后，因为一件特别任务，我有幸再一次随同周老师一起学习半年。那年年初，部里接到任务，遴选专家并协助专家编写中央政治局第二十五次集体学习会材料，题目是"国外城市化发展模式和中国特色的城镇化道路"。鉴于周老师在此领域的卓越学术水平，部里在讨论授课专家名单时，在张勤师姐首议下，周老师毫无悬念地成为两位讲课专家之一并得到上面的认可。专家明确后，部里组织了当时办公厅副主任靳军安、城乡规划司副司长张勤、部研究室副主任赵景新和我四人全程协助两位授课专家起草讲课材料，组织相关单位起草专题研究报告。从当年春节后开始到 9 月 29 日讲课日，半年多时间与周老师几乎天天在一起研究、讨论，成为我又一次向周老师面对面讨教的宝贵学习时间。那时，我们安排周老师和另一位讲课专家同济大学唐子来教授住在建设部招待所，那是一个 20 世纪 50 年代修建、后来几乎没有大修过的老旧红砖建筑，食宿条件都不大好，大家都感到真是有点对不起老师。尽管如此，周老师全程全力以赴，不辞辛劳地一遍遍起草、讨论、修改讲课稿，一次次试讲，有时候几乎是推倒重来。在一些认识和观点上，周老师一方面尽力坚持自己的一贯看法，一方面也接受汲取各方面的修改意见。讲课非常顺利和成功。讲课前，时任总书记胡锦涛同志还亲切接见了周老师和唐老师。锦涛同志与周老师一聊，才知两位隔壁学校的江南才子，还是同一年上的大学!

学习会后不久,我考上了日本JICE项目赴日本筑波大学留学。2007年8月回国之前,就听说周老师因病在肿瘤医院手术。回北京后我即到医院看望周老师。周老师那分面对病魔的镇定、坚强、乐观与豁达,深深感染了我。近年我身体也出现一些状况,周老师的这种人生态度,给予我很多心理上的支撑。

周老师曾说,因为年纪大了,他不希望像以前那样过多参与到我们的咨询工作中。因此,当现在部里和一些单位想请周老师出面开会做参谋的时候,我都要事先向这些单位说明,并先征得周老师同意。尽管如此,在一些我单位工作涉及的领域,比如城市地域划分标准、全国空间战略和规划等方面,或因为周老师的开创性研究至今领先,或因为周老师有非常独到的观点,非得请周老师出面方能说得清楚。幸亏现在网络发达,可以少一些劳累周老师动步!

随周老师学习三十余年,我以为,周老师身上既有一种典型的中国传统知识分子的人文气质和风骨,也有始终睁眼向洋看世界的开放和与时俱进的视野。孟子曾说:"无恒产而有恒心者,惟士为能。"(《孟子·梁惠王上》)按孟子之言,士,就是没有恒产而有理想的知识分子。时代变了,标准也有变,但有理想并始终坚持向理想前进,周老师就是这样的现代之士。有周老师这样的士传道授业解惑,也是我辈之幸。

2021 年 3 月 17 日

作者简介

赵永革,1967年12月生,北京大学地理系八五级本科、九二级硕士研究生。先后在四川省遂宁市国土局、四川省三峡库区国土规划办公室、建设部城市规划司、联合国东帝汶过渡行政当局、住房城乡建设部城乡规划司、自然资源部国土空间规划局工作。邮箱:576419469@qq.com

周老师的"温度"记

许顺才

周老师在做人及做学问上的严谨、严格和认真是人所共知、有口皆碑的,除此之外,他在关心厚爱学生、包容宽容学生和同行方面的许多故事也是在学生中口口相传的。我作为周老师教过的一名普通学生和小老乡(周老师是常州人,我是宜兴人)就曾经历过几件事情,深有体会和感触。那文中就举几个例子吧,从其中的细节来感受一下周老师的"温度"。

一是 1990 年上半年毕业季,当时我碰到了一个特别纠结的难题。因为前三年我的学习成绩排在男生中的第一名(不知按什么标准),获得了保送本校读研究生的资格,记得当时女生中的第一名方青因为要出国而放弃了保研的资格。我面临的难题是,我在宜兴农村老家种地的父母特别希望我回老家县城相关部门工作,他们还找同村一个在县政府部门工作的领导做通了工作。我父亲为此还专门赶到北京,想说服我回老家工作,以减轻他们的经济负担(当时我有个弟弟还在读高中,第二年考上了同济大学)。在当时,作为北大毕业生,能谋到一个政府部门的工作,是非常幸运的。我看到许多朝夕相处的同班同学都被保送上研究生,自己有资格却要选择放弃有点可惜,但又不好违背农村老家父母的意愿,所以前后纠结了两个多月。因为当时考虑到董黎明老师跟国家土地局的土地定价处合作任务较多,参与这些任务获得的酬劳还能贴补家用、资助弟弟学业,最后我折衷了一下,决定选报董黎明老师的研究生,以至于没有多花心思和精力好好复习周老师教的城市地理学这一重要专业课,考试成绩也不理想。为此,周老师专门把我叫去谆谆教诲,在听我如实汇报情况后,他没有一句批评的话,使得我忐忑不安的心放了下来。周老师还鼓励我在研究生学习阶段放下包袱轻装前进。记得我当时的感觉像是有一股巨大的暖流涌上心头,我原本还担心我的保研资格会受到影响呢!我读研究生期间正值周老师当副系主任,我努力学习,还获得了光华奖学金,三年期间我没有要过家里的一分钱,还资助了我弟弟上大学的费用。这段时间也是我人生最充实的一段时光。

图1　2013年10月,许顺才(右二)陪周一星(左二)拜访宜兴陶艺大师徐秀棠(中)

二是我研究生毕业以后到中规院规划所工作期间，当时所里与北大城环学院合作承担了浙江湖州市安吉县城镇体系规划，使得我再次有了跟周老师学习规划的具体机会。周老师在全县干部大会上关于城镇化的理论联系实际的讲课至今还记忆犹新。周老师对规划工作的原始资料收集非常重视，记得在2003年山东半岛课题工作期间，我帮周老师找到了一张铁路选线地图的资料，后来周老师在规划成果集的前言里面还专门提到我。周老师心细如发、细致严谨和认真令我非常感动，感觉充满了温暖。

三是周老师退休后在北大东门蓝旗营住所和老家常州休养期间，我有时趁出差外地和回老家时带点地方小特产去看望周老师，聊聊各地风土人情和家乡日新月异的发展变化，每次周老师都叮嘱不让我带礼品，仅仅少数的一两次我带了点家乡产的水蜜桃，周老师还不忘送给同住一个小区的谢凝高老师品尝。周老师就是这样一位质朴又很有温度的老师。

还有一次，在我和同学林坚去拜访周老师时，说到从周老师开始，我们北大人文地理专业出身的人中有4位校友给中央政治局集体学习时讲过课，当时萌生创意是否在一起做些现场花絮交流，留下珍贵的历史记录。周老师又主动提出是否把曾经给全国人大常委会讲过课的自然地理环境地学专业的王学军老师也邀请来参与交流。周老师有着海纳百川、胸襟宽广的大家风范。

有几次春节回老家宜兴，碰巧周老师也在常州过年，我就去拜访周老师，每次周老师都要请我和同去的人吃饭叙旧，相谈甚欢。听他讲常州青果巷的许多名人轶事，因为历史上宜兴归属常州府，两地民众人缘地缘相亲，在深入交流中才得知周老师的奶奶也是我们宜兴和桥镇的，无形中就更增加了我与周老师的亲近感，也增加了我对孕育了一代代宗师的家乡的眷恋和自豪感。2013年我和同乡同事顾建波规划师利用出差机会陪同周老师到访宜兴，在他与宜兴的著名企业家远东集团蒋锡培和紫砂艺术大师徐秀棠的切磋交流中更加感受到了周老师热爱生活的人文情怀；在宜兴南部山区竹海踏青时，周老师还多次提醒我要多回老家、多带还在农村劳作的父母出来转转、多呼吸山区新鲜空气。

图2　2019年10月许顺才（左）来周一星（中）常州家中访问

我非常庆幸能够相识相知周老师这样一位有温度的同乡老师和前辈。

作者简介

许顺才，1968年11月生，江苏宜兴人。1986年9月到1993年7月北京大学城市与环境学系本科和研究生。1993年7月—1995年2月在建设部中国对外建设总公司城市规划部工作；1995年3月至今，在中国城市规划设计研究院从事国土空间规划和城乡规划工作。邮箱：1061343702 @ qq.com

严谨严格而又达观的老师

李建军

2004年9月,我进入北京大学开始攻读博士学位,导师就是周一星先生。周一星先生是怎样的一个人?入读北大前,业内同行建议我读他的研究生,因为他们认为周老师治学严谨且孜孜以求;入读北大后,屡有学弟学妹羡慕我能拜在周老师门下,因为在他们眼里周老师就意味着高标准严要求,用他们的话说:"只要周老师认可了就绝对没问题了……"他们眼中的周一星恰如我自己对先生的最初认识——他是一位严谨严格的老师。

然而,随着相处日久,先生给我留下的更深刻印象是达观。2007年,从同门处得知,周老师因患肠癌从美国回来后住进医科院肿瘤医院治疗。9月的一天,我约冯健一起前往医院探视,冯健此前已经去看望过先生数次了,他还是欣然带我去了肿瘤医院。那天到医院时病房里只有周老师和谢老师。见了面才发现,我一路上"见面不知说些什么"的心中惴惴全是多余,谢老师自然地随手收拾着房间里的东西,让我们坐下和周老师聊天;周老师虽然很瘦,但并未卧榻,谈笑风生地和我们讲这次发病的前前后后,还不时地接过谢老师递过来的水或什么的,除了瘦弱,在他身上我竟丝毫见不到罹患癌症几经化疗的影子。谈话中,他拿起桌上的一个本子对冯健说:"你这个本子拿得好,我每天在上面写一点,好长时间没用毛笔写字了,都写不好了,这下有时间,没事就写几个字,挺好的,感觉就慢慢有了。还有你来的时候写的,我准备把这个本子做个纪念,留给我儿子。"这种面对病魔的洒脱,在后来的日子里更是时不时地感受到,在他回到家里后一次小遇时,他就笑容满面地说:"我现在乘公交车可以免费啦……"还一边风趣地拿出老人免费卡给我们看。接着他饶有兴致地谈论颐和园的四时景致,原来退休后,先生每日从蓝旗营去颐和园散步。这座天下名苑虽近在咫尺,但过去因事务缠身,先生一直难有时间完整地游园。赋闲后身轻心静,可以每日去颐和园,不仅空间上可以完整地游,而且时间上允许他细细地品味——品每一个景观细节,品四时晨昏之景致变化……其中之享乐不觉溢于言表,似乎他是专门去游园,而非病后散步健身。

先生的达观不是大病后才有的,他面对病魔的洒脱其实源自他一贯逆境向上的骨气。"文革"期间,一切陷入不正常,他却坚持不停止学习。十一届三中全会后,他勇于改革,探索经济地理学的应用,成为地理学家大胆向城市规划转向的先驱。四十多年来,他运用地理学研究中国城市化问题,结合城市规划实践,不断丰富、创新城市地理学。这何尝不是达观所致?

多年后回想起来,我忽然发现在我和周老师第一次见面时,他的达观就已经表现出来了,只是我当时未觉察。那是2004年3月我考博面试的那天,当日面试后的下午,应我的要求他单独见了我,谈话间他很随意地问我怎么看广州的番禺和花都(两个县级市)撤市设区,并首先直言他不赞同这种做法,因为据他所知番花两市本来都发展得很好,地方发展积极性很高,番禺市还在努力申报升级为地级市,撤市设区可能会限制、抑制他们的主动性和积极性。我恰巧有机会参与了撤市设区后广州城市发展战略概念性规划的深化编制工作,对此事有一些了解和思考,就坦率地表达了自己的看法,与周老师的观点相左,我的观点是高度支持番花撤市设区的。痛快地讲完后,心中惴惴,慌得不行,后悔自己太冒失。但先生竟没有任何怪我的意思,反倒和我谈得更加兴味盎然。

图1　2019年10月李建军（左三）一家从上海开车到常州拜访周一星（左二）老师和师母谢琴芳（左一）

因为工作需要，2006年我被学校（广州大学）紧急召回担任建筑与城市规划学院副院长，直至2011年才完成毕业论文写作，2012年毕业，客观上成了周老师的最后一位毕业的学生。在此期间，周老师一直关怀我，给我最大的支持指导。一生中，我幸运地遇到许多良师益友，周一星先生就是其中的一位，他是一位严谨严格的老师——为人和做学问都很认真，很负责，很执着；但他更由衷地是一位达观的人。我庆幸他是我的老师！

2021年3月6日

作者简介

李建军，1968年11月生，河北三河人。1987—1994年就读于同济大学，1994年就职于华南建设学院西院（2000年合并为广州大学），2004—2012年在北京大学师从周一星先生攻读博士学位（其间2006—2011年因工作需要返广州大学任建筑与城市规划学院副院长）。现任广州大学教授，建筑与城市规划学院院长、广州大学建筑设计研究院院长。邮箱：Lijianjun@gzhu.edu.cn

周一星老师八十寿辰祝语
——忆向周老师学习的二三事

林 坚

上周一星老师的"城市地理学"课程是20世纪80年代后期,至今一晃三十多年了,今年是周一星老师八十岁的寿辰。一直想写点什么,谈谈我心目中的周老师,千头万绪,始终没有动笔,刚好借春节在家,想撷取向周老师学习、与周老师一起工作、交流的几件小事来表达情愫。

大学时候上周老师的课,最深的印象是激情、认真和强调"概念"。印象中周老师当时刚从国外做访问学者回来,结合国内外针对城市研究和城市地理研究的进展,他讲课时富有激情,抑扬顿挫,大家听得非常带劲。记得在上课期间,周老师让大家读一篇文献(文章的名字已经记不起来),任务是挑毛病,他最后总结的时候,主要说了两点:一是文章涉及的概念不清楚,前后不衔接、不连贯;二是好的论文应该起一个好标题,迄今还记得"……研究""……探析"等说法。当时上课时,周一星老师《城市地理学》教材还在编写中,大家问他什么时候能出版,他说还要认真改改,用现在的时髦用词,就是还得"打磨打磨"。最终,周老师的《城市地理学》成为我们研究城市、研究地理、研究规划的经典教材。

1993年研究生刚毕业留校，还没来得及正式报到，就和周老师、朱德威先生、陈耀华、楚建群、史育龙等一起奔赴广西桂林，开始桂林地市城镇体系规划编制工作，这也是北大经济地理专业的传统节目——暑期生产实习。我当时负责交通规划，经过和周老师反复讨论，提出一条新的铁路选线：从桂林北上龙胜、三江西联枝柳线，与桂林南下梧州对接广东，形成湘桂粤这一新通道。为了论证其可行性，我专门去了一趟柳州铁路局，和有关处室的同志进行交流，得到一定的认同。另外，在此次规划中，印象较深的还有兴安、全州两地的造纸厂选址安排问题，按照上下游协调原则，我们倾向于配置在属于相对下游的全州。规划的研究和实践，需要做好战略和战术的结合，周老师教了我们重要的一招。

1994年暑期，周老师带队，我们开展了洛阳市城镇体系规划。印象最深的一件事是周老师发"火"了。作为四大古都之一的洛阳，其发展和保护这一矛盾始终非常尖锐，也同样非常敏感。有新闻媒体听说我们北大师生在编规划，就想采访周老师，打探有关动态，记不清是否采访过周老师（肯定没有正式采访），媒体就报道了周老师所谓的"观点"，周老师获悉后非常恼火，直接把洛阳负责对接我们规划工作的同志"骂"了一顿，明确表示在规划成果没有出来之前，一切免谈。后来，在规划方案的成果汇报中，周老师从发展和保护的关系、从洛阳发展的战略判断和具体举措等角度，丝丝入扣地介绍了我们的规划方案，获得一致的好评，相应的成果也出版为《市域城镇体系规划研究——以洛阳市为例》一书。

转眼进入21世纪，2005年夏天，周老师在建设部招待所，准备给中央政治局集体学习讲解备课，我去看望他一回，一起吃了一顿饭。当时感觉他很清瘦，似乎有点压力。后来，因为和周老师同样的工作，向他专门请教该如何做准备，才听他说起有关缘由：在形成文稿时，他针对城镇化速度和方向的一些观点没能系统地表达出来，当时他有点纠结，但后来在提问交流环节，得到高层的关注和认可，也成为国家制订城镇化战略的重要引导和把控方向。再后来，周老师生病了。他病愈后，每次去看他，他说得最多是"锻炼"、上午练功，十几年如一日，持之以恒地坚持下来，身体越来越棒，气色越来越好，给我们树立了一个榜样！

图1 2015年5月，隆国强（左一）、樊杰（左二）、周一星（右二）和林坚（右一）聚谈

回想作为周老师的学生，在北大向周老师和北大地理学尤其是经济地理专业的其他老先生、老师们曾学习了三十多年。周老师和其他老师们教会了我们什么？一是人文关怀，关心学生的成长和发展。记得我第一次获得金经昌中国城市规划优秀论文奖的时候，周老师专门向我表示祝贺，他说虽然是获佳作奖，这个奖项是挺公正、有影响力的，希望继续努力，多出成果。二是认真严谨，周老师和每位老先生、老师都有自己的研究领域，都有自己的独门功夫，特别是周老师对"概念"的严谨追求和要求，深深地影响了我的学术生涯，他的"城市研究的第一科学问题是基本概念的正确性"翻卷读来，依然是那么振聋发聩！三是低调豁达，周老师和各位老先生、老师们共同的特点是不张扬，踏踏实实做学问、做事情，也许他们心中常念叨的一句话是：做与不做是自己的事，做得好与不好是别人评说的事，把自己该做的事情努力做好是最重要的。

感谢周老师！感恩周老师！致敬周老师！

衷心祝愿周老师八十寿辰快乐！

祝愿周老师在进入"80后"的日子里，天天开心！身体倍儿棒！中国城市地理和规划研究的长青树傲然屹立！

作者简介

林坚，1969年11月生，北京大学教授、博导。现就职于北京大学城市与环境学院，担任城市与区域规划系主任。主要从事土地利用、城市与区域规划、国土空间开发保护研究。曾在第十七届中共中央政治局第三十一次集体学习会上做讲解，受聘为雄安新区规划评议专家组专家、全国国土空间规划纲要编制专家等职。邮箱：jlin@urban.pku.edu.cn

三句话，照亮学术路

李东泉

我的本科和硕士都是西安建筑科技大学建筑系的城市规划与设计专业，毕业后回到老家，在青岛建工学院建筑系教书。因为在高校工作，自硕士毕业就有读博的打算，并暗下决心，国内非北大清华不去。说来惭愧，我当年跟周老师联系要报考北大博士的时候，没有看过周老师的文章，完全不知道周老师在学界的地位。我是冲着北大去的，与周老师相识也是机缘巧合。1999年春，青岛市城阳区要做城镇体系规划。当时地方规划局的联系人是我大学同学梁小平，也是当年同宿舍的好友，从她从前同事——一位北大毕业生那里，得知周老师是这个领域的专家，于是邀请周老师与北大柴彦威、曹广忠等几位老师来到青岛。她知道我有读博士的凌云志，便积极主动地做了介绍人。至今尤记得初次见到周老师的场景，在城阳宾馆的一个房间里，周老师穿着暗棕色的中山装，朴素严谨的学者气质是周老师给我留下的第一印象。

然后经过几个月准备，我考上了北大。其中"区位论"一门考了第一名，是为我人生中的高光时刻。事后听说当时北大的老师们也颇惊讶，怎么一个非地理学出身、来自名不见经传的小学校的考生竟考出了这样的成绩？我学建筑设计出身，画图为主要工作内容，在考上北大之前根本不知道做研究是干什么。所以考上之后，犹豫了一阵，考博士是为了证明自己的实力，去读博士可是要改变之后的人生走向了，意味着要放弃当时在青岛的舒适生活，走上一条对我来说完全陌生的从事研究的道路，而这条道路必然是艰苦的。最终在周围人都认为考上北大还要犹豫的不可思议声中，我还是来到了北大，做了周老师的学生，然后才知道，原来周老师在地理学界大名鼎鼎啊。而且因为周老师，我拥有了一群才华横溢、出类拔萃的师兄、师姐和师弟，虽然大家从事的领域不尽相同，但同在周老师门下，亲如兄弟姐妹，从当年考试、后来在北大学习、撰写论文，直到工作以后，一路帮扶我至今。因为结识了这些优秀的人，让我最终决定留在北京，补足了我离开青岛的遗憾。我真是三生有幸！

图1　2003年6月毕业季周一星（中）与李东泉（右）、冯健（左）在北大图书馆前合影

我自知自己不是周老师最满意的学生，更不是最优秀的学生，我猜在周老师眼里，我可能是一个比较特别的学生。但周老师于我，却是此生最重要的老师。在最艰难的博士论文写作过程中，周老师在关键时刻跟我说过的三句话，让我受益至今，照亮了我此后的学术道路。

图 2　2010 年 10 月周一星与东泉在美国华盛顿见面

第一句出现在刚开始写作的时候，我通过文献整理弄清楚了青岛开埠的历史脉络，给周老师发邮件报告进展，忍不住说，我很高兴终于把脉络理清楚了。周老师回信说，听你这样说，倒是有做研究的潜质。这句话给我莫大的鼓励，让我一个工科生最终在做研究的道路上走下去，并越来越感受到做研究的快乐。

第二句出现在写完初稿，送给周老师审阅，周老师看过后给我打电话。我记住的一句话是，论文要围绕一条主线写。我当时的感觉就是醍醐灌顶、茅塞顿开。之后若干夜晚奋笔疾书，总算写得像篇论文的样子了。

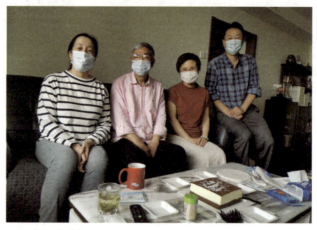

图 3　2020 年 5 月 2 日疫情期间李东泉（左一）、张莉（右二）和冯健（右一）在周一星（左二）家里

第三句出现在预答辩之后修改完、要提交评审之前,再次送给周老师审阅。周老师看过后跟我说,你要能够把论文内容总结出三句话来,才算完成。再次有顿悟之感。为了总结这三句话,又花费若干心思苦思冥想,最后写在论文摘要的最前面。我曾经是亦舒迷,记得很多亦舒的名言,她曾经说过,任何一个爱情故事,都可以用三句话讲完。我听到周老师的第三句话时,心想,原来博士论文也是如此。几个月前,中国人民大学公共管理学院的一位资深教授在一位博士生的答辩会上讲摘要的重要性,举了佛经的例子。他说佛教传入中国后,翻译了大量佛经。有人为了方便后人阅读,写了一篇摘要,这就是五千字的《金刚经》;后来的后人感觉字数还是太多,又给金刚经写了一个摘要,这就是两百多字的《心经》。我再次想到从周老师那里记住的教导,原来这三句话就是心经。

周老师当然不止给我说过这三句话,除学业外,周老师也一直牵挂我的生活和工作,为我取得的点滴成绩高兴,为我评职称时的难处操心。其实再往前,我准备考博期间,仔细学习周老师的《城市地理学》时,遇到不明白的地方,便写邮件咨询,每次都能收到仔细的解答回复。若干年后,我看到有学生写邮件来问我课堂讲过的问题时,我的反应,才让我发现自己当年多么无礼,我问的问题在周老师看来一定非常小白,周老师却不厌其烦、耐心回答。我现在也做教授博导了,我不仅一直用这三句话作为指导学生的法宝,同时总是提醒自己,一定要像我的导师对待我一样对待我的学生。但愿不要此生不仅学问不如老师,连脾气修养都差得远。

前些天,一位师兄在群里感叹,周老师都八十了呀!是啊,时光如梭,我30岁考入北大,现在都已经知天命了。到了这个年龄,早已清楚此生都无法达到老师的高度。我一直觉得自己不是个好学生,这种感觉,可能更多是因为自己不够优秀,无法企及老师的高度而产生的自卑感吧。但不论在学术道路上能走到哪一步,都有周老师教导下的宝贵基础。这三句话仿佛明灯,一路照亮着我在学术研究道路上前行。

作者简介

李东泉，1970年4月生，山东青岛人。北京大学城市与环境学系2000年级博士生，2003年年底毕业。2004—2006年北大历史地理学博士后流动站。现为中国人民大学公共管理学院城市规划与管理系教授。联系方式：北京市海淀区中关村大街59号中国人民大学求是楼433房间。邮箱：lidongquan@ruc.edu.cn

诲人不倦，星星点点

武廷海

第一次见到周一星老师，是 1995 年的春天。正值南京大学地理系宋家泰老先生八十华诞，全国经济人文地理领域学者聚首南京大学，召开自然科学基金重点项目"中国沿海城镇密集地区空间集聚与扩散研究"学术研讨会。项目由胡序威先生总主持，周一星老师总设计并负责辽中南都市区与都市连绵区，我的研究生导师郑弘毅老师负责农村城市化，郑老师给我定的硕士论文题目就是《江苏沿江地区乡村城市化研究》。记得周一星老师带着博士生史育龙一起参加，他讲什么内容现在差不多全忘了，但是周老师给我的印象很深刻，清瘦，宛如玉树临风前。

1995 年秋，我到清华大学建筑学院读博士，毕业后又留校任教，与周老师接触的机会就多了。当时中国开始大规模快速城镇化，如何避免美国式城市蔓延、避免东京式大城市拥塞等成为学界讨论的热门话题，周一星老师研究中国大城市郊区化，对郊区化、城市地域、城市化率等一个个基本概念与基本理论都有深入的探讨与独到的见解，在我心目中，他是一位丰满的城市地理"学者"形象。

图1 1995年春天在南京大学召开的自然科学基金重点项目"中国沿海城镇密集地区空间集聚与扩散研究"学术研讨会

2010年夏的某一天,我遇到了周一星老师。他很严肃地跟我说:我看到你写的城市规划史论文了,列为金经昌中国城市规划优秀论文奖候选论文,研究这个方面的人不多,很不容易,我给了你最高分97分。我听了,眼睛一热,由衷地感激!周老师说的是2009年我在《城市规划》上发表的论文《从形势论看宇文恺对隋大兴城的"规画"》,这是我发现中国古代"规画"的第一篇文章,当时关注的人并不多。周老师关心后学,鼓励冷门,给我开展规画研究以莫大的鼓励和动力。

今年夏天,拙著《规画:中国空间规划与人居营建》出版,我赶紧给周老师签了一本,托北大曹广忠教授带过去。7月28日,周老师特地发来微信:告知上午取得,下午"拜读","看得出来,这是你多年积累的力作!祝贺你的成就,佩服!"看着周老师简短而有力的文字,我耳边又萦绕着他十多年前鼓励的话语。周老师多年的关心和激励,穿透了岁月,也融化了我。

图 2 2014 年 7 月武廷海（左）拜访周一星教授

自认识周老师以来，二十多年过去了，我也成为一名年过半百的老师了。周老师对我规画研究的关怀与提携，对他来说，可能只是生活中的点点滴滴，但是对我的成长与发展来说则非常关键。在中国古代，"一星"可以指秤等衡器上标记斤、两、钱等记数的一个小点。有道是定盘星或准星，那是秤杆上的第一颗星。在我心目中，周一星老师人如其名，是一颗准星，一颗定盘星！

曹广忠教授告诉我，不久前周老师八十华诞，因疫情限制，师门搞了个小规模聚会，其乐融融。我说虽不能至，心向往之，有件小事，不能不说。他说，那就说吧，可以补到《一星如月》的书里。我不是周老师的嫡传弟子，今有幸忝列门墙，算个点缀吧！

此颂周老师：健康长寿，星河灿烂！

2021 年 11 月 15 日

作者简介

　　武廷海,1970年11月生于江苏建湖。1988年考入南京大学大地海洋科学系(地理学系),1992年获经济地理与城乡区域规划专业学士学位,1995年获人文地理专业城市与区域规划方向硕士学位。1999年获清华大学城市规划与设计工学博士学位,毕业后留校执教,2018年以来担任清华大学城市规划系主任。

师恩不忘

沈金箴

周一星老师是我读博士时的指导老师。一晃我从师门毕业已17年了。但周老师认真严谨且开放的治学要求和对社会交往的真挚态度，对我影响深远。

记得我上"中国城市问题研究"这门课，得周老师信任，我担任了这门课程的课代表，课程邀请了夏威夷大学的郭彦弘教授和尚在美国明尼苏达大学读博的师兄张军参与教学，后来机缘巧合，张军师兄成了我毕业后去维也纳大学做博士后的引荐人。记得当时我有一篇课程作业，主要是对当时国际上对"世界城市"研究的学习心得，说得洋气一点就是综述，成稿后周老师看了，某一天晚上打电话到我在燕南园的宿舍，电话整整通了半个多小时，对我作业的种种缺点提了详细的意见，最后周老师建议我整理后尽快发表。通话结束后我发现整个话筒都在发烫，至今我仍能感受到当时电话的滚烫程度和周老师教书育人的那分热忱。现在回头想想，也许正是那门课和那通电话，使我真正明白了做学问的"任督二脉"之所在。

图1　2004年周一星和沈金箴在毕业典礼暨学位授予仪式上

学以致用、研用相成、服务社会是周老师治学的又一特点。城市地理学天生就离不开对城市的研究和理解，周老师对此有深刻体会。他在深入分析中国城市发展问题的基础上，结合国际前沿的研究经验，提出了一系列富有创见的概念和研究路径，即使在今天这些成果仍然对我们透析城市发展问题发挥了重要的引导作用。2002年我受周老师委派和指导，忐忑不安地挑起了参加"山东半岛城市群发展战略研究"投标工作的担子，当时参加投标的还有南京大学、山东省规划院，最后在周老师声望的支持下和山东省建设厅的信任下，北大团队有幸中选。在研究过程中，作为在中国已经是很知名的教授，周老师仍然全程指导并带队深入各地调研，他对我们各组专业成果的点评和关键阶段的汇报，反映了他对专业的满腔热情和职业精神，至今回想起来仍犹如就在眼前。这种触动我相信对我们这些学生来讲是深入精神层面的，并对我产生了深刻影响。

周老师为人真诚，不作假，对他的师长、同事和我们这些学生都是抱以真挚的感情，这在我们平时的学习过程中处处都能感受到。他对北大、对城环（地理）

系和地理（规划）专业的热爱，和对其师长，特别是侯仁之先生、仇为之先生及其他老先生的尊敬，溢于言表。可能正是受周老师的影响，我们这些学生尚还存有一些不怕困难、敢于直言的勇气，因为我们对事不对人。对一些学生或外界初次接触周老师的同行而言，周老师可能给人的印象有些严肃而不易亲近，但其实他对学生、后辈是不吝提携和帮助的，对我们这些门下的学生的关心也是行多于言。记得我毕业工作有些年头后，我的领导提起当时曾向周老师了解我的情况，说周老师那时说了一句"我的学生没有差的"，从而更加坚定了领导引进我的决心。后面的事实似乎也印证了这一点。在我后来的工作中，在人生的选择有困惑时，我都会在第一时间咨询周老师。

图2　2017年5月6日周一星与沈金箴在北京古北水镇

我想要说的还有很多。但总觉得对师恩的感激和回报，在工作中做出点成绩可能才是最好的体现。真心感谢和祝福周老师和师母谢老师！

作者简介

沈金箴,1971年1月生,福建诏安人,博士,注册规划师、高级工程师,2001—2004年师从周一星教授攻读博士研究生,之后赴维也纳大学做博士后。现任北京市规划与自然资源委延庆分局党组书记、局长、一级调研员。曾先后任北京市规划委大兴分局、亦庄分局副局长;中组部团中央博士团挂职陕西安康市发改委副主任;北京市规划委研究室主任;北京城市副中心建设领导小组规划建设指挥部综合处处长;北京市规自委研究室(宣传处)主任(处长)、一级调研员。
邮箱:shenjinzhen@163.com

周一星先生二三事

刘 瑜

自己有幸在本科阶段就修了周一星老师的"城市地理学"课程,时间是1993年春季,用的教材是北大印刷厂油印的蓝皮讲义,看起来很简陋。当时北大课程多半都用这样的简版教材,却是很多优秀学者呕心沥血的成果。后来该教材在商务印书馆出版,成为中国城市地理学的经典著作。城市地理学,是自己现在回忆大学时代,还记得部分具体讲述内容的课程之一。如对于城市体系的位序-规模分布的讲解,先生剥茧抽丝,用严谨的语言,把位序规模分布的成因、度量方式等问题讲得清楚,印象中很深的是拟合过程中对于截距的两种处理方式带来的差异。对于城市职能的量化分析,也记忆犹新。

20世纪70年代末,国门重开之际,周老师较早重视定量方法和计算机技术在地理学中的应用,是国内地理学界的先行者。后来在和周老师交流中,他也介绍了早年利用遥感手段定量分析城市热岛效应,还分享了自己当年的论文。城市遥感,直到现在还是一个重要研究方向,我也是很晚才了解他在这个方向的引领性工作。

自己大学时候喜欢计算机,数学也还算可以,随着专业课学习,觉得要是用计算机软件去管理、分析一些地理数据，那应该会很棒。后来才知道这就是地理信息系统，从而决心读地理信息系统方向的研究生。可巧大三暑假时认识了邬伦老师，但是自己还想做城市的应用研究，于是鼓起勇气，联系周老师，问他可否也做共同导师（这里补充一下，周老师平日不苟言笑，同学们或多或少有些畏惧），没想到周老师爽快答应了，并且认为这个方向很有价值，勉励我好好做。

1994年上研究生，就参加了周老师组织的辽中南城市群项目，并且和师兄师姐们（现在能记起来的有柴彦威、史育龙、孟延春、赵永革、刘燕丽等）在沈阳等地考察调研，收集数据，后来用那些数据，编程序提取metropolitan的范围（之所以用英文，是因为城市范围，由于中西方体制的不同，会造成很多统计口径不一致的情形，这也是先生学术研究的一个重要议题，当时自己是试着直接用美国标准，自下而上，把metropolitan提取出来），并且在计算机上显示出来，当时给周老师看，他还是很高兴。但是遗憾的是，自己当时是懵懂无知，加上对于编程、开发软件更感兴趣，一头"扎进"城市之星软件的开发，偏离了先生指定的方向，现在回想起来，惭愧不已。

2010年前后，由于大数据带来的机遇，自己的研究重心，回到了基于大数据的分析方法以及应用，尤其是偏于城市地理的应用，再次复习先生当年讲授的一些概念：位序-规模分布、重力模型、城市职能……回顾之中，也对先生的学识有了更深刻的认知，并由衷钦佩。2017年冬天在北大深圳研究生院，自己作报告，周老师在台下听，这是第一次有机会在多年后向先生汇报自己的工作，还是有些紧张。当时周老师、谢老师在杨家文的安排下，小住深圳休养，自己也正好在深圳研究生院讲课，因此有更多的机会陪着周老师在校园散散步、聊聊天。能够在二十多年后，重新按照周老师当年指定的方向开展研究，并得到认可，还是很高兴的，当年的歉疚之情也些微得以削减。

图1 2014年7月1989级学生毕业20周年聚会时周一星（右）、邬伦（左）和刘瑜（中）合影

聊天也聊到一些学界掌故，周老师治学作风严谨、为人刚直不阿，使得他在城市地理和规划领域得到了高度认可，但是也许是这种性格，会得罪一些人，或许这也影响了先生达到在我们弟子心中世俗的成功，但我想，这或许也是城市地理学界的遗憾吧。说到遗憾，也许另有一层含义，先生讲述在幼时就非常好学，对于地理学充满热情，但是从事较为正常的科研活动，能够进行正常的国际学术交流，却是从人到中年开始。假定这个时点早十年，我相信周老师，或者更一般地说，周老师代表的那一代学人，所达到的学术高度，肯定远不止于此。

自己陪伴先生的时间相对较少，但是一些小事也印象深刻。有一次一起出差，在步行到火车站路上，上来卖假发票的，周老师变色厉声道："你们知不知道这是违法的！"对方悻悻而退，心里估计会暗骂怎么会有这么不知趣的人。这是一件不起眼的小事，但我想先生在学术上、日常生活中类似的例子肯定会有很多。明知"不知趣""不合时宜"，但是依然去做，如一烛荧光，尽管不能照亮整个世界，但是可以给身边以光明，这就是一种大勇气。当这种"不知趣"和"不合时宜"更多一些，更多的人可以发出荧光，这样大到我们的社会，小到我们的学界，才会变得更亮起来。

图2　2014年7月1989级学生毕业20周年，周一星（左二）、刘瑜（右一）、穆兰（左一）和曹军（右二）合影

　　还有一件在辽宁出差期间的小事，那是周老师学生在家请客，我们作陪，男主人是典型的东北人，特别能侃，讲了半天及时行乐、享受人生的"大道理"。周老师听完后，做了一个举动让我有些吃惊，就是说"给我点一支烟"，然后抽了起来——因为周老师平日是不抽烟的。这个景象，自己现在回想，也许是受了那位男主人的"蛊惑"，周老师认为应该抽一颗烟，偶尔放纵一下自己。这件事非常非常小，可能他自己也忘了。但是这件小事，却使得先生的形象立体化起来。面对诱惑，面对苦痛，每个人都有不同的人性弱点，但是能够用自己的修养和学识抑制这些弱点，这正是先生人格的伟大之处。这在他病后，所展示的理性、达观的心态中，体现得更为突出。直到现在，在微信群中，我们也时时为他的言语

所感染。

我们很荣幸，不论是在为人为学上，都有先生在前面走的路作为指引，这使得我们心里更踏实一些，不至于恐慌，也不至于虚浮。

致敬先生！

2021 年 2 月 13 日北大承泽园

作者简介

刘瑜，1971 年 10 月生，北京大学地球与空间科学学院教授，主要从事地理信息科学方向的研究。近年研究兴趣为多源地理大数据分析方法及应用，提出的"社会感知"理论在国内外学界产生一定影响。1989—1997 年在北京大学城市与环境学系就读，获得学士和硕士学位。邮箱：liuyu@urban.pku.edu.cn

冷峻理性与赤子之心
——我与周老师

张 军

> "大人者,不失其赤子之心者也。"
>
> 《孟子·离娄下》
>
> 咬定青山不放松,立根原在破岩中。
> 千磨万击还坚劲,任尔东西南北风。
>
> 郑燮(清)《竹石》

我是周老师的学生!这么一个简单的宣称有多重的分量?这恐怕只有真正做过周老师学生的人才可以掂量出来。毫无疑问,本人能够有幸成为周老师指导过的、众多走上学术道路的研究生当中的一员,这是对我的人生轨迹有决定性影响的大事情。否则,我是否会走上学术道路都未见可知。所以,无论多么忙乱,我与周老师的故事,都是属于不得不说的话。

从周老师那里得到的指导和熏陶是数算不尽的,有些潜移默化甚至自己也未必觉察,但毫无疑问都是深刻而宝贵的。回想自己走过的路,特别是我从一名对学术无感的本科生成长为以学术为志业的学者，既得益于周老师自己在治学和为人方面的言传身教，又得益于周老师为学生提供的各种成长的机会，而且二者互得益彰。同时我最想表达的是，在教过我的师长当中，周老师是极致的冷峻理性与极致的赤子之心的罕见结合，两方面都不可或缺，且对我影响至深。率真和较真是周老师的本色，彰显他不变的赤子之心。如果赤子之心是他不竭的能量之源，冷峻理性则是他的装甲战车。二者共同铸就他的学术成就和美好人生。

跟周老师读硕士之前，我可以说是相当无知，也没有什么学术追求。正好北大地理系在我们1990级入学的前一年改名为城市与环境学系。跟许多同学类似，我入校的时候并不清楚自己上的就是地理系。虽然也受教于不少名师，但本科加军训五年下来也没有培养出太多对专业的热爱，更多的不过是随波逐流。受到家庭、同学和偶然际遇的影响，大二开始辅修法律，大三准备要去考法律系知识产权专业的研究生。但是大三洛阳暑期实习结束之后，出现一个意外的惊喜：自己有幸得到了一个保送本系研究生的名额。既然能保送，何必还要费力冒险去报考外系研究生呢？

当时已经上过周老师的城市地理学课程。跟大家一样，对于作为一丝不苟的学者典范的周老师都是景仰有加。周老师的风格也让不少同学敬而远之，但似乎正好对我的胃口。于是按照规矩，我联系了周老师，跑到他当时燕北园的家里直接拜见，希望他愿意收我为徒。当时周老师显然对我这个小本科生也没有多少深刻的印象。让我记忆深刻的是，周老师进门一见到我，就喊他夫人谢老师过来，说："你看，他长得是不是很像杨齐？"谢老师过来鉴定之后表示同意。我到现在也没问过周老师当时对我了解多少，当时对杨齐也仅有耳闻。可以确定的是，因为被周老师认为长得像杨齐给我加分不少，就这样算是顺利地入了师门。

后来我知道杨齐是1979级的师兄，1985年硕士毕业后曾经留校任教，跟周老师有合作，而且是系里有名的大才子。我入校的时候他就已经到MIT读博士了，后来到美国公司工作，是交通工程方面的顶级专家。多年之后我有一次在DC开会，终于见到了这位传说中的"贵人"，不过也没太看出来我的长相跟他多么相近，或许是岁月弄人吧。

当时拜见周老师是1994年秋季，本科的最后阶段。一加入周老师的团队，就迎来了很多参与学术研究的好机会。而且也幸运地赶上了周老师学术生涯最得心应手、枝繁叶茂的黄金时段。当时周老师刚好承接了中国人文地理学空前未有的重大课题——"中国沿海城镇密集地区空间集聚与扩散研究"，承担该课题的总体设计和都市区、都市连绵区、郊区化、辽中南区块研究。而且当时这个课题是正在读博士的首席大师兄史育龙主导参与，后来跟我同年开始读博士的两位师兄曹广忠和孟延春也加盟入伙。

因着周老师的缘故，三年的时间里，我们四名研究生在地学楼的3761房间里共同度过许多美好的青葱岁月，也因此结下深厚友谊。我的本科毕业论文由史师兄亲自带领，在辽宁海城西柳镇做深度调研。我们一起在镇上一个简陋的招待所里每晚看着一个电视连续剧共度两周左右的时光，对我来说也是人生经历中的一个高光时刻。说来惭愧，我跟周老师唯一合作过的文章，就是"西柳模式——市场型小城镇的发展之路"，1996年发表在《城市发展研究》。我的硕士论文后来聚焦于乡镇企业集聚问题，但主要是基于文献的研究，反而没有像本科论文那样做深入调研。

就在同一时间，周老师也参加了美国阿克隆大学马润潮先生主持的中美合作课题"Urbanization from below in China"，让我也参与了进去，相当于把两个课题融合到了一起。这个参与再次给我提供了宝贵的成长机会。1996年8月，课题组中来自佐治亚大学的Clifton Pannell和C.P. Lo两位教授一起来调研辽中南小城镇，周老师让我陪同，除了海城，还顺便去了沈阳和大连观光，都是人生首次到这些地方。而且首次有机会跟这些美国来的教授近距离接触，还得以趁机磨练一下自己的英语。

更加令我感激的是，1996年年底，周老师带领我和几位同门，乘火车南下广州，一起参加中国城市地理专业委员会在中山大学召开的"中国乡村-城市转型与协调发展"国际学术年会。我有生以来第一次到广东，而且是在北方冰天雪地的时候，首次踏入中山大学郁郁葱葱的美丽校园，简直如入仙境，终生难忘。而且马润潮先生的课题组会议也顺便在中山大学同时召开。除了马先生、Clifton、C.P. Lo，我还见到了明尼苏达大学的徐美龄教授、UCLA 的范芝芬教授、华盛顿大学的陈金永教授。

我在会上作了一个简短的发言，给他们留下了很好的印象。一年之后当我申请到美国读博士的时候，这几位当中的多数都给我写了推荐信或者直接希望我成为他们的学生。当我拿到五六份奖学金需要痛苦地选择和拒绝这些恩师的时候，就更加感恩有周老师为我提供的宝贵机会。尤其值得一提的是，周老师学术上的好友马润潮先生从此也成了我自己的良师益友和学术道路上的重要领路人。正是由于他的极力推荐，我最后才选择了到明尼苏达大学读博士，师从一位我此前从未直接接触过的导师 Eric Sheppard。

周老师的学生和身边的人，莫不被他的学品和人品所感染。在早已趋于浮躁、功利和犬儒的大环境中，周老师自己能有卓著的研究成果，而且能培养出那么多有志于学术且学有所成的学生，这绝不是偶然的。许多"成功人士"都会把自己的成就挂在嘴上。正好相反，熟悉的人都知道，"成功人士"周老师很少谈自己的贡献，常常念叨的更多的是他自己的局限和遗憾，而且都是肺腑之言，并非客套自谦。当然在我看来，这才是"格局"更高的"成功人士"。

"一代人只能做属于他那一代的事"，这是周老师《城市地理求索：周一星自选集》自序中的第一句话。我非常明白他在说什么，而且显然这句话同样适用于我本人。周老师也时常表示他的研究领域比较狭窄，在包罗万象的城市研究中或许仅仅是沧海一粟。我还多次听到周老师感慨他的最高学位不过是北大本科，甚至连个"土博士"都不是，没有像我们这些后来人得到进一步深造尤其是出国深造的机会。

一星如月

周一星和他的朋友们

我自己年岁渐长,就更加体会一个人无论天赋多么高、生命力多么强,都不可能避开时代和环境对自己的塑造和限制,当然也会得到时代和际遇所赋予的独特机会。我认为周老师给我们做出的榜样和对我们最大的启示,就是他是最能够以冷峻的理性清醒地认知并且坦然承认人生的有限和时代与环境对每个人的局限,但更为重要的是他有一颗赤子之心,并不怨天尤人,而是执着于并且擅长于利用自己已有的机会和资源,去竭力克服一切困难、突破一切拦阻,去成就最好的结果。

我们在庆贺周老师的八十大寿。值得注意的是,周老师生命的前四十年几乎都是在动荡不安中度过的。他能够专心读书直到北大本科毕业,在当时的环境中已经算是寥若晨星的幸运者。但是他还没登上讲台,"四清"和"文革"之类的运动就接踵而至。到2006年65岁退休,其实他潜心研究和教学的时间最多也就是三十年。"三十年太短!"——这是周老师对自己学术生涯的感慨。"人生也就是写几十篇文章而已。"这是某次聊天周老师对我所发的感叹,令我印象深刻。我清楚地知道对周老师而言,离开讲台和科研第一线,是多么得不舍。当他的学术研究和社会服务正入佳境的时候,却不得不戛然而止。可谓造化弄人!更让人遗憾的是退休之后还没来得及消闲,病患就接踵而至。

2007年4月还在旧金山AAG上见到周老师和马老师。之后他到德州看儿子并到芝加哥看望自己的老师张景哲教授。6月份在美国确诊癌症后立刻回国手术并住院治疗。他说自己术后化疗曾经命悬一线,到"天堂"门口溜达了一趟又回来了。这种生命的跌宕起伏,我们可以想象,但个中的酸甜苦辣,只有本人才最清楚。不过令人欣慰的是,后来多次见到术后康复的周老师,多数时候他的气色比生病之前还更好。因为工作的时候一直太过劳累,但后来他雷打不动地把锻炼和保养身体作为自己的生活重点。周老师靠着自己达观与严谨兼具的智慧和品格战胜了病患,生命的境界似乎也是更上一层楼。正如他后来所说的,就学术研究而言,"虽然自己不能拥有,却会快乐地欣赏朋友们的拥有"。

人生在世，患难几乎无人可以幸免。人的品格和能力，往往也是被患难所造就的。周老师的一颗赤子之心，经过岁月和患难的反复磨砺，更加灿烂闪亮。周老师特别强调自己是在"'文革'中感悟到独立思考精神对于人生之重要"。周老师不受点染的赤子之心在学术上的表现，用他自己的话说就是"不惟书，不惟上，不惟洋"。尽管总是有些话不能说，有些话说了也没用，但周老师还是以率直敢言而著称，而且在我看他从来都不知道阿谀奉承为何物。在我眼中，他也可以算得上是同代中国学者当中少有的、陈寅恪先生所倡导的"独立之思想，自由之精神"的践行者。我所喜欢的郑板桥的名诗，可以说也是这种精神的某种最佳写照："咬定青山不放松，立根原在破岩中。千磨万击还坚劲，任尔东西南北风。"而这一点恰恰是我最为看重的学者的生命品质，也是我从周老师身上学习到的最宝贵的东西。这些年我自己所坚守的、最不能让步的原则，可以说就是力争在所有的重大问题上，都要用自己的脑袋而不是任何别人的脑袋来思考，而且要力争做到通透彻底。

当周老师20世纪80年代初回到工作岗位，立刻就开始研究中国的城市问题。但是很快他就发现自己面对的是一个几乎无法研究的领域。正如周老师在2005年一篇文章中所言，首先是各种概念混乱：城市概念混乱，城镇人口概念混乱，城市规模概念混乱，城市化和城镇化概念的混乱。周老师因此强调"概念"是理论的第一元素，并且大声疾呼"城市研究的第一科学问题是基本概念的正确性"。贯穿周老师学术生涯的一条主线就是注重概念的正确性、确定性和一致性。可以说"死磕概念"是周老师治学风格的核心特点之一，也可以说是他在学术上脱颖而出的重要秘诀。这个"死磕"事实上没那么简单，是他的人品和学品上的一系列特质的综合反映：他的赤子之心，他对真理单纯的热爱和执着，他在把握重大基本问题上的睿智，以及在治学和做事态度上的脚踏实地、不辞劳苦、不畏艰险、不求名利。

彻底追求概念的明晰准确，追求抽象概念可以落地、而且可以在每一个地方落地；既要接受落地的概念无可避免的地方化的特殊性，又要保证不失国际的普遍性和可比性，用周老师的话说就是"既不失中国特色又能与国际接轨"。如此锲而不舍地一条龙地追下来，几乎可以说就是社科实证研究，尤其是地理学研究最高的科学境界了。道理上其实浅显易懂，但是每一步落到实处都需要呕心沥血甚至是吃力不讨好，而且有可能永远都做不到。这种"死磕"的苦功夫，尤其对于现今那些以追求"高产"为首要目标的学术界人士是非常不可思议的。

概念混乱同时也意味着统计数据的不可靠。所以周老师"死磕概念"必然延伸到"死磕数据"，力求数据的准确性和可比性。但是尤其城市研究必须依赖国家级别的统计数据，数据的质量靠一己之力是无法保证的。所以周老师从1982年开始追踪人口普查，三普、四普、五普，一追就是二十年以上，同时向学术界和统计部门提出建立中国城市实体地域概念，提出规范都市区和都市连绵区的界定标准。甚至在2003年专门给国家统计局长写信："诚恳地建议国家统计局尊重科学、尊重实际，修改已经公布的不合适的数据，以完善改革开放以后的城镇化水平的数量表述。"我们当然不难想象统计局长是不会听周老师的话的。但是无论如何这个例子很好体现了周老师的死磕精神。

尽管形势比人强，现实中的很多东西即便是重量级的学者也往往无可奈何。但是毕竟周老师凭借一己之力还是带来了不少重大的改变。一个广为传颂的例子是，周老师在2005年9月29日给中央政治局集体学习会议上课的时候，特别直率地批评了1996年以来中国城镇化连续8年以1.43/1.44个百分点超高速增长有浮夸之嫌，并且提出中国的城镇化水平以年均增长0.8个百分点比较合适。结果在事后公布的国家"十一五"规划中，首次给城镇化增速预定了一个指标，就是0.8个百分点。

作为学术界的拓荒者，周老师一开始面对的是一个几乎无法研究的研究领域，做了太多的"前人栽树，后人乘凉"的奠基性工作。反过来我们也不难理解为什么周老师的研究领域的拓展会受到局限。比如统计概念、统计口径、统计指标这些耗费了周老师数十年精力的东西,对于认真的中国研究者可谓"非如此不可",是绕不过去的坎儿。但西方学者如果只研究发达国家几乎都是不需要操心的,因为都是些早已标准化并且可以想当然的东西,对于统计数据的科学性和可靠性也不会有太多疑问,所以他们自然可以把精力集中在别的方向。

与周老师"死磕概念"的治学方式相辅相成的,是他"直奔主题"的学术洞察力——透过现象抓住本质、透过琐碎抓住重点。这使得他即便在"死磕"城市统计概念、统计口径、统计指标这些貌似鸡毛蒜皮的东西上面消耗很多精力,也依然可以一直走在国内城市研究的前沿,而且在有限的时间内做出了许多开创性的贡献。周老师自始至终把"城市/城镇体系"而不仅仅是"城市"作为着眼点,从一开始就避开了如今仍然普遍存在的"就城市论城市""就区域论区域"之类的认知陷阱,尤其强调全局观点和相互联系的观点。他一贯强调研究城镇体系的基础条件、支撑系统和联系方向,注重城镇体系的规模结构、职能结构、空间结构,并且关注每座城市的吸引范围和经济腹地。所以并无意外,周老师在20世纪80年代就已经预见到中国人口和经济向沿海6个城市密集区集聚的趋势。此外,城市研究领域的有些概念,比如都市区、都市带、城镇群、都市圈,近年在国内变得十分热门。这些概念周老师也是在80年代就已经开始认真思考和研究了,所以他在这些方面学术功力的持续积累是大多数同行无法望其项背的。

与西方的地理学界有所不同,1949年之后的中国地理学历来强调理论联系实际,也强调学术为国家服务。所以无论是强调生产力布局的计划经济时代还是大搞城市规划的中国特色市场经济时代,地理学和城市规划领域都得到了无数的参与社会经济实践和国家重大决策的机会。学者有机会了解社会并且服务社会当然是好事。但这里的问题是,学者很容易因为"官本位"或者"商本位"而脱离"学本位",有可能放弃学术关怀被政府或市场牵着鼻子走,甚至丧失学者的操守为名利而出卖灵魂。尽管90年代之后大学里的同行们都在做课题、做规划、做项目,但是我们知道周老师拒绝的项目远远多于接受的项目,而且总是学术课题优先,做规划项目也是实实在在地以解决实际问题和学术问题为导向。

所以,周老师治学讲求"既不脱离实际又不脱离理论,在实践中不陷入琐碎,在理论上不陷入空洞",算是在理论和实践二者的平衡上做得非常好的。他对理论的关注和驾驭远超过国内的大多数同行,同时他对现实的了解和把握是多数在国外的同行——用周老师的话说就是常常只能"隔靴搔痒"的中国研究者,无论白人还是华人——所梦寐以求的。所以,周老师的治学方式自然而然让他成为本领域中西方沟通的重要桥梁,而且周老师自始至终都把这种沟通当作自己重要的学术使命。比如1998年在我毕业前夕,周老师参加了当年春天在波士顿举行的AAG年会,回来后兴冲冲地向大家介绍会议的细节,并且专门撰文,希望在国内推广类似的学术会议模式。如今这种会议模式早已成为国内学界的常态了。

马润潮先生可以说是美国方面中美地理研究与交流互动的最早和最重要的推动者,而周老师则是中国方面最积极的响应者,而且这种合作交流直接为我本人和很多后辈学人带来了宝贵的机会。否则我今天也不可能身在多伦多来写这篇记述。所以我们都清楚,周老师虽然连个"土博士"的头衔都没有,但在博士学位泛滥的今天,他的成就可以说"引无数土洋博士竞折腰"。虽然周老师当年所受的教育是与西方的体系脱节的,甚至也没有多少机会学习英语,但凭着他自己的勤奋、执着和聪慧,周老师在同辈的学者当中几乎是英语最好的、对英文文献最熟悉的、发表高质量英文文章最多的、与英文世界学者合作交流最积极的。所以,在坦然承认时代和命运的局限的同时,对于如何抓住机会、克服困难、突破局限,周老师为我们每个人都树立了美好的榜样。

所以,我从周老师身上学到的东西受益真是数之不尽。也正是在跟周老师读硕士的潜移默化、耳濡目染过程中,我坚定了自己继续读博士并且走学术道路的心志,而且相信出国是比留在国内更好的选择。另外当时意外得来的一个朴素而强烈感受就是,我希望在自己的研究中能够见到活生生的、有血有肉有想法的人,而不是仅仅作为一个统计单位。再往后,我就越来越看到观念的重要性,看到政治的重要性，看到政治与观念互动的重要性。正好中国在1992年宣称开始搞市场经济，制度主义经济学者诺斯获得1993年的诺贝尔奖。在我开始读博士的时候，跨学科的制度主义研究也成了影响西方经济地理学的重要力量。而在制度主义的研究里，鲜活的、当然也可能是丑陋的人性，是有展示自己的充分机会的。我看到的图景是，历史在特定的地理环境中通过观念和政治塑造经济、社会和城市，后者反过来也塑造历史和地理环境。这个图景基本上成为主导我自己的研究方向的路标。

我的两位恩师，周老师和Eric，可以视为中西经济/城市地理学界的两位巨人，但是他们的知识结构只有非常有限的交集。而我自己选择的方向，与他们两位都有很大的不同。但是最重要的，我从他们两位的身上，都看到了冷峻理性和赤子之心堪称完美的结合，都学到了他们的地理和空间的思维，都受到他们独立思考、诚实求真精神的感染，而且都更为他们品格的光辉所照耀。当然我还需要加倍努力，拿出一些有分量的东西来，才多少对得起他们在我身上花费的心血。

图1 2017年11月17日张军的硕博两位导师周一星和Eric在北京会面

有意思的是，周老师曾在1992年到明尼苏达大学做访问学者半年。周老师后来告诉我，坏消息是当时正赶上 Eric 学术休假，所以他们没机会见面。好消息是，他恰好被安排使用 Eric 空下的办公室，所以多了一分渊源。虽然周老师时常到美国开会，也一直积极参加各种国际学术交流，但他竟然直到 2017 年都没有见过 Eric。颇为难得的是，2017 年的后半年，我在国内作学术休假。11 月 17 日，正好 Eric 被邀请在系庆的学术论坛上发言，而且这时候周老师也在北京。所以我毫不犹豫地从武汉赶回北京。特别是通过冯健师弟的帮忙，才得以有了我们三人在北大共进晚餐的宝贵机会，也有了这两位学术巨人第一次见面的机会。那个时候，我感觉自己是最幸福的人。

周老师以严谨认真著称，给人的印象是不苟言笑，甚至有人觉得他不食人间

图 2　2017 年 11 月 17 日师生合影留念

烟火。周老师确实是一个不善于一般意义上的社交而且更加不喜欢混江湖的人。他不抽烟、不喝酒、不奉承人。我几次亲自在场观察到，尤其是在跟地方官员一起吃饭的时候，确实不是那么轻松愉快，似乎大家都盼着赶紧结束才好。所以，周老师注定不会成为官场上或者江湖上受欢迎的人物。

但是作为学生，与周老师交往越多，就会越觉得他是非常温暖和充满爱心的人。之前我在新加坡工作的时候，我们不得不一家两地分居。中间有时候去看周老师，周老师总是要说，什么时候你们全家能到一起就好了。最近这些年一般都会在新年的时候给周老师寄一张自制的简单贺卡，每次收到后周老师总是要很客气而又真诚地致谢。我深感他大病痊愈之后，人变得更加温和也更加温暖，甚至不需要言语表达就能够感受得到。所以近年来也非常珍惜并且享受每次与周老师和谢老师见面聊天的机会。

所以，周老师绝非刻板冷漠、没有热情和激情之人。其实正相反，见过他的人都知道，周老师在讲论自己的研究的时候，总是那样全心投入、慷慨激昂。大家都看得到他求真、求实、求善的那种热心和激情。我的观察，在周老师冷峻的、科学的、思辨的头脑后面是奔涌澎湃的激情和爱心。其实好的学者莫不如此。热情枯竭的时候，科学研究的动力也就枯竭了。但是如果不能保持高度的冷静，动不动就"发烧"，就会头脑混乱，也不可能做出好的研究。

所以，周老师的貌似冰冷的研究其实是充满温度的。比如，在 2006 年深圳的一次城市发展论坛上，周老师喊出："一个宜居城市首先要能满足人的基本生存需要。一个大多数人不拥有家庭幸福的城市，不是一个正常的城市，不是一个安居乐业的城市，说重一点，是一个妻离子散的城市。"周老师也透露，自己努力做研究、勤奋阅读英文文献，一个重要的动力就是希望自己的祖国快快强大，"中国强大了，中文论文的地位才能提高，才能让全世界的'中国研究'，至少必须阅读中文文献，就像研究美国，不读英文文献就无处发表一样。"

另外一个例子是，在我离开之后的 2002 年，北大城市与环境学系（地理系）

被并入环境学院,面临学科被肢解的风险。尽管斡旋失败,周老师数年时间仍然在奔走呼吁,可谓竭尽全力甚至奋不顾身,终于在 2007 年原北大城市与环境学系(地理系)成立城市与环境学院。这个事件的过程当然也反映我们这个学科本身固有的问题,但从中我更加看到周老师以及其他的几位创系元老对自己所钟爱的学科的一片赤子之心和义不容辞的责任感。他们的所作所为也激励我自己,作为在我辈同学中留下来继续在本专业做学术研究的"稀有动物",竭力把前辈递交的火炬继续传承下去,岂不也是我义不容辞的责任?

所以我花时间写下这些文字,实在也是"非如此不可"。我意在表达对于周老师的感恩祝福和一些不得不说的话,也是尽自己不得不尽的一点义务,希望对后辈的学人能够有所启发,希望周老师的冷峻理性和赤子之心都可以后继有人。

2021 年 3 月 1 日

作者简介

张军,1972 年 5 月生,山西长治人。1990 年入读北京大学城市与环境学系,1992 年开始就读经济地理专业。1995—1998 年师从周一星老师读硕士,之后到美国明尼苏达大学读经济地理博士,师从 Eric Sheppard。毕业后,2007—2013 年在新加坡国立大学地理系任教。2013 年开始在加拿大多伦多大学地理和规划系任教,2018 年升任副教授并获得终身教职。主要研究方向为经济地理学、制度和政治经济学、全球化与产业非均衡发展、创新与集群等,在地域上重点关注中国和东亚。邮箱:zhang@geog.utoronto.ca

我与周一星老师

贺灿飞

第一次接触周一星老师的名字是学生时代阅读他的《城市地理学》。作为学生，我并不了解作者，但觉得这本书跟国内很多专业书不一样。书中介绍了许多国外城市地理学理论，展示了大量数据分析方法，并严谨地讨论分析结果，其思路框架和逻辑体系清晰，读来让人耳目一新，令人肃然起敬，印证了北京大学老师的学术水平高人一筹。可以说，这本书是我进入经济地理学的启蒙著作。

第一次见到周一星老师本人是在美国纽约。2001年他到纽约参加AAG年会，我是第一次参加这个会议。因为周老师有很多安排，作为一名在美国读书的博士生，我仅有和他说上少数几句话的机会，大致提到将来想回国工作。令我没有想到的是，这次简短"寒暄"，虽然仅是一面之缘，周老师似乎记住了我。

此后，我从亚利桑那州立大学博士毕业，又去孟菲斯大学工作了两年，期间回国工作的想法越发强烈。2003年春季学期，我通过邮件联系过周老师，希望了解到北京大学工作的可能性。随后，我得以与北京大学环境学院时任院长在孟菲斯机场见面交流过一次，但没有了下文。鉴于北京师范大学和中国社会科学院分别提供了明确的工作机会，我于2003年6月底回到北京。听说我回国了，周老师通过多种渠道主动联系我，希望我到北京大学工作。然而当年环境学院的城市与区域规划系已经留校了三位青年教师，再多一位的话，学院甚是为难，于是提议我去北京大学深圳研究生院，我没有同意。在这种情况下，周老师做了很多工作，不断为我争取。期间经历过什么，周老师并没有跟我提过。在他的争取下，学院最终决定找学校领导单独要一个进人指标。我于2003年10月15日办理了入职北京大学的手续。可以说，没有周老师的努力和坚持，我没有机会成为今天的北大人。

在北大工作的日常，我和周老师有了更多接触，切身领略到周老师作为一名杰出学者的学术精神和敦厚师长的人格魅力。

入职北大之初，周老师鉴于我在美国学习和工作多年，熟悉经济地理学科前沿，建议我面向研究生开设"经济地理学进展"课程，系统介绍经济地理学科发展历史和最新的理论和实证研究成果，并引入交流互动式课堂教学方式。于是，依照周老师的建议，从2004年起，我一直在北京大学开设这门课，至今已有17年。这门课程要求我每年阅读大量文献，才能就某些理论问题和热点问题与学生进行深入系统的讨论，做到真正的"教学相长"。在十几年学术积累的基础上，我于2017年产生了编著一本研究生教材的想法，于是今年出版了《高级经济地理学》（2021，商务印书馆）。可以说，周老师的建议直接促成了这本教材的诞生。

在2004年和2006年，我参与了周老师主持的"武汉发展战略研究"和"大珠江三角洲城镇群协调发展规划研究"。期间，周老师认真严谨的学术精神体现在从事规划研究的每一个环节中，使我领悟到，规划方案应该是在深入系统研究基础上提出的；规划研究应该是问题导向型而不是目标导向型研究；规划不应成为执政者的工具；规划师和规划学者应有学术底线和道德底线；学术研究是规划研究的支撑。周老师在表达观点之前，一定要弄清楚基本概念，一定要有可靠的数据，一定要充分的论证，这就是科学精神。

图1 2006年大珠三角规划调研时周一星与贺灿飞（右一）、李建军（右二）和冯健（左一）在深圳

周老师退休后在商务印书馆出版了《城市地理求索：周一星自选集》和《城市规划寻路：周一星评论集》。细品这两本书，我惊诧于周老师对待细节的精微用心，他记得每篇文章的"初心"和"缘由"，他记录每次参加规划项目评审的发言，他的会议发言都在会后亲自整理成规范文章留存下来。他其实还保存各种邮件、照片、信件等，作为学者他真是认真到了极致。

图2 2009年6月胡兆量（右二）、周一星（左一）、贺灿飞（右一）和孟晓晨（左二）

作为师长，周老师尤为关心年轻教师的成长和发展，鼓励他们潜心问道，专心学问，多参与学术交流，尤其是出国参加学术会议。当年，学院研究生指标难以满足每位教师每年都招生的需求，对此，有些老师坚持"市场分配原则"，周老师则自我限定每年只招1名硕士生和1名博士生，将指标机会让与年轻人。而我当年则是他克己奉公的获益者。他还邀请我协助指导他的硕士生和博士生，对于刚入职的我，真是雪中送炭！

我记得，周老师退休时将第一个月退休工资全部作为党费上交；我记得，周老师给学院新大楼建设积极捐资；还有很多，我都记得！

跟周老师的交往，是体会北大老一代学者的学术操守和君子人格的过程。所谓先做人，再成事也！北京大学是我的母校，北京大学培育了我，这培育离不开周老师的殷殷关切和躬身垂范。

现在，我经常在燕园看到周老师和谢老师，偶尔聊上几句，感受到他的"超然"与"豁达"，以及他们的"默契"与"幸福"。看到他们依然矫健的步伐，甚感欣慰！

图3　2009年11月周一星与贺灿飞在深圳华侨城

虽然退休多年，周老师仍然关心学院和人文地理学与城乡规划学科的发展，并不断激励我们努力进取。前段时间，周老师所撰写的"从城环系到城环学院"一文在微信上广为转发，获得了大量阅读。我从中深深感慨北京大学城环学院的来之不易，惊叹于北京大学地理学的曲折历史，敬佩以周老师为代表的前辈们执着深沉的学科情怀。引用该文结尾来结束我的这篇小文：

"爱祖国、爱北大、爱城环、爱地理，应该是学院每一个师生，特别是学院领导人，坚守的底线！"

是为鞭策！

2021 年 3 月 22 日

作者简介

贺灿飞，1972 年 12 月生，1990—1997 年就读于北京师范大学，2001 年毕业于亚利桑那州立大学。北京大学城市与环境学院院长，博雅特聘教授，教育部长江学者特聘教授（2016），教育部地理科学类教学指导委员会主任，中国地理学会副理事长，全国经济地理研究会副会长等；任《地理研究》《地理科学》等副主编、Urban Studies Corresponding Editor、Wiley-AAG IEG Section Editor 以及 Economic Geography 等 9 个英文期刊编委。邮箱：hecanfei@urban.pku.edu.cn

播撒地理种子的良师

汪 芳

在成长过程中，会遇到很多人，良师却只有不多的几位，或为传道授业，或为逆境指南，或为人生导航。对于我，周一星教授就是这样的一位良师。自2001年清华大学建筑学院毕业以后，我进入北京大学地理学博士后工作站学习，而后留校。这二十年间，也是我从学子到教师、从青年到中年的转换阶段，期间面临着专业发展的挑战，即从建筑学背景，到与地理学的交叉融合，并开展城乡规划的教学。在此，周老师都给予了不可或缺的引导。

进入北大后，我的第一个学术成果"地理建筑"便源于这样的背景开展，旨在探讨地理环境对建筑景观的影响，以及建筑景观对地理环境的响应。博士后选题也是基于此进行讨论。周老师作为合作指导小组的教授给予指点并肯定，这使得我坚定了研究方向。正式留校任教后，我在此方向持续研究，从2007年起历经8年，最终于2016年出版 *Geo-Architecture and Landscape in China's Geographic and Historic Context Series*（中国地理历史文脉中的地理建筑景观，共四卷）等英文专著。周老师对此非常欣慰，欣然完成书评《城镇依靠记忆而延续 建筑融于地理而孕育——汪芳有关地理建筑、城市记忆的系列英文专著评介》，

图 1　2003 年 6 月 19 日周一星（右一）出席和指导汪芳（右四）的博士后出站答辩

并刊发在当年的《地理学报》第 10 期上。周老师认为"地理学是研究人地关系地域系统的科学，有自然环境、社会环境和技术材料三大烙印的'建筑'，是人地关系地域系统研究中特别有趣的领域"。有个小插曲是，当时在一个规划教授 500 人的微信群里，平时基本不发言的周老师对这个成果进行了夸赞，称我是"厚积薄发"。当时我颇为不好意思，更多的是备受鼓舞，迄今仍记忆犹新。有个后续的补充，这套四卷本著作在 2020 年获得了教育部第八届高等学校科学研究优秀成果奖（人文社会科学）一等奖。如果没有周老师等前辈的牵引和肯定，也许在处于一个新方向的探索阶段，而且工作多年还无法预知前路的情况下，我不知是否能坚持下来。

在接下来的工作中，对于地理环境与人工建成环境的关系，我逐渐从建筑尺度，扩展到地段、城镇、区域、跨区域等尺度，并聚焦到黄河流域城乡建成环境地方性和适应性的研究。流域人居环境的研究，在规划领域中也算是一种摸索和尝试。这时，周老师再次给予关注和鼓励。2019 年 12 月，我组织了首届流域城乡空间规划研讨会，主题为"黄河流域生态文明和美好人居"，特地邀请周老师前来致辞。熟悉情况的同事和学生都知道，近些年来，周老师常常谢绝各种邀请，很少出席学术场合进行报告。幸运的是，这一次，周老师又再一次地表达了他宝贵的支持，前来出席并致辞。他"以一名老地理与规划工作者的身份"对此会议的召开表示祝贺，提及"流域作为人与自然之间的空间媒介，是一类特殊的区域。水系成为联系区域城乡体系的核心要素之一，是流域城乡发展的重要依托。以'人－水－环境'为主体的复杂人地耦合系统，一直受到规划界、地理界的广泛关注"。同时，周老师谈及研究流域城乡空间规划的意义，这是整体谋划新时代流域空间的开发保护格局，有利于推动实现流域的高质量发展、流域居民的高品质生活。顺应国土空间规划体系的需求，通过对长时序、关键时期和剧烈变化时期内的"人－地－水－城"体系的综合规划研究，可以充实规划学科研究的领域，丰富国土空间规划体系的建设。同时，也可以逐渐形成和完善多级多类、时空结合的流域空间规划体系，提升规划行业在国家生态文明、文化自信、社会发展、环境宜居等工作中的地位。听及这些言谈，对于我正是开悟顿思的时刻。

图2　2016年4月23日周一星与汪芳在魏心镇老师九十华诞庆祝会上

以上仅是列举在我学术探索中，周老师给予众多教诲和支持的两件事情而已。有时遇到困难，来到周老师家里，师母谢老师拿出点心糖果，沏上一杯茶，一起围坐聊天。这一幕幕的温暖情景，深深镌刻在我的脑海，很多当时困扰不已的事情也就这么翻过了。

时光斗转，周一星教授的教诲，于我，成为不负过往、无惧未来的动力；也成为知识传承、薪火相传的源泉。

作者简介

汪芳，1973年2月生，北京大学教授、博士生导师，从"城乡建成环境的地方性与适应性"角度，聚焦黄河流域及下游黄淮海平原、运河区域的史前遗址、传统村落、历史城镇，开展遗产保护与更新，旨在推动文化遗产价值传承与城乡协同可持续发展，完成"地理建筑""城乡记忆""文化景观安全格局"等相关成果。邮箱：wfphd@pku.edu.cn

一书结缘，一生之师

张　莉

初识：1995，《城市地理学》

初识周老师，是在 1995 年的秋天。一个周末的下午，和男友在济南文化东路上闲逛，转进了常去的三联书店。在书店西侧的书架上，看到了《城市地理学》这本书，商务印书馆出版，作者是周一星。对于刚刚跨入研究生大门的我来说，是第一次看到周一星的名字。

在山东师范大学地理系本科四年中，自然地理、人文地理、经济地理、计量地理、地图与遥感等各科课程已经学过，城市地理学却是陌生又新鲜。巧合的是，那年暑假帮助学校老师们誊写了一本内容相关的书稿。打开书，似曾见过的内容变得如此丰富厚重。即使过去了 25 年，打开书的那份惊讶、欣喜与敬慕，今天回想起来，仍然像是在昨天。

选择：1997，怎么办？

1997 年秋天，边写硕士论文，边找工作。我的 1995 级研究生同学们，好多人立下了考博士的志向；202 宿舍的三位舍友齐刷刷都要考北京的博士。硕士导师忍不住问，"张莉，你不考博士吗？"是啊，考不考博士，真是一个问题。已经在济南工作的男友，念念不忘我回家工作的父母，该如何选择呢？男友一如既往支持我的学习。给父母打电话讨论考博的事情，电话那端的父母竟然也同样支持。张家还没出过博士呢，能考上就继续读下去！哈，原来一切都如此简单。

对于地理系研究生来说，考北京的博士有两个普遍的选择，北京大学城环系和中科院地理所。北京大学的考博难度明显高于地理所，考博英语尤其让很多硕士学子们"闻风丧胆"，难以过关。既然考，当然要选择最好的。就这样，确定了考北京大学城市与环境学系博士的志向。

读研期间，陆续看到周老师发表的文章，了解到周一星是北京大学一位"严谨治学，后劲很足"的学者。但是，据说他的博士"很难考"。除了周老师以外，北京大学还有多位很有名望的博导，胡兆量老师、杨吾扬老师、董黎明老师都是人文地理学领域成名已久的大家。硕士导师吴玉麟老师与胡兆量先生有师生之谊。她建议我到北京先去拜访胡兆量先生，找一些在读校友去了解情况。

1997年的深秋，叶子正红的时候，我和数学系舍友一起来到了北京大学。我先去拜访了胡兆量先生，了解城环系博士生导师的情况；找到了在北京大学人口所读博士的庞丽华师姐，经她引荐见到了正在周老师门下读博士的曹广忠师兄。曹师兄讲，对周老师仰慕的学生很多，如果有他已经看中的学子，他会经常劝退其他有报考志愿的学生，这样就留下了周老师的博士难考的评价。但是那一年，他还没有已经有意向的学生。简直天助我也！

就这样，在北京大学的逸夫楼，见到仰慕已久的周老师。向周老师介绍了自己的学习情况，写论文的情况。周老师对博士考试的情况做了介绍，表达了对我报考他的博士的欢迎。尤其发现我的一篇文章竟然与周老师团队的研究方向高度契合，冥冥之中师生缘分似乎已经注定。

第一次见到来自江苏常州的周老师，短短接触下来，客气、冷静、略带距离感是第一印象。

读博：1998—2001，博士论文那些事

1998年，顺利通过了北京大学博士研究生入学考试，成为1998级新同学。第一年的时光在逸夫楼、宿舍、食堂、图书馆、报告厅、未名湖畔、图书城之间穿梭，繁忙又充实。

周老师当时正承担着国家自然科学基金课题"开放条件下中国城市体系的空间结构"，定期会召集大家讨论课题进展。还记得杨家文师弟滔滔不绝介绍他的城市可达性研究，具有和他一样的高冷气质，让我大开眼界。曹广忠师兄已毕业留校任教，他的博士论文完成了我国城市体系规模分布的系统研究。曹师兄和孟师兄之后两年，周老师看中的学生因为各种原因没有录取，全国城镇体系空间结构的课题研究任务就落在了我的肩上。这是入门之始就确定好的研究任务。

一年之后，到了博士论文选题的时候。周老师提出了研究"城市经济区"这一核心目标。"城市经济区"？这个题目在我看来充满了计划经济的色彩，心中涌起无数个抗拒的声音。1999年的下半年，我经常拿着自己想好的其他题目去找周老师聊，能不能研究"城镇体系空间演化"，或者"城镇体系空间格局"？但是，各种提议都被周老师拒绝了。

于是，开始围绕城市经济区做研究综述、研究框架搭建等工作。前期的抵触情绪在博士论文中期报告时有了明显的响应。在准备不足的情况下，老师们对我论文中期报告的评价不高，尤其明显不如同时进行中期报告的另一位同学。周老师对我说的话至今也还记得："你本来基础比他好，但是现在明显不如他，你在学习中不够ACTIVE。"

周老师的鞭策果然有效！我开始积极投入"开放条件下中国城市经济区研究"的论文撰写中。在全面总结前人经济区划研究的基础上，依据"主要经济联系方向论"，以中心城市和城市区域为核心，以人流、物流、信息流为纽带，在界定城市外向型腹地和内向型腹地的基础上，把我国划分为以京津唐、长三角、珠三角为核心的北方区、东中区、南方区和11个亚区。

张 莉　一书结缘，一生之师

图1　2003年8月13日周一星和张莉在邯郸赵王城

周老师和我联合撰写的《改革开放条件下的中国城市经济区》，发表在地理学报2003年第2期。周老师在《城市地理求索》自选集中，收录了这篇文章，在题注中写道："感谢……张莉为完成《开放条件下中国城市经济区研究》为题的博士论文付出的艰辛努力。想当初，从她哭着鼻子很勉强接受这个题目，到论文获得专家们一致好评，再到后来她为了保护自己的知识产权所做的有理、有力、有节的斗争，我看着她逐渐成长。"

是的，写博士论文要付出艰辛的努力。二十多年过去，依然记得在那个不知道什么是大数据的时代，通过各种线索艰难地搜集海关进出口货物流数据、信件流数据、铁路货物流数据、航空客运流和人口迁移流数据的过程。特别感谢国家铁道部的杜欣处长和国家邮政局的陈祖荫处长给予的无私帮助，北大学子的光环简直就是收集资料的无敌利器。依然记得面对海量数据，一步步寻找和发现空间联系规律性的过程，即使在回家探亲的火车上，也不忘带着打印拼贴好的数据琢磨沉思，引得同行人频频好奇询问。论文各部分的写作更是个精心打磨的过程，依然记得在绪言部分，一周坐卧不宁不知如何开篇的苦恼，然后有一天突然顿悟，奋笔疾书一气呵成的快乐；依然记得论文匿名评审前接到工作单位紧急出差任务，经过三天三夜不眠不休持续修改，交稿后头昏脑胀脚步绵软的感觉。周老师对我的论文写作同样倾注了心血，每部分都用红笔认真圈阅和修改过。依然记得周老师在某段旁写下的评语，"文字太跳跃，让人不容易看懂"，一语击中我写作时常犯的错误。可惜年少不知珍惜，这些批阅过的材料如果保留下来该多么有价值，真实记录了周老师的培养和我的成长。

二十年过去，京津冀、长三角、珠三角等核心区成为引领全国发展、参与世界经济循环的三大世界级城市群，大数据风起云涌地成为各行各业推进工作必不可少的手段。不敢说这篇论文在祖国改革开放过程中起到多少指导作用，论文中所识别和预见的，在现实生活中一步一步得到验证，仍有一种提前了然于胸的获得感和成就感。2014年，《改革开放条件下的中国城市经济区》获得地理学报高被引论文奖，2019年获得地理学报创刊80周年最具影响力论文奖。没有周老师当年的坚持、批评和指导，怎么会有今天的这些收获呢？！

北大三年，周老师身上的距离感在逐渐消失，他仍然是位严谨又严格的导师，严肃明显大于亲切。每次去找他讨论问题、听他指导论文时，仍不免心有忐忑。

规划：2001—   ，"周一星老师的学生"

在北大读书期间，正欣逢我国城镇体系规划蓬勃兴起之时，周老师先后担任了中国城市规划学会第二届理事会常务理事、中国地理学会城市地理专业委员会副主任等学术职务，在城市规划学界和城市地理学界的影响越来越大，也承担了一些规划实践项目。1999年，我参加了周老师负责的青岛市城阳区、浙江省安吉县和长兴县的城镇体系规划，对城市规划工作有了初步的接触和了解，也喜欢上了这个实践性强的工作。

2001年7月，我从北京大学毕业，进入中国城市规划设计研究院规划所工作，杨保军[①]是所长，朱子瑜[②]是副所长。两位所长向别人介绍我时，"周一星老师的学生"是常用的标签。院领导和同事们，会常和我聊起周老师的研究、文章和

---

① 现任住房建设部总经济师。

② 现任中国城市规划设计研究院总规划师。

往事。杨保军老总对刚进院的我说,"张莉啊,你要像周老师一样,把城镇化和区域经济作为自己的研究方向。"区域所的张文奇前辈,是周老师在北京大学读书时的小师弟,他还记得周老师在大学读书时学习成绩特别好,是师弟师妹们难以超越的榜样。多年合作的同事郭枫说,"你们周老师的文章写得太好了,把深奥的问题讲得清楚明白,一点都不枯燥。"

图2　2018年11月24日周一星、张勤(左)和张莉(右)在城市规划学会杭州年会上

我在周老师课堂上和书本中学到的知识,充分地运用到规划实践和系列研究中。周老师的《城市地理学》,是我放在手边,经常翻看的必备参考书。二十年的规划实践之后,总结周老师的学术研究在城市和区域规划中的应用,我个人认为有几点尤其重要:

一是城市地域概念的界定。我国市带县、市带市的行政体制,人为增加了城市概念的复杂性;城市事务的多头管理,使主管部门在城市概念界定中并没有起到应有的作用。搞清概念是进行城市研究和规划实践的基本前提。周老师在《城市地理学》一书中,开创性地把城市地域分为城市行政地域、功能地域、实体地

域三种类型，并提出城市功能地域、城市实体地域的界定原则和方法，指导着规划师运用科学的概念和方法来编制规划。如今，自然资源部正在着手进行国土空间规划中城区（城市实体地域）和都市圈（城市功能地域）的界定与识别工作，周老师的研究又一次次被介绍和引用。

二是城镇化研究的理论与方法。城镇化发展规律是判断城市发展阶段，掌握城市发展特征和问题的基本依据。城镇化战略、城镇化水平和城镇人口规模，是城市规划的法定内容。周老师把"拉平的 S 形曲线"——诺瑟姆曲线引入中国，揭示出城市化发展和经济发展水平之间互相促进、互为因果的关系，探寻出城镇化过程的一般规律性。这些研究和判断被中国的城镇化进程一一验证，也在无数城市的规划实践中被引用。周老师的《城市地理学》中，对人口和城镇化水平预测方法进行了全面的讲解。从城镇化原理到城镇化预测技术方法，《城市地理学》毋庸置疑是一本规划编制的万能宝典。

三是城镇体系的系统研究。确定城镇体系的规模结构、职能结构和空间结构，是各级城镇体系规划的法定内容。无论是编制省域城镇体系规划，还是编制城市总体规划中的城镇体系规划篇章，城镇体系三大结构都是规定动作。新的国土空间规划编制技术指南中，城镇体系规划的三大结构内容仍然被延续。周老师多年前对城镇体系的三大结构进行了全面的研究，其研究方法、研究案例、结构类型等内容都系统写入了《城市地理学》一书中。即使没有学过这门课程的规划师，在《城市地理学》的指导下，也可以完成从体系小白到初级规划师的蜕变。对于我来说，无论是编制具体的城镇体系规划项目，进行"一市独大"等重大问题研究，还是编写大百科全书中城镇体系类词条，都要一次次拿出《城市地理学》来参考，一遍遍感慨这本书对我的帮助之大。

最近一次被称为"周一星老师的学生"，是 2020 年年底张兵局长向自然资源部领导介绍我和我的博士论文。那一刻我的第一反应是："年纪这么大还要打着周老师的旗号被介绍，我是该荣幸还是该惭愧呢？"转瞬间我就释然了，我做的研究和工作仍然是周老师衣钵的延续啊，让周老师的大旗继续打下去吧！

除了对周老师学术上的传承，工作之后和周老师的关系越来越亲近。刚工作的时候，每年教师节、春节前后，都会和李东泉师妹一起去周老师家里坐坐，聊工作，聊聊生活。2005年女儿出生后[①]，周老师会趁来院里开会的机会，到家里来探望我和孩子。我在工作上遇到技术难题和职业困惑的时候，会请教周老师该怎么办？周老师总是及时给予我专业上和生活中的指导，帮我做出正确的选择。周老师年纪大了，喜欢我们经常去打扰他。一次聚会之后，我们成立了"周老师和他的学生们"微信群。在群里大家聊天更加频繁，讨论学术话题、社会问题和身体状况。周老师从严格严肃的老师变成了亲近亲切的长辈，群里的学生都是他的孩子，不断提醒我们要少加班少熬夜，要把保重身体放在第一位。

如今和周老师相识已有24年了，这正是我生命航船中一半的时光。回忆这些年离开山东来到北京求学、工作的过程，我从一个平凡普通的山东师大女生，蜕变成坚定自信的北大博士，成长为从容干练的规划副总，离不开"周一星老师的学生"这个起点。周老师在学术思想上给我丰厚的滋养，他严谨的学风和高洁的性情，更是塑造着我的品格与言行。在求学求知的人生过程中，能以先生为师，是我莫大的幸福。在这一刻，我只想说：周老师，谢谢您！祝您生日快乐！

2021年1月3日

作者简介

张莉，1973年10月生，山东聊城人，1998年考入周一星老师门下，攻读人文地理学博士研究生。2001年7月毕业后至今在中国城市规划设计研究院、中规院（北京）规划设计公司工作。邮箱：lizhang1006@qq.com

---

[①] 与一起初识周老师的男友已组成家庭。

我与恩师的点滴拾忆

王茂军

2002年夏天,我考入北京大学城环系,跟随周老师攻读博士学位,2005年毕业,进入首都师范大学工作。时光流逝,转眼间,已经足足二十个年头了。时间过得真快,就像那么一瞬间,仿佛依然没有离开过美丽的北大校园,没有离开过周老师的研究组,没有离开地学楼四层拥挤的研究室,一切还是那样的历历在目!在过去的岁月里,无论是博士期间的悉心培养,还是工作后的殷切关怀,周老师都一直支持着我的学习和成长。回首望来,有很多被感动、被触动的瞬间,让我心中充满暖意,难以忘怀。我常想,一位老师,如果像周老师那样,教学上旁征博引、激情四射,学术上独立思考、求真务实、著作等身,具有宽和以待人、严格以律己的人格魅力,那该有多好啊!周老师是我学术研究的指路人,引领我走上了城市研究的道路,我也在这十几年里,在城市研究的浩瀚海洋里游弋。今天,我端坐窗前,从记忆中采撷几朵与城市研究相关的浪花,回忆在周老师门下的点滴,重温恩师教育的恩情。

一、"山东半岛城市群"

2002年刚入学不久,大约10月份,周老师承担了"山东半岛城市群发展战略研究"的工作。这是国内很早的区域战略规划,对此后多年的国内城市群发展战略规划产生很大的影响。在周老师带领下,我第一次走遍了山东半岛各地市,及其外围的临沂、东营等城市,在不停地调研、开会、讨论中,耳濡目染,开始了我对城市研究的旅程。课题起初设置了10个专题,由我配合沈金箴师兄,进行基础设施的专题研究。沈师兄主要研究港口、机场、水资源等,我主要是从铁路、公路切入,后来,铁路、公路部分单独成章,变成了综合交通走廊专题。当时,我从辽宁师范大学考入北大,此前没有从事城市研究的经验,只能是一边啃书本、学习相关专业知识,一边看资料、查数据、读文献,一点儿一点儿推进研究,进度慢,写作也不规范。在这一过程中,我主要是学习周老师提出的都市连绵区概念,对照综合交通走廊的相关内容,照虎画猫,围绕综合交通走廊的基本特征、城市间联系结构、济南、青岛等重点城市空间扩张等方面,进行临摹式研究。没有多久,我把专题研究的第一次过程稿,发给了周老师。这是一次"翻车事故",直至今天,我依然记忆犹新！在忐忑不安的等待中,很快就收到了周老师的回复邮件,时间大约是晚上11点钟,时间点,我记得非常清楚,后来周老师也经常在晚上11点左右同我邮件联系。我惶恐中打开了邮件,电脑屏幕上霎时一片跳跃的红,有删减,有增添,有错字改正,还有标点符号的修改,几乎无一处不改动。周老师在这么忙的情况下,在这么短的时间内,进行了这么详细的修改！面对着字斟句酌的修改,汗水渐渐渗出了我的额头,在羞愧的同时,也对周老师油然而生深深的敬意。这满屏的红,传递出的正是周老师一丝不苟的治学态度。周老师的修改,也给出了写作的范本,含蓄地指出了我应该继续努力的方向。当然,周老师邮件中的肯定,也增强了我继续研究的信心和勇气。现在,我自己也当了老师,经常修改学生的研究报告和学位论文。在每次的修改过程中,我都警醒自己,要以周老师为自己努力的楷模,要热情鼓励,要认真修改。不时提醒自己,我的修改传递给学生的,不仅仅是修改的文字,或许也会有激励和感动。当然,在修改的过程中,我也深深体会到了周老师当时面对不成熟文字的那种心情。

图1 2003年12月周一星（前排右二）和王茂军（前排右三）在山东课题汇报会上

二、"城市中心性"

博士一年级，周老师有一门城市地理专题的研究生课程，全院人文地理学专业的所有研究生都要在一起上。每次课前，周老师都要给大家一些需要阅读的文献清单，要求大家仔细阅读，寻找出每篇文献的不足。这是我第一次接触这样的上课方式，加上自己的研究基础差，没有掌握切实有效的方法，文献精读的压力很大，往往是一篇文献读下来，不知所云。另外，对已发表的铅字文章，当时也有一种近乎崇拜的想法。由于抱有这样的想法，所以，每次汇报时，我总是心虚得很。我记得很清楚的一次课，是有关城市中心性研究的，周老师找了一篇国内知名学者撰写的论文，供大家学习阅读。周老师从城市中心性的基本概念开始，针对城市中心性概念在这篇论文中的运用，进行了详细地解析，逐渐地，我搞清楚了城市的绝对中心性、相对中心性的差别与联系。这是我首次领略到了周老师对学术研究基本概念准确性的高度关注。2006年周老师在《城市规划学刊》上发表《城市研究的第一科学问题》一文，呼吁规范城市基本概念的准确性，也是这一精神的再次充分体现。在这节课中，我也意识到，即便是已经公开发表的学术论文，即便是知名学者的精彩研究，也可能会有瑕疵，可能会有值得再商榷、再讨论、再研究的地方。不唯书，能质疑，才是学术研究的真正起始点。后来，在系统学习都市区、都市连绵区概念、国家统计局城镇化水平修补、第五次全国人口普查城镇人口统计口径、城镇化过程曲线、中国城镇化方针等周老师经典研究的过程中，我深深为周老师不唯书、不唯上、只唯真、只唯实的治学精神所感染，为周老师面向真问题、研究真学术、做真学人的人格魅力所折服。

三、"双中心"

2004年，周老师在其蓝旗营的家中同我商量博士论文的选题。周老师说有两个选题值得深入讨论，一个是城市职能分类的研究，另外一个是区域双中心的研究。城市职能分类的研究，周老师有深厚扎实的研究基础，在《地理研究》等杂志上发表了系列论文，提出了城市职能三要素等很多真知灼见，引领了国内城市职能研究的深入讨论。但限于当时原始数据的制约，也有一些待于完善的地方。在上课的时候，周老师就多次谈到，随着旅游业的发展，旅游职能已经成为城市的重要职能，但没有在既有研究中体现出来。区域双中心，也是周老师长期关注的学术问题之一，城市的中心区位和门户区位的讨论、城市规模结构的讨论，在上课的时候也多有提及。在山东半岛城市群发展战略研究中，课题组提出了要把青岛打造为山东省经济发展的龙头。成果汇报会时，其中一个中心城市缺席了，这意味着省区内双中心城市的微妙竞争关系。双中心的选题，既是周老师源自长期城市地理学术研究的高度理论敏感性，也体现了周老师对区域重要实际问题的高度关注。在这两个选题中，我没有做过多的思考，就做出了决定，打算进行双中心的深入讨论。作为题外话，后来，许锋在硕士论文中，系统进行了城市职能分类的新研究。

图2 2011年10月周一星在芜湖给王茂军颁奖

选择双中心进行研究，我是有私心的，一是，作为山东人，我想更加深入地理解山东省城市发展的基本规律；二是，这一研究，还有山东半岛城市群发展战略研究的资料垫底，或许更容易些。在好长一段时间的闭关阅读大量文献后，我逐步意识到，区域双中心的研究，或许落实到城市体系的研究中，更容易操作，由此，便悄悄转向了对山东省城镇体系演变过程的研究。显然，这一研究对象的扩容，已经偏离了周老师关心的双中心城市关系的核心议题。但周老师依然无私支持了我论文撰写的长时间山东调研，尤其是2004年夏天在山东省图书馆一个多月的"泡馆"活动。在那里，我查阅、摘抄、复制了大量的历史文档资料，意外收获了东亚同文会编纂的日文版《中国省别全志第四卷（山东省）》《1979年山东省商业局系统三十六种大宗商品合理运输流向表（内部文件）》等珍贵的档案，基于这些数据，我完成了民国初年、计划经济时期山东省城镇体系空间结构特征的分析。博士论文的最后，基于过程的视角，我构建了周期性海疆开放背景下，沿海省份中心城市、门户城市的互动演化模型，虽然一定程度上呼应了双中心的问题，但毫无疑问，我没有完成双中心关系的研究任务，已经远远偏离了周老师的核心关切。直至现在，不时仍有双中心城市的信息，双中心的研究仍有很强的现时性。由此，我更感到了周老师对我随意转移研究焦点的包容。

图3　2011年10月周一星与王茂军在南京

四、"安徽芜湖"

2011年10月份，中国地理学会城市地理专业委员会学术年会在芜湖举行，由安徽师范大学主办。年会前，专业委员会组织了首届城市地理研究优秀论文的遴选，评出了7篇优秀论文。非常意外，我的一篇论文获奖，这篇论文发表在《地理研究》上，主要是从城市规模与城市间距离的角度，讨论中国的城市体系结构。来芜湖开会前，我已经接到了会议举办方的通知，知道了论文获奖的信息。但是，让我感到意外的是，闭幕式上给我颁奖的，恰恰是周老师！颁奖时，周老师温润的鼓励话语，和蔼可亲的笑容，让我非常感动。论文获奖的具体理由，举办方虽然进行了宣读，但具体内容，我已经记不大清楚了，大概说是很规范之类的话。颁奖结束后，7位作者向大会汇报了获奖论文的基本情况。我汇报时，周老师就坐在第一排。这是北大博士毕业五年以后，第一次在公开场合向老师汇报自己的研究进展，我非常地紧张，对自己的论文、自己的汇报，没有一点儿底气，尤其是担心在基本概念、基本方法上出现错误、纰漏，在周老师面前露怯。汇报回京的第二天，让我欣喜的是，又收到了周老师的邮件，除了发给我接受老师颁奖照片，还谦逊地说，对我的研究问题有兴趣，但对论文主要结论没有弄得很清楚。我再次感动！周老师背后默默地关注，至今仍是我进一步研究的强大动力。

图4　2019年8月王茂军（右一）访日归来与周一星夫妇合影

五、"门户城市"

2020年8月份，北京新冠肺炎疫情肆虐，我在山东老家省亲。8月3日下午，周老师发来一条微信，说是《中国大百科全书》（第3版）网络版"人居环境科学学科"卷邀请他撰写新增条目门户城市，周老师撰写了个初稿，说在写作过程中参考了我在博士论文中对门户城市的论述，征询是否可以合署名字，进行修改。对于周老师的提携，我非常高兴，也非常惶恐，立即回复老师，说非常愿意进行这个工作。周老师随即发来了写作要求和5个示例，并在微信中说希望进行充分的讨论。8月5日周老师发来初稿，到8月9日结束定稿，我们反复讨论。针对我在初稿修改后的文字，周老师都耐心地提出自己的看法、明确需要深入讨论的地方，我再次地修改，表达自己的想法。讨论稿用三色表达，红色为原稿文字，紫色是周老师的看法，蓝色字是需要讨论的地方。我们针对具体用词的选择、用词背后的含义、词序和语序，都经过了多轮的反复沟通讨论，讨论稿犹如变换的画布一样，画布颜色由少到多，由多到少，最后归结为单色。在这次向周老师的深度学习过程中，我仿佛又回到了在北大的学习时光，再次体会到字斟句酌的推敲背后，隐含的是严谨、求实的治学态度；也再次亲身体验到，周老师的论著，结构简洁、清晰，文字优美、流畅，其中流淌的是多一字则冗余、少一字则亏缺的精益求精。这种精神感召，是我继续努力向老师学习的方向。

最近一次见到周老师，是今年9月初新冠肺炎疫情稍为缓和期间。在沈金箴师兄、卫欣师弟、许锋师弟的组织下，周门师徒同游通州，欣赏通州古塔美景，参观北京城市副中心规划。半年没有见到老师，见到周老师精神矍铄、身体健康、步履轻盈、笑容灿烂，非常亲切，格外安心。原以为此后疫情会结束，没有想到又有反复。今年虽然多次同春志、群毅等师兄弟商议，去看望周老师，但都因担心病毒而作罢，与周老师见面少了些。

窗外虽是隆冬，但阳光依旧穿窗而过，室内灿然。今年恰逢周老师八十寿诞，我于窗前，回顾与周老师对我的教育之恩，聚成些许文字，表达对周老师的深深谢意，表达对周老师的深深祝福，祝愿周老师生日快乐，健康长寿！

2020年12月

作者简介

王茂军，1973年11月生，山东人，现为首都师范大学教授。2002—2005年博士在读。邮箱：maojunw@yeah.net

桃李不言,下自成蹊
——记我和导师周一星教授

王玉华

时光任冉,光阴如梭。自我提起笔来细细回忆我和周老师相识以来的日子,才恍然发觉自第一次见到他到如今竟然已经是第 23 个年头了,真是弹指一挥间,不知不觉中时光飞逝而过。犹记得二十多年前,初次见到导师时,我还是青春洋溢的小姑娘,周老师当时也是正值当年,是谈笑间挥挥洒洒、意气风发的中年学者;然而转瞬之间,我已儿女成双、门下也有了二十多位研究生,周老师也已两鬓斑白,但还是一样的面容清癯、一丝不苟。这二十多年里,周老师称得上是门徒众多,桃李满天下,我却在想,相信我的众位师兄弟师姐妹,一定和我一样,对周老师严谨认真的治学态度、平易近人的待人方式和积极热诚的教学风范深有体会,而这些都是令我终生难忘的,在这二十多年中深深地影响着我,并在可预期的未来将会继续鼓励我前行。

论起和周老师的渊源,也是很有意思。1998 年的夏天,是我第一次见到导师周老师。当时,我是硕士研究生二年级,暑假期间参加宁夏的一个学术会议。会议结束后,我出发去北京第一次见到了周老师。我们第一次会面的地点就在当时北大的逸夫二楼七层的办公室,也是我博士研究生三年主要的活动场所(当然,当时是绝对没有想到的)。周老师留给我的第一印象是人很平和,他问了我很多学习、科研、生活等方面的问题,而且也跟我聊到了他的科研与教学。当时我就能感受到做老师对教育工作的热爱,他在谈论间,你能感觉到他很喜欢和学生交流讨论,喜欢和学生在一起,喜欢上课时激发出来的思想火花……那时候我就感觉到他谈到教学工作时的激情与热忱,真得令人印象深刻、难以忘怀,而这点也在后来和周老师学习、工作的日子里得以验证。

1998年的冬天,是我第二次见到周老师,这次是周老师应中科院地理所张小雷博士的邀请到乌鲁木齐参加会议。恰好我的硕士导师和周老师同是北大同门,我陪同他一起拜访了周老师,周老师还是一贯的温和,笑容满面,与他治学时的认真、严谨与教学时的激情四射截然不同。

图1　2000年5月周一星(前排右一)与学生们在香山踏春

之后就是1999年的秋天,我进入北大攻读博士学位,开始我认识周老师后漫长的求学与治学之路。入学以后我印象最深的是逸夫二楼七层的办公室。空间

一星如月
周一星和他的朋友们

很狭小，房间也很简陋，当时仅有一台笨重的台式电脑。在我入校攻读博士学位的整整三年，都是在这个办公室度过的。记得周老师在这里接待过港大的叶嘉安教授，叶教授当时很感慨周老师这样一位具有很高知名度和影响力的教授办公条件居然这样简陋。但这里给我留下了很多人生难忘的记忆。记得进入办公室的第一天，周老师正在和诸位同门在讨论课题项目，墙上挂着一块白板，上面写着祝贺我们的师兄曹广忠老师获得了一项国家自然科学基金资助项目……过往的一切，仿佛依然历历在目，那么清晰。在这里，我请教过周老师很多问题；在这里，我们参加了南京的人口与城市化项目、江苏省江浦县县域规划项目和师兄的国家自然科学基金项目，项目的讨论、论文的指导等都是在这里完成的……我依然清楚地记得，在这间狭小简陋的办公室里，项目组的师兄师弟和周老师一起，一个一个依次地汇报、讨论项目课题，在这里我跟着周老师一行一行地研讨待发表论文稿件……在七楼的这间办公室里，周老师给予了我很多的学习和生活上的指导与帮助。时至今日，我也做了一名高校的教师，也招收了很多自己的研究生，却依然难以忘怀这一切。

在攻读博士期间，我曾参加了河北省鹿泉市大河镇的镇域规划，该项目属于中日合作项目，参与者有北京大学、同济大学和河北农业大学的研究生；此外，在江苏省进行相关规划项目时，也接触到不少上海、广东、江苏等高校的研究生。在项目合作的闲暇一起聊天时，谈到平时和导师的接触与感受，他们听到我讲南京的项目和其他项目都是周老师带着我们一起讨论，南京的项目甚至是周老师带着我们同住在临街的小宾馆中，几个人一起讨论，周老师盯着电脑屏幕一句一句念着修改时，都惊呆了。他们直呼太惊讶了！我还记得上海的一位学规划的研究生跟我说，感觉上海当时整体的风气很浮夸，很难平心静气坐下来开展科研。他们念研究生期间，别说跟着导师写论文再给你修改了，就是规划项目，也是导师接下来，几个研究生分配任务完成，自己负责，基本没有讨论与汇报。而我当时的感触就是，我很幸运，能跟随一位严谨、负责的好导师学习。而这些，在潜移默化中也成为我进行科研工作、论文撰写、指导与项目合作及完成的基本风格与方式。

2002年毕业后，我去了中国农业大学工作。当时同在北京，逢年过节还能与周老师、师母与同门相聚，同样也还能接受周老师的教诲。记得2005年左右，当时我们设立城乡规划学自主招生的硕士点需要三位校外专家评审，我请周老师为外审专家。过了一段时间，周老师审查完评审资料后，约我过来，提了一些修改意见，并批评我说，作为城市地理学科班出生的学生怎么能够在课程设置上没有设置这门基本课程。我对周老师解释说学校的这个专业新设置，我的工作量很大，还有很多课程都担负着，难以负荷了。周老师非常严肃地说那也不行，需要设置的课程还是应该设置。我羞愧地接受了批评。时至今日，我依然承担着这门课的教学工作，并在不断地学习、提高与完善，不敢气馁而有所疏忽。

自毕业与工作后，我的生活有了很大的变化。期间，也伴随着周老师的生病、住院与手术。几次去看他，他都很乐观，平和。出院后，他说他已经开始关注自己的健康与养生了，不会再像以前，除了大年初一休息一天都在工作了。我觉得很高兴，周老师应该多休息一下了。后来再去看他时，他告诉我们他的生活很简单，上午去颐和园锻炼身体，下午工作。还是不忘他的工作。估计严谨了一辈子的学者，生活与学术态度已经刻在骨子里，改不了了。

由于疫情的缘故，已经有两年没有见到周老师了，只能在微信上联络与沟通。这期间最后一次面对面和周老师聊天还是在大前年周老师和师母来深圳时，我和先生约了赵新平师兄，携一双儿女过去探望二位，周老师和师母身体与精神状态都不错。盼望疫情早日结束，也期望周老师和师母身体健康、一切安好！

回顾往昔点滴，不由感慨，周老师工作态度与作风影响实在深刻，同门也因受到了周老师的言传身教而多具踏实认真、严谨努力的风格。至于我，这种学术严谨、教学热忱、工作认真、待人平和的工作与生活理念早在潜移默化中深入我心。我在自己的科研、工作与生活中，在与研究生的周会中，一条条讨论项目，一行行修改论文，将这种精神又一点点地渗透到学生的学习与工作中，未来，相信他们也会长成郁郁葱葱、茂密旺盛的参天大树的。

桃李不言，下自成蹊。

感谢导师，周一星教授！

作者简介

王玉华，1973年11月生，新疆昌吉人。1999—2002年期间跟随周一星教授攻读博士学位。2002年后至中国农业大学水利与土木工程学院工作至今，副教授，主要研究方向为乡村产业与乡村发展、区域发展与规划研究，主持与参与国家和地方等科研项目30余项，发表论文近40篇。邮箱:wangyuhua@cau.edu.cn

我在北大求学时的导师周一星先生

杨家文

同门通知说要给导师周一星先生出一本纪念集,取名《一星如月:周一星和他的朋友们》。周先生多年耕耘于学术研究和学生培养,他的言语与精神,在学生们心中,如月华皎洁。作为周先生的弟子之一,记录与周先生相遇以及跟随他学习的几件事情,以为纪念。

周老师的城市地理学的课程是给大三的学生上的,第一次碰上周老师,并不是在周老师的课堂上,而是因为去找崔海亭老师请教问题。那是大一的第二个学期,崔老师给我们讲"自然地理学概论",临近考试的时候,有课外答疑的时间。崔老师当时是城市与环境学系的系主任,答疑的地点就在系主任办公室。老师们的办公条件一般,导师们通常跟自己的研究生共用办公室。崔老师因为是系主任,所以还有一个系主任办公的地方,记得就在新地学楼的二楼。我在开放答疑的时间,带着教材过去了。在跟崔老师请教问题的时候,周老师也进来了。当时周老师是副系主任,也会不时来这里办公。因为听我在向崔老师提问,所以还关切地问了我一句是几年级的学生。只记得周老师那时候显得很年轻,口音跟北方人有点不一样。只是,当时我并不知道这位老师姓什么,更不会想到他会成为我日后的导师。

直到大三的秋季学期，我们开始上"城市地理学"这门课，在课堂上见到周老师时，我才突然想起来，一年多前，在地学楼里已经见过一面了。

从高年级的同学那里听到的说法是，周老师是一位严谨和成功的学者，坐进周老师的课堂里面，立即多了一份期待的心情。我们上课的这一年，周老师正好刚刚完成《城市地理学》的书稿，只是正式出版还需要等待商务印书馆那边完成。于是，我们每人手上多了一份非正式出版的《城市地理学》。总觉得这本教材跟以前用过的教材有些不一样，里面有很多的图表和数据，而不是以往的文字加图片。周老师的讲课风格也很有自己的特色，不追求知识的介绍，而是抓住一两个问题，深入分析给学生们听。课堂上面讲的内容，很多是基于周老师自己的研究积累，也在书稿里面体现了。我不知道自己是否是一个喜欢寻根问底的人，但是在周老师的课堂上，的确因受启发而喜欢提问题，于是很自然地在课堂内外有了多次向周老师请教的机会，也慢慢有了做科研的想法。

图1　2004年3月周一星（左一）、贺灿飞、杨家文（左二）与访问北大的Batty教授（右一）交流

确定跟周老师做本科毕业论文和读研究生，是在一次跟周老师请教问题的时候，应该是大三春季学期。那次，我联系周老师，想请教一下做毕业论文的事情，周老师说不在学校，让我去他燕北园的家里。于是，我骑上自行车过去了。到了那里后，周老师留下我跟他一家人一起吃中饭，还问我是否有读研究生的想法。就这样，我有些喜出望外地跟周老师约好了继续在北大读研究生，然后非常开心地骑着自行车回了学校。回头想想，那天连阳光也特别灿烂。

开始跟随周老师做科研，是从大三那年暑假开始的。系里面要求所有的本科生在大三的暑假去专业实习，我很自然地也跟着去了周老师负责的那一组，地点是济南远郊的一个小镇，叫孙耿镇。当时曹广忠师兄是周老师的博士生，恰好是山东人，他就成了我们在山东实习的带队人。第一次这么近距离地考察城镇化，学习地方发展经验，特别有收获。当时我们了解到，当地镇政府为了解决在镇驻地附近征集工业用地，同时控制征地成本，采取了非常有意思的做法，按照各村离镇驻地的远近程度，把远离镇驻地的一些村的土地拨给了相邻的离镇驻地相对更近的村；按照这样的操作方式，紧挨镇驻地的村就可以代表全镇所有村，划出镇工业区所需的所有用地指标供镇政府使用了。记得曹广忠师兄还特意写了一篇文章，介绍孙耿镇的经验。我作为一个本科生，第一次领受到了现实世界中的创意。

在城市研究中，我的方向偏向交通领域，始于周老师在课题组内部的任务分配。记得周老师跟我说，系里以前有一位年轻老师，叫杨齐，跟周老师合作得非常好，研究方向偏向交通，后来出国了。周老师收下我时，课题组内部还缺乏一个关注交通的人，就把跟交通相关的一些任务分配给我来做了。我在研究方面是一张白纸，也没有任何偏好，很开心地领受了老师交代的任务。同时听说这些任务以前都是那么能干的杨齐师兄来做的，仿佛感受到了老师的信任。我原本是一个会从钻研和思考当中获得兴奋感的人，于是便走向了交通研究的方向。现在回想起来，周老师的这一安排对我的将来影响极大。我日后去了麻省理工，跟做城市交通领域的沈青老师做研究；在快要博士毕业的时候，在 Transportation

Research Board 的年会上第一次见到了杨齐师兄,并在日后的工作中得到他的关照。这些事情,无不源于周老师当初的安排。学习期间,也跟周老师写作发表过几篇中文论文;二十年后,当我申请国家社科基金重大课题时,申请的题目刚好与发表的第一篇中文论文题目高度相关,都是讲可达性的。不管是巧合,还是无意中的有意为之,都感恩这一段的学习经历。

图 2　2018 年 11 月 27 日周一星(中)、谢琴芳(右)与杨家文(左)一起游普陀山

我在交通方面的好些知识积累就是在参与周老师的研究项目或者规划项目当中一点点地积累起来的。我的本科毕业论文,是配合周老师当时的一个国家自然科学基金课题做的铁路网络的分析。当时课题组还没有成熟的地理信息系统可以用来做网络分析,更没有交通网络的基础图层。课题组只有一台台式机,放在地学楼七楼的办公室里面,大家轮流用。我就是在那台电脑上,完成了 C 语言的编程,录入了铁路网络的数据,完成了课题研究需要的计算,写完了本科毕业论文。记得那一年,课题组里面没有其他人要写毕业论文,每次我去七楼办公室的时候,

师兄师姐们就把电脑让给我了。记得还有一个毕业论文答辩的环节，张勤师姐回来做答辩评委，还问了我一个问题；应该是觉得我回答不到位，周老师立即帮我补火了。

跟周老师读研期间，觉得时间过得非常匆忙。主要是因为我突然有了日后出国留学的想法。那个年代，整个学生群体出国风气很浓。我同班好些同学，从大一就开始有了计划，每天花时间学英语。我原本没有这样的计划，只是有一段时间，突然觉得特别清闲，于是开始学习英语，准备 TOEFL 和 GRE 考试。专业方面的时间投入深受影响，未能更深入地参与周老师的一些研究工作，感觉有一些遗憾。也非常感谢周老师在我一心二用的情况下，仍然给了我很多参与学习的机会。研一的暑假和孟延春师兄他们一起去了河南周口，在那儿得到了樊兴领师兄和周口规划局同行们的热情接待。炎炎夏日，每天早晨在周口的大街上跑步。以至于周老师在我从美国留学归来后，问我是否仍然跑步。研二的时候，去了浙江的长兴和安吉。仍然记得安吉大山里面的抽水蓄能电站，还有在长兴每日必吃的南瓜饼。尽管参与了周老师在那期间的几个项目，这些工作持续的时间都不长，首先是参加调研，然后整理报告，一旦草稿完成，交给师兄，然后就由师兄们完成后续工作了。工作节奏都不算紧张，闲暇之余，总有一些趣事。记得在长兴的时候，两位师弟魅力爆棚，还抽空去了一趟杭州见网友。在安吉的时候，跟师弟一起爬山，他身手矫健，把我远远甩在身后。中国人常说，读万卷书不如行万里路，有机会参与这些工作，对于丰富自己的知见有莫大的帮助。

我 2000 年出国到了麻省理工读博士，中间也断断续续地给周老师打过电话，聊起在美国的学习和生活。找工作的时候还特意咨询过周老师，是否有机会回国工作。等到工作期间利用假期回国再次见到周老师的时候，已经是周老师因消化道系统出问题住院治疗的前一天。那次回到北京，与周老师通了电话，周老师说正好可以见见，因为第二天就进手术室了，这才知道周老师患病的事情。于是，赶到医院跟周老师匆匆见面。想起在北大读书时，周老师跟学生们共享地学楼七楼的办公室。曾经有一回，临近午餐的时候，周老师起身离开，跟我们几名在场的学生说自己肠胃不舒服，说不定以后会得癌。因为癌症住院这事情一定对周老师的影响非常大。所幸的是，周老师顽强地战胜了癌症。等到我来北大深研院上班以后，周老师尽管还在服药调理，仍然几次抽时间来深圳为我鼓劲！校园很新，也基本上没有退休的教师。周老师在南国燕园里面坚持晨练的场景给很多师生留下了深刻的印象。

我回到北大本部办事的时候，通常住在中关新园，离周老师住的蓝旗营很近，也很方便约周老师和师母一起聊聊天。每次见面，都感觉周老师精神状态非常好。作为一位大学教师，我深感母校和老师都是支撑我们认真做人、努力做事的支柱。我在与自己的学生相处时，也常觉得应该以周老师为表率。其中启发最大的一点是，要把培养学生始终放在工作职责的核心位置。高校求学时期，是人生观、价值观、世界观的重要塑造时期。从父母转向社会，从书本转向实践。师长的行为和言语潜移默化地影响学生。非常感谢自己在这段期间，遇上了周老师，他热爱本职工作，科研成就卓越、为人正直、坚守原则，不为短期利益动摇自己的信念。周老师的著作和演说，不着力修辞，平实之中见功夫。这些都是我学习的榜样。

作者简介

杨家文，1974年5月生，1992年高中毕业进入北京大学城市与环境学系，1997—2000年继续攻读硕士学位，2000年去美国留学和工作。目前就职于北京大学深圳研究生院城市规划与设计学院。邮箱：yangjw@pkusz.edu.cn

我和我的老师
——写在恩师周一星先生八十寿辰前

冶 青

人生路上，能够遇到帮助自己开拓新世界的老师，是莫大的幸运。而周一星老师正是为我打开那扇大门的引路人。

2002年，立志在北京游学的我，拿着一份同等学力研究生的入学通知书，为着这梦寐以求的北京大学，又是喜爱的人文地理专业，果断卸下了在四川一所大学任教的身份，成为北漂一族。这成为我与周老师结缘的开始。那个时候，他负责教授城市地理学方面的专业课。

刚听完周老师几堂课，我便下定决心，如果往后可以申请学位，一定要请周老师做我的导师。因为，除了课程内容吸引我之外，周老师为人正直、认真、纯粹的态度，同时让我深深仰慕并钦佩着。

作为众多老师中唯一对课堂纪律有要求的人，他会面对台下年龄从20多岁到40多岁的在职学生，提醒不想听课、不守纪律的人自动请出，那个样子简直帅呆了。尤其对于当时算是有几年大学授课经验的我而言，体会到不仅是周老师对学生负责的态度，也看到他对于自己专业自信的底气。课上，周老师总是会严谨而清晰地表述自己的观点，强调对于事物认识的横纵向比较，要求我们要注重真实数据的采集、分析，以及对于事物发展规律的观察、总结，并提醒我们，要认识到国内相关研究和应用领域与国际的差距和差异……专业之外，周老师亦是一名有良知的学者，他会非常坦率地在课堂上向学生传递求真、求实的价值观，展现一位知识分子保持头脑警醒、不为外力左右的风骨。至今，我都庆幸，周老师让我看到真正北大人的精神所在。

于是，有着建筑学专业背景的我，就这样在周老师的引导下，尝试着从城市地理学的视野和独立科研精神的角度出发，系统地、多维度地、跨界地去观察和研究一座城市、一个区域的发展，专注厘清地区发展的内生机制。到2004年年底，经历了非典对于教学计划延期的影响后，我如愿成为班上第一位通过国家相关专业考试，可以申请北大硕士学位的学生。而一直心心念念要名正言顺做周老师研究生的愿望，终于可以付诸实施了。那一年，我正好三十岁。

图1　2015年5月3日冶青（左一）、杨春志（右二）、张莉（左二）、王新峰（右三）、赵群毅（右一）看望周一星

这是一个充满着迷茫的年龄，人生何来何往的问题，不停歇地折磨自己。

正式进入北大上学前，我和两位朋友为了时间自由，一起创办了一间小设计公司，我负责日常经营。工作很忙，但乐趣不多，从中常看到自己的局限性。慢慢地，这样的工作表面上是为理想、为自由，背后现实却更多是为生存，也是为对朋友的承诺。那时，大概只有我内心知道，在北大的学习，是我不可或缺的精神支柱。所以，全身心投入硕士论文撰写中去，从这人生迷茫中走出来，成为我那时坚定不移的信念。

正是在周老师教授课程的启发下，加之对他领衔参与的包括北京、山东等城市与区域发展课题有了基本认识，我很快把研究对象聚焦到我的籍贯地——四川阆中古城。虽然，那只是我在十二岁和二十四岁分别去过一次的地方，模糊、神秘，却又魂牵梦系一样地呼唤着我，让我的焦虑豁然开朗。

于是，确定好"古城阆中城市规划与城市空间形态研究"题目后，我带着初步拟定的工作提纲，满怀希望但又忐忑不安地走进了周老师的办公室。当时，以自己同等学力的背景，我早做好了被泼冷水或是吃闭门羹的心理准备。但是，万万没有想到，周老师问过几个问题后，当时便爽快地同意了我的开题申请，并给出了研究建议。带着极为强烈的不真实感，我缓缓走出办公室，然后，几乎是冲下楼，在门前广场赶紧给我先生电话报喜。

接下来，我从朋友手中把公司过户到自己名下，然后毫不犹豫地关掉了公司，并把所有办公设备捐给北京一所打工子弟学校，实现了一直以来希望对公司善始善终的计划。紧跟着，我便从北京到阆中，开始了前后近一年的田野调研工作。这样毫无退路的行动，既为了对得起自己的选择，也为了对得起周老师的信任。

经过研究过程中的几次交流，再次走进周老师的办公室，我已带着论文初稿。但这一次会面，却让我羞愧不已。本以为还不错的内容，老师仔细阅读后，没多说话，挑出几页，当场用铅笔写满了修改建议，包括错字的提醒。这对我，既是闷头一棒，却又醍醐灌顶。

就这样，在周老师的认真帮助与指导下，论文经过一次一次修改、完善，逐渐成型了。而作为导师，周老师当时对我所采取的态度与方法，也成为我与他人共事的工作习惯，影响至今。这一段经历提醒我，每每工作中遇到需要自己帮助的人，哪怕你觉得他（她）做得非常不好，但也一定要保持严厉而耐心、细致而精确的引导，以身作则，尽最大能力给对方一个学习与改正的机会。这得感谢当初周老师对我的严厉与宽容。

但更多的感谢还在后面。

论文递交以后，周老师推荐他多年的好朋友鲍世行老师作为我的论文答辩委员会主席。鲍老师既是城市规划方面的专家，也是《城市发展研究》的常务主编。通过周老师的引荐，我得以与鲍老师深度交流。这也让我从北大毕业后，有幸以助手的身份跟着鲍老师参与了多个从公益角度出发，秉持独立学者的立场，围绕古村、古镇展开的田野文化保护与发展研究。周老师就这样自然且无私地将引导我人生道路的接力棒交给了鲍老师。

2007年夏天，我决定再次就业。因为有了周老师、鲍老师两位老师先后带我跳出一名传统建筑师视野局限，开展城镇发展研究与实践工作的经历，我主动选择进入文旅规划设计咨询与研究行业探索新世界，近几年又聚焦到文化遗产保护与利用的工作领域。每当工作中得到别人认可，或是遭遇不顺，需要咬牙过关时，我就会想到两位老师，是他们手把手地教会我系统地、多维度地、跨界地思考与解决问题，是他们身上那种专业、敬业的精神，做人正直、认真、纯粹的态度一直影响并鞭策着我。

毕业以后，虽然与周老师会面很少，但从来没有觉得与他的距离遥远。尤其是这些年来，"周老师和他的学生们"微信群更让我保持着做周老师学生的幸福感。周老师常常在群里分享他从学术到社会问题的思考，再到生活的体验，也关注着每一位学生的学术与工作动向。这让我无论在工作中，还是生活中，气馁也好，得意也好，总是会不知不觉想起老师，感觉到他一定在在默默地注视我，我不能做令他失望的人。

而周老师，在他宝贵的时间里，从没忘记过送来他对我的关怀。

记得几年前，周老师通过我公开在朋友圈的一段文字，得知我患有慢性粒细胞白血病，目前指标控制良好。他立刻发来短信，"怪"我为什么不告诉他，叮嘱我一定要注意身体，安慰并勉励我得病不可怕。要知道，那时候的周老师，自己便是有超过十年患癌史的病人，但他一直保持着积极乐观的生活态度。这样具有同理心的关怀，不是一两次。前年，因为自己工作忙，心情也比较一般，就在微信朋友圈里消失了很长一段时间。周老师特发来信息，说："你长期不冒泡，我就以为你身体有恙！这是传递信号的一种方式。"还叮嘱我，逢年过节不要给他买什么东西，微信上多给他说说近况就好，免得挂念。紧跟着那一年的元旦，周老师专门发来他去公园晨练拍的风景照，问候："冶青，新年好！"看到手机上蹦出这样的消息，我的眼泪直接就掉下来了。

2020 年年初至今，全球被新冠肺炎疫情的阴影笼罩。期间，我做了一个重大决定，从北京正式迁回四川常居。这样，我便有机会可以常回家看望年迈体衰的父母，也终于从父亲手上接下守护阆中古城核心保护区内所残存的 18 平方米祖屋的重任。而这祖屋，正是当初牵引着我选择阆中古城作为研究对象的动力之一。那时我和我先生的内心都笃定着："每个人都有一个回归的梦"。这正是当年在我的论文研究基础上，我俩隔年合作完成阆中古城绘文化折纸地图：《阆苑秘笈》的 SLOGAN。记得我把地图送到周老师家里时，他是多么地高兴，鼓励我要多做这样有意义的事情。

重又翻开当年的论文，看到最后一段致谢词："我更要感谢我的导师周一星老师，能够得到他的教诲是幸运的。他的严谨令我感动，他的睿智令我佩服。谢谢老师！在此，也要请老师原谅，因为这次论文距离自己的目标还远远不够。一切好像刚刚开始，又匆匆结束。但或许这就是未来我要继续去走的路。"

冥冥之中，16 年前从故乡出发，16 年后回到这里，继续上路。而可敬的周老师，在我最近分享的阆中华光楼夜景下面,回复:"回老家啦?""接着做你的学位论文!"

周老师,谢谢您的关心与提醒。

我会接着把当初的梦做下去,把您参与引导我的"人生"这篇论文做好。

作者简介

冶青,1974年5月生,四川阆中人。2005—2006年在周一星老师的指导下撰写硕士论文。在文旅规划设计咨询行业十余年,近几年专注于文化遗产保护与利用工作。曾任高校建筑学专业教师,以公益人身份参与过多项乡土研究工作。著有《古城阆中城市规划与城市空间形态研究》《近现代阆中交通与经济区位的边缘化》《族群文化在迁徙中的传承与异化》等论文,以及《阆苑秘笈》文创出版物。邮箱:1975361@qq.com

淡泊明志，宁静致远

童 昕

由于新冠肺炎疫情的缘故，今年春季开学比往常晚了两周左右。开学第一节课，我走进三教的教室，站在讲台上，一边打开电脑准备课件，一边环顾教室，心里默默数了数选课的同学。这样的场景每个学期都在重复着。心里想着前些天还跟几位老师讨论关于在新环境下，如何创新改进教学方式，吸引更多同学关注地理，关注和热爱城市与环境这门学科。眼前的场景让我不由想起将近三十年前，曾经的自己也曾像这些同学一样，坐在三教的大教室里，带着期盼和好奇的心情，等候开课老师带着我们进入一趟新的探索之旅。其中，"城市地理课"是给我留下深刻印象的专业课之一。

"城市地理课"的主讲老师就是周一星先生。初次见到周老师时，他已过知天命之年，是系里城市地理方向的学科带头人。那时经济地理和城市规划方向是全系本科生人数最多的专业方向。城市地理课作为专业必修课，上课人数有五六十人，三教的大教室里总是坐得满满的。高年级的学长警告我们说，周老师的课可不能马虎，内容多、考试难、要求也很严。可是真来到课上，我们却发现周老师其实并没有传说中那么可畏。周老师上课总是提前来到教室，课前和课间还会与前排的同学亲切交谈。那时电脑还没有普及，上课也没有PPT，周老师使用板书和幻灯片给大家讲解城市地理的原理。记得当时周老师花了相当大的篇幅讲中心地理论，从每个人日常出行的目的，需要花费的时间和出行频率的差别，渐渐推及大家为了节约出行距离和出行时间，而在原本均质的平原上形成多边形的中心地格局，以及不同的城市功能最终由不同等级的中心地来承担。这一部分是城市地理课最为抽象难懂的部分，但是通过周老师深入浅出的讲解，反而成为很多选课同学理解最深的内容。

  读硕士的时候，再次选修了周老师的城市问题研究课程，这次是不到十人的小型研讨课。除了老师讲，更多的时候是师生就一个主题展开讨论。记得有一次，大家讨论到地理学中使用数学工具，到底是从实用性出发，还是从理论的精致性出发？我感觉周老师对这个问题似乎有很深的思考，但是他并没有将预设的答案抛给我们，而是鼓励我们每个人发表自己的见解。我当时举了一个例子来表达我的想法：英国天文学家詹姆斯·布拉德莱在担任格林尼治天文台台长时接待英国女王，女王听说他收入如此之低，表示要为他加薪，结果女王的好意竟然被他拒绝了。理由是一旦台长这个职位可以带来大量收入，那么以后坐到这个职位上的将不再是天文学家了。这个例子是想说理论的精致性是学者自己的追求，坚持追求的学者会聪明地规避实用主义可能带来的副作用。周老师听了这个例子，沉吟不语。很多年以后，我渐渐能体会到周老师当时面对这个问题的复杂心情：能从纯粹的学术探索中获得真正的乐趣固然是学者最期待的，但是从学科建设而言，理论研究不考虑社会所预期的实用性，恐怕也难以为继。地理终究不是天文，脚踏实地与实践结合，恐怕是地理学人安身立命之本。

  博士毕业的时候，有幸请周一星老师做预答辩专家。我当时的博士论文选题，连我的导师王缉慈教授都颇为意外。我在跟随王老师开展电子产业集群研究的过程中，研究兴趣被当时刚刚兴起的跨国电子废物流动的问题所吸引，结果博士选题一下子从生产领域跳到了产品废弃后的循环利用。在博士论文预答辩的过程中，周老师肯定了选题的创新性，也指出研究本身深度不足的问题。令我尤其印象深刻的是，周老师指出我在报告的时候，主观情绪过于强烈，科研需要冷静、客观、超然的态度，过于强烈的主观情绪既会影响研究过程的客观中立，也会令听众产生内心的抵触。在北大二十多年中，我曾多次听过周老师作学术报告。他将饱含的激情融入鞭辟入里的分析之中，用冷静克制的阐述来传递强有力的论点。我想这大概就是学术训练的功用所在：非淡泊无以明志，非宁静无以致远。

图1　2003年7月毕业季，周一星（右一）、江家驷（左一）与童昕（右二）和冯健（左二）合影

逝水流年，转身之间，今年已是周一星老师八十寿辰。从教四十余年，周老师桃李满天下。和城环学院诸多老先生一样，周老师为学院和学科的发展倾注了毕生的心血。君子之乐，得天下英才而育之，我辈当以同样的赤诚之心继往开来。

2021年3月23日于燕园

作者简介

童昕，1975年4月生，北京大学城市与环境学院城市与经济地理系副教授，1993年考入北京大学城市与环境学系，博士毕业后留校任教，主要研究方向为产业地理与产业生态学。邮箱：tongxin@urban.pku.edu.cn

平凡铸造永恒
——记我与周老师的交往以及他对我的影响

冯 健

引子

在周一星老师的众多学生中,我应该算是与周老师交流比较多的一个,因为我是他身边留校工作的三位学生之一,离得近是得天独厚的条件。

几年前,在与田文祝师兄交流时,他的话令我感动:"出版的事我来办,你就负责照顾好周老师。"这句话也令我惭愧,因为生活的重负、科研的巨大压力,再加上其他事情占用了我不少的精力,实际上我也没有照顾好周老师。这两年,我知道我职称的事,成为压在周老师心里的一个包袱。他也多次表达对我的慰问和关心,当然还有鼓励和鞭策,我有时还冲他抱怨对当前科研考核唯英文论文数量论的不满,现在想来非常后悔。2020年7月28日,在我们旧事重提,再次讨论这个问题时,第二天我接到周老师的回信"……没有谁比我更了解和欣赏你的才华!所以我才急!"我想,对于我,周老师也许是"哀其不幸,怒其不争",在职称的事没有大的改观之前,尽量不和他讨论这个事,以免尴尬。周老师曾经告诉过我,他41岁才发表人生第一篇署名的论文。我经常用这件事来鼓励自己,每遇到挫折或不顺时,我就想自己目前的年龄比周老师当年41岁的年龄也大不了几岁,大不了一切从头开始,只要付出努力,依然有取得成绩的可能。我也时常拿周老师的这个故事鼓励学生。一次,一位从云南来北大访学的教师听后非常激动,她感叹道:"我一直在寻找能把人生归零的个案,没想到在北大找到了!"她认为周老师和我都是能做到"归零"的人,其实,我是受了周老师的启发。

我曾经豪言壮语,写周老师我能写到"一万字"。可是,当我真正提起笔要为周老师写点文字的时候,却一时找不到头绪,不知从何说起。我也问过彦光兄:"怎么写周老师呢?"他笑笑说:"至少可以记流水账吧!"那我就索性从记流水账开始吧。用记"流水账"的方式,记述二十年来我与周老师的交往以及他对我的影响,也包括我对他的观察和理解,或许对当前的博士生教育能带来一些启示。

景仰与错位

1997年9月,我开始了在南京师范大学读硕士研究生的生涯。我的导师金其铭教授是江苏常州人,曾毕业于省常中(即江苏省常州中学),他不仅与周一星老师是常州同乡,还是省常中的校友。他以研究农村聚落地理和乡村地理而闻名,而周一星老师以研究城市地理而闻名,一南一北,一乡一城,省常中的两位校友形成这种"地理研究格局",颇为有趣。也正因为这一层原因,导师金老师在他为我们这一届的四位研究生所上的不多的课时中(当时金老师已经胃癌晚期),提到了周老师,而且颇有敬佩之意,我很少见到他当着我们的面称赞别人的学问,周老师也许是唯一的一个。从那个时候起,我们这些研究生都对周老师树立起模模糊糊的"景仰"感觉,但并不十分清晰。

那个时候,我在《人文地理》杂志上读了北大陈传康教授关于《易经》的论文和蔡运龙教授关于人文地理哲学的一系列论文,我在写《人文区划方法与世界书法文化区的划分》这篇论文时系统阅读了王恩涌教授的《文化地理学》(江苏教育出版社,1995),我感觉北大有一批做学问的先生值得我追随,北大是学术研究的天堂,就萌发了去北大读博士的想法。我把想法告诉了金先生,他未置可否。我虽想去北大读博士,但一开始并没有想读周老师的博士,我感觉周老师属于严谨的思维,而我是发散式思维,似乎我的思维特点与他不太合拍。

那一阵子(大概在研究生二年级第一学期),我沉浸在人文地理哲学里,当时我凭着兴趣写了《对可持续发展与城乡发展的理性思考》一文,实际上在某种程度上受到了蔡运龙教授论文的影响。我把论文寄给了蔡运龙教授,很快收到了他的回信。蔡老师在回信中予以鼓励,并建议我集中精力把硕士论文做好。再后来,仔细研究北大的博士招生简章才发现,蔡运龙教授和陈传康教授都在自然地理学博士点中招生,而我喜欢的是人文地理学。于是便暂停了对北大博士招生的咨询,开始凭兴趣写作一系列的人文地理学论文,阅读面也开始放宽,这期间,读到了周老师的"郊区化"的系列论文。我便想到,能否以南京为实证研究城市开展郊区化研究呢?自从有了这个想法之后,便开始关注周老师的研究,从此一发而不可收。一直到研三开学前的暑假里,也是该进一步确定报考博士的方向和导师了,这时对北大城环系的招生和各位老师的研究方向更加了解了,便毫不犹豫地锁定在周老师那里。正是因为有这个波折的过程,我戏称之前为"错位",直到这时才算"归位"。

我再次向金其铭老师表明我要到北大攻读博士的志愿,并请他推荐给周一星老师。直到此时,金老师才发现我是认真的。他给周老师写了一封两页的推荐信,大意是:冯健已经发表了数篇论文,是个不错的苗子,现郑重推荐,希望北大对他好好培养。我随信也寄了一封信给周老师,介绍自己的情况和意愿。很快,一周左右,就收到了周老师的回信。信中说,对我已经有大体了解,几天后要到南京参加一个活动,若有可能希望能够见一面。

逐渐走近

收到周老师的这封信时，我已经在徐州了。我匆匆从徐州赶回了南京。我想，见周老师，送他一个什么礼物呢？后来，我画了一个扇面，刻了一对印章（周老师的名字）。在那天晚上的八九点钟，我提前赶到了周老师所在的宾馆，等了约一个小时。大概快十点了，一位身着西装、打着领带、身材消瘦的先生回来了，我怯懦地问："请问，您是周老师吗？"得到肯定的回答后，我松了一口气。但感觉周老师好严肃啊！大概有半小时到四十分钟的交流过程中，我都很紧张，连送周老师礼物时都说话结结巴巴的。当时也不知道周老师对我印象如何，反正我对他的印象是"严肃"二字。

图1　1999年12月冯健（右）陪同周一星到医院探望病中的金其铭教授（左）

过了一段时间，周老师又来南京开会，这次我和张小林老师一起到会场去见他，我已经没有之前那么紧张了，和他说话也基本上放开了。再之后，在南师召开纪念李旭旦先生复兴中国人文地理学的一个大会，北大来了周一星、王恩涌和柴彦威三位老师，我去机场接他们并陪他们到饭店吃饭。周老师应邀在我们学院

一星如月

周一星和他的朋友们

作了一次题为"人文地理研究能为制定国家政策做贡献：以城市发展方针研究为例"的学术讲座。海报是我设计的，记得很清楚的是，我恭恭敬敬地写上了"著名城市学者周一星教授"，我还激动得把海报张贴到了学校大门附近的宣传栏里。记得学院的一位老师问我"海报上为何用'学者'二字"，我说不用"学者"二字就不能表明周老师在我心中的学术位置。讲座很成功，讨论也很热烈。在这段时间里，两次我陪同周老师去医院探视正在治疗中的金其铭老师；一次是和张小林老师一起去的；另一次，周老师知道金老师病情已经恶化，他说"我们再去见金老师最后一面"。到医院时已经接近晚上十点，病房里灯都熄了，我为两位老师合了影，这真成了他们的最后一次见面，因为不到一年之后，金老师就去世了。

再后来，在那一年的深秋，我打印了自己的几篇已经发表的论文，去了一趟北京。周老师在他办公室里接待了我，具体谈的什么，现在却记不清了，只是感觉我离周老师越来越近、离北大也越来越近。北京的天高云淡、北大的古建筑群、颐和园漫无边际的昆明湖给我留下深刻印象，我感觉很喜欢北京的气候，更向往北京的博大。很快，春节后，博士入学考试就要来了，我再次来到了北京，住在北大西门外"考研街"的一家小宾馆里，而且在舍友的牵线下，奇迹般地会晤了同样准备迎考的陈彦光，第一次面谈似乎不欢而散，因为谈话的主要内容是"争论"，争论科学，争论地理，还争论艺术。回到南京后，我给他去了一封信，他也回了一封信，信的内容有些感伤，自此初交，后来竟成为师兄弟，并共用一间办公室的同事，此是后话。博士考试基本顺利，周老师对这个结果应该也比较高兴。

转眼，夏天到来了。周老师接了一个南京市规划局所委托的课题"南京市人口与城市化水平研究"，我自然也成为课题调查的主力，经常会电话与周老师沟通。在课题评审汇报前的阶段，周老师、曹广忠、王玉华、胡智勇都来到了南京，住在规划局附近的一家宾馆里。我们一起用了三天时间在宾馆里打磨报告，周老师亲自在电脑前审读文字并字斟句酌地修改，我们几人则站在周老师身后，聆听教诲。这是我第一次这么近距离地接近周老师，也是第一次这么近距离地接受他的指导，尤其是他字斟句酌修改报告的场景，我深刻地印在了脑海中，二十多年过去了，也没有忘记。这对我的影响很大，使我体会到了"认真"二字。当时，对我这个北大的"准学生"来讲，那种被名家直接指导的幸福感真是无法形容。

宽松，宽松，再宽松

2000年9月，我在北大的博士生涯正式开始。实际上，这年暑假，我便已经提前来北大了。周老师邀请我到他家去住，我心里感觉放不开，还是坚持住在北大西门外的宾馆里。在这个时间点，周老师接了一个"南京市江浦县县域规划"的课题，包括我和李东泉在内的新一级周老师的博士生以及当时还是本科生的姜世国等人都参与了这个课题的调查和研究工作。第一轮的现场调查时间就在暑假，当时住在江浦县城的宾馆里，住宿、餐饮条件都非常不错，气氛也非常宽松。

当调查到江浦县的桥林镇时，当地规划局领导问周老师："听说您的团队里有一位专门做小城镇规划的博士生，现在桥林镇正准备开展镇区总体规划工作，能否请您的这位博士生领衔来做这个规划？"他们口中的这位"博士生"指的是我，因为我在南师时做了很多小城镇规划项目，我不清楚他们是怎么知道这个情况的。周老师便征求我的意见，我表示同意，最后决定由我和李东泉利用课余时间来做这个规划。周老师明言在先："桥林镇规划由你们俩做，经费自然也归你们来使用。"我当时的感觉是，周老师这边的气氛真是宽松啊！后来，桥林镇区总体规划项目通过验收，规划经费对我们的学习生活也起到一定的支撑作用，这一点我一直对周老师心存感激。

2001年春夏之交，杭州新一轮总规的战略规划启动，邀请周老师做"杭州都市区空间组织研究"课题。陈彦光、李东泉、姜世国和我是这个课题的主力，当时正值杭州春风送暖、龙井探茶的最佳时节，我们几位同学利用做课题调查的时机，尽情游玩杭州，留下令人难忘的记忆。然而，百密一疏，在调研即将结束时，却发现调研工作的一个漏洞。那就是本来由姜世国负责跑的要获取市区以外每个县市的非农劳动力数据，最后却发现数据获取错了，姜世国要的是每个县市的非农业人口。这就意味着，每个县市还要重跑一趟，而此时已经是星期三了，大部队都已经按原计划返京了。我主动要求留下来，想争取在这一周的最后两天（周四、周五）把杭州市区以外的所有的县市再重新跑一趟。要完成任务，一天必须要跑完三个县市，那时候调研条件有限，还得坐长途汽车来完成。我基本上是早上五点钟登上去一个县最早的一班长途汽车，在八点上班前赶到第一个县的统计局；拿到数据后再坐长途汽车赶到第二个县的统计局，这样在上午下班前拿到第二个县的数据；然后利用中午时间再奔赴第三个县，下午解决第三个县的数据，再赶回杭州市区。由于缺乏睡眠，一般都利用早上和中午在长途汽车上的两三个小时的时间补充睡眠。有一个中午，在头倚车窗熟睡时不小心把别人吐在车窗上的口香糖粘在了胳膊外的衬衣上，弄也弄不下来，又怕被下午所去的统计局的人看到，弄得像个要饭的一样，很是尴尬。这样下来，六个县市中，只有富阳没有办成，因为 8：30 到达时，相关部门的人刚刚出门开会去了。我只好委托浙大的一位要报考周老师博士的年轻老师再帮我跑一趟，并承诺给他报销差旅费用。第二周，在周老师的办公室，我接到了他的电话，并记录下来他电话报来的富阳的一列数据，当时周老师就在我旁边，我感觉周老师比我还紧张，估计他也担心数据出问题。杭州课题评审时，已经到了夏天，可巧赶上周老师去西藏的时间，他没法出席评审会现场，委托我代表课题组来汇报。课题评审一切顺利，晚上我与周老师通电话，我第一句话是"周老师，怎么样……"周老师笑了，说"我正要问你怎么样呢？"师生宽松的气氛可见一斑。也正是由于在这些课题中我所表现出的认真与负责，赢得了周老师的信任和对我科研能力的肯定。

我到了北大后，深刻感受到北大自由宽松的学习和科研氛围，自己也仿佛如鱼得水，整天沉浸在论文写作的乐趣中。在我之前的几届师兄师姐，都有一个不成文的规定，那就是在博士二年级时要去国务院小城镇改革发展中心实习半年，每天坐公交车往返，早出晚归，如同上班一样。我问过这些师兄师姐们能否不去实习，他们都说这是周老师定的规矩，必须得去实习半年。到我二年级的时候，周老师跟我提起实习的事，我说，我写论文正在状态，不如在学校写论文，半年能写不少论文。周老师则马上拍板说，那你就别去实习了，在学校里集中精力写论文吧！我完全没想到，从我开始，就这么轻松地改变了师门博士生实习的"规矩"。

  从我入学开始，周老师给我定的博士论文方向是研究"郊区化"，在孟延春师兄博士论文的基础上，利用当时最新的人口普查数据（五普），继续推进中国郊区化的研究。如前所述，我对郊区化一直有着浓厚的兴趣，也看了不少书和论文。但当自己的博士论文要以之为题时，我还是犹豫了。因为，如何超越前人？郊区化的创新体现在什么地方？无疑是摆在我面前的一大难题。后来，我决定做"转型期中国城市内部空间重构"的题目，把郊区化或人口及经济的空间集聚与扩散当作重要的研究线索，贯穿其中。这个想法得到周老师的支持，他说，你没必要将题目严格限定在"郊区化"上，可以根据你的兴趣进行扩展，确定新的研究框架。得此"号令"，我如获"至宝"，因为我不擅长做"命题作文"，而更喜欢自我发挥。最后，我的博士论文确定，结合北京和杭州的实例，研究转型期中国城市内部空间重构。好在，我之前有很多相关研究和论文积累，我相当于把博士论文研究分散到两年半的时间内，因此并未感到吃力。然而，从开题到预答辩，我的博士论文就是一片反对的声音，以胡兆量老师和孟晓晨老师为代表，认为我的题目太大，像一本书，不像一本博士论文的题目，而北大一贯是主张"小题大做"的。说实话，我当时内心是不服气的，我想"小题大做"固然好，我若能做到"大题大做"有何不可？再者，很多博士论文不都出版了吗？博士论文和书能有多大的区别？每当这个时候，我发现周老师并不发表明确意见，我理解成这是对我的默许与支持，所以依然我行我素。直到博士论文盲审结果出来以后，局面开始彻底翻转了，从此一路好评，论文获得北京大学优秀博士论文奖。2017年依托博士论文所出版的专著获得中国地理学会第二届全国优秀地理图书奖（学术著作：专著类），这是后话。

多年以后，我总结回顾这一段历程，感觉在北大读博士的三年，最令我受益的便是周老师所给予的"宽松"氛围，可以说是"宽松，宽松，再宽松"，在这种氛围里，我自己的思想得到发挥，才能得到体现，也使得我有精力经常考虑论文的创新以及如何在高手林立（指城市社会地理学领域）的夹缝中求得生存。今天，我依然感激当年周老师所给予我的"宽松"，这种宽松应该是源于他对我的信任和对我科研能力的了解。尤其是，今天我自己也成了博士生导师，也开始带博士生了，当年的这种师生关系有没有可能重演？当年的教育方式能否对今天的博士生教育有所启发？我想，这是值得我们中青年一代博导们思考的。

风格转型：从严厉到慈祥

尽管我感受到周老师给我创造了宽松的研究氛围，但周老师的严厉是出了名的。我猜想，当年很多学生都会怕周老师，因为涉及专业问题或专业概念时，他的批评毫不留情。尤其是在我刚毕业和刚参加工作那会儿，我感觉他是极其严厉的。

图2 2003年周一星（右）与获得博士学位的冯健（左）合影

试回忆几件小事来说明他对科研工作的严厉要求。我刚参加工作时，一次在处理北京的人口数据时，为了得到某一类人口，我把人口普查口径中的常住人口与公安口径的户籍人口做了一个混合计算，并认为自己算得很有道理，向周老师汇报时还振振有词。结果被周老师劈头盖脸地训了一顿，大意是我把不同口径的人口数据混合计算，犯了常识性的错误，太不应该。当时我被他训得恨不得找个地缝钻进去，感觉自己似乎没有资格做周老师的学生，这事记了一辈子，从此再也不敢犯这类错误。直到今天看到别人这么处理数据，我还会把周老师当年教训我的故事讲给他们听。

还有一次，在博士毕业前，我们要去首规委汇报"北京居住人口空间变动与郊区化研究"课题，约好了几点几分周老师乘坐出租车到北大东门等我汇合。临出发前20分钟，我才发现要归还给首规委的一本20世纪80年代的规划图集忘记拍照了，就赶快拍照，结果比约定的时间晚到了5～8分钟。周老师看了看我，带着微笑的口吻说："你小子，嘴上无毛……"他这种看似开玩笑的责备，其实份量很重。从此，无论有任何理由，在赴任何人的约会时，我都很忌讳迟到，宁愿自己早到一点。

在处理与学生联名发表论文一事时，周老师也给了我教训。一次是，学生祝昊冉和我联名在《地理研究》上发表了一篇文章，这篇论文是祝昊冉的本科毕业论文，文章发表时，祝昊冉已经到美国南加州大学政策、规划和发展学院读研究生了，应他的要求将其署名单位从"北京大学"改为"美国南加州大学"，我并没有太在意这件事。周老师看到这篇论文时，很不高兴，严厉地说"这样的单位署名方式不对，以后要改正。"刚开始，我没有理解，以为他是不是"小题大做"了？后来，才知道他很介意这种事情，这似乎很严重，我也理解了。从此，凡遇此种情况，学生作为第一作者的单位必须署名"北京大学"，没有商量的余地。

另一件有关论文的事情与论文的校对有关。一次我到编辑部指定的印刷厂当场校对论文，由于时间紧张，工作条件有限，我只校对了论文的正文，没有校对参考文献，以为这个不重要，再说杂志社也校对过了，应该不会出什么问题。然而，参考文献恰恰就有两处错别字没有被发现。当周老师看到这篇论文时，恰逢在科技支撑计划课题组的组会上。本来课题合作单位是两位70岁的老先生，我领导课题组开展工作本身就很艰难，本想用发表的论文来建立一点"威信"。没想到论文一到周老师手上，他看了几眼就发现这两处错误，当然他毫不留情。结果，合作单位的老先生也跟着一起责备这家杂志，好像是我们把论文发表在了很不上档次的刊物上，而实际上这家是地理学领域排名前两三位的刊物，我自然是有口莫辩，恨不得再次找个地缝钻进去。事后，我给周老师写了一封邮件，讲了这种尴尬处境，解释了除了参考文献，其他部分我都认真校对了，也对他的"火眼金睛"表示佩服。结果，我收到周老师的一封"道歉信"，信中大意是说当时没考虑到我的感受，只顾着指出问题了……应该得"照顾"一下我的面子。收到他的回信，我更加羞愧了。从此，无论书稿、文稿，校对绝不再有任何含糊。硬着头皮也要把文稿认真校完，多数情况还要求自己校两遍、三遍。似乎变得只相信自己的眼睛，不相信任何人的校对了。

图3　2005年4月周一星与冯健在西柏坡

以上几点都说明周老师对科研工作要求的严厉以及对学生要求的严格，这种严格与严厉，经常是不苟言笑地表达出来，所带来的教训能让人终身铭记。我想说的是，2007年他经历了从手术到化疗的痛苦过程，之后，他完成了自身的转型，那就是从科研一线退出，每天坚持户外锻炼，把养生作为生活的第一位。与此同时，他对人的态度也发生了转变，因为我们这些生活在他身边的学生都明显感觉到：周老师变了，变得慈祥了。有幸的是，我曾经陪他经历了人生的这次转变，也亲眼目睹了他一点点战胜病魔，这是一个充满艰辛的转变过程，依赖于他内心的顽强。

我还清楚地记得，当师母谢老师知道周老师的病情后，当着曹广忠、陈彦光和我的面无助地哭泣。那天在北医三院的检查过后，周老师被安排在输液室里输液，一瓶连一瓶，要输整整一夜。天色已晚，就让大家都回去了，由我陪他输液。输液用的床位在其他房间，需要排队和按号等待，走一个才叫一个，一个小时叫不了一两个号，基本无望。其他人都得坐在输液室的椅子上输液，而周老师刚做过肠镜检查，加上严重的痔疮，屁股在出血，坐在椅子上坚持不住。我也如热锅上的蚂蚁，一遍遍地去求护士能否给周老师安排一个床位，可是没用，还得老老实实等号。整个输液室里只有一张床，用来给病人做身体检查，有布帘子与输液室相隔。没人做检查时，便被输液的人占用。好不容易等这个占用床位的人输液完了，我赶紧扶周老师抢占了这个"床位"，周老师躺下后，我又让我夫人从家里送来毛巾被和一件厚衣服，才算基本解决问题。可是，又面临另一个问题，那就是由于输液的原因，周老师要不停地上厕所，一旦去厕所，这个"床位"就会被别人占了。于是周老师让我去买便盆、便器，可是已经凌晨1点钟了，医院里卖便盆、便器的店铺都关门了。我来到医院外，寻找还是一无所获。无助之下，想了一个办法，买了一个大瓶可乐，把里面可乐液体倒掉，借了院外小卖部的一把剪刀，把装可乐的瓶子改装成了一个小便器。这个"神器"真发挥了大作用！周老师用完，我便到厕所里清洗备用，算是度过了最艰难的一夜。整个夜里，我一直和周老师聊天，他情绪非常乐观，没有感觉到疾病对他的情绪产生过什么不良影响。我想，这是他战胜病魔的关键因素。

他手术后，便开始了化疗。我们几个学生也做了分工，轮流到医院看护，我负责用书法来鼓励他培养生活中的爱好，同时也转移他对疾病的注意力。在医院里的那段时间是一段难忘的历程。他经常会练习书法，写了厚厚的一个本子，当我值班时，他就拿给我看。中午他休息时，我也在本子上写字。当时我曾和他约定，他出院后，由我保存这个练满了书法的本子，我感觉那上面记录了我们师生的故事。但是，后来周力回国看到这个本子后，便要了去。我就拿另外的小型册页，请周老师专门写了，交给我保留。后来，我的专著《乡村重构：模式与创新》在商务印书馆出版，我专门请周老师题写了书名。他的字有浓浓的书卷气，加上他年轻时也练过字帖，草法非常规范，繁体字写起来驾轻就熟，所以效果非常好。有几次，我给书法界的朋友看周老师的字，他们都竖起大拇指。我相信，这种评价是由衷的，不是奉承。这期间，周老师曾指出我书法中的一个错误写法，那就是"后"字的繁体行草写法，我写了二十年，没意识到一直沿用了自己的错误写法。看到周老师指出这种错误的语气很肯定，我才认真了，赶紧去查书法字典，一查，才发现他是对的。

图4　2012年3月周一星与他的徒子徒孙们合影

周老师在第一次参评院士失利后，果断地退出，随后便生病、治疗、康复、休养，并调整了其人生目标，将"养生"置于生活的第一位。我认为这是他的一个英明决策。他每天上午去颐和园练功，风雨无阻。我想这是他对自己毅力的一种较劲，实际上是他对抗病魔的一种顽强心态，果然，面对他强大的毅力，病魔撤退了。至今，术后14年无复发，他创造了奇迹。周老师在康复和休养之中，其实也没有放弃专业。他的《城市地理求索：周一星自选集》和《城市规划寻路：周一星评论集》便是在养病期间利用每天下午工作两三个小时，日积月累而成的。尤其是前一本书，他重新撰写了十几万字的题注，不愿意落下炒冷饭之名。在这14年中，周力夫妇生育了三个孩子，尤其是在第一个孩子出生和成长期间，周老师夫妇基本上每年都要去美国小住一段时间，享受天伦之乐。我们同学们去他家中，周老师常常拿他孙子的照片或视频给我们看，谈论的话题也经常围绕着他孙子，慈爱之情溢于言表，我们都能感受到这位当年无比严厉的大学者所经历的人生态度转变。我想，用鲁迅先生的诗句来形容他此时的状态最为贴切，"无情未必真豪杰，怜子如何不丈夫？知否兴风狂啸者，回眸时看小於菟。"

传承：师"心"？师"迹"？

我经常拿艺术上的道理来类比科学。艺术上贵"创新"而轻"模仿"，艺术家必须要形成独立于老师的个人艺术面貌，一味地学老师的面貌绝不是优秀的艺术家。齐白石门生众多，他唯独推崇李苦禅（李英），他在李苦禅的画上题道"人也学吾手，英也夺吾心""英若不享大名，世间是无鬼神"等等。齐白石之所以推崇李苦禅，就在于其他的学生都模仿所谓的"齐派画风"，画出来的作品和齐白石很像而没有独创性；但李苦禅就不一样，他画的永远是他自己的风格，甚至表现题材上也与老师错开，他学的是老师的艺术创造精神而不是简单的艺术作品，所以作为学生来讲，李苦禅就棋高一招。

地理学的治学也是类似的道理。我们要学老师的精神而不是他的面貌。也正是基于这种思想,我在学习继承周老师的学术方面,更倾向于开创一片属于自己的天地,而不愿在老师的研究框架里转悠。我更愿意学周老师的治学精神,而不愿意被人家称作"周一星二",我更想被人称作"冯健一",那怕这个"冯健一"不成熟、不高大,都没有关系。所以,这就是我保持兴趣在城市社会地理学科里闯一片属于自己的研究领域以及近十几年来花了很多精力探索定性研究方法的原因。也就是说,在继承和学习周老师方面,我更倾向于师心,而非师迹。但有时候,也没有完全做到,多数是很多客观条件使然,比如在"城乡划分"研究方面,是因为承担了国家科技支撑计划课题,就承担起了发展周老师在这一方向上研究的重任。当然,在研究的过程中,我力争做出自己的特色来,没有完全按周老师当年设计的框架或指标,而且这一点一直受到周老师的鼓励,认为我们应该与时俱进、根据情况的发展变化,研究新的指标,这也是周老师博大胸怀的一种反映。

图5　2015年9月冯健(左一)在开展"常州市总规人口专题研究"课题调研期间率团到周一星常州家里探访

从2014年秋季开始，我在北大给研究生开设"应用人文地理学专题研究"课程，在做课程设计的时候，曾突发奇想，何不利用这个课程增加一个"节目"，让同学们读周老师的两本新书（《城市地理求索：周一星自选集》和《城市规划寻路：周一星评论集》），以便借助我们中年这一代教师来传承周老师这一代老先生的治学思想？于是，我买来这两本书，无偿地发给同学们，让他们读，并做一个读后感的汇报文件，大家一起讨论，作为课程的中期汇报。具体要求不限，两本书可以选择其中一本来读，也可以选择书中某一个系列的文章来读，总之要读出体会来。这件事情，从2014年到今年，已经坚持做了八年。基本上每年，同学做汇报时，我都请周老师出席一至两次，他会认真地点评，鼓励同学们对他的研究进行"批判"（这是周老师的原话），而不是一味地点赞。在这八年的汇报中，我发现，同学们的阅读视角五花八门，有分析周老师的语言风格的，有从学术树和生命史视角研究周老师的学术历程的，有抓住周老师的某一个系列（如城市发展方针、城镇化、城镇人口统计、城市职能定位、城市土地等）进行综述的，有结合新数据来更新周老师当年的研究并得出新结论的，有结合周老师对某一座城市发展的评论（如哈尔滨、芜湖、黄石等）来反观该城市当前规划建设的，有利用周老师的某一理论分析具体问题的（如主要经济联系方向论），有研究周老师的治学思想与人格魅力的，等等。这些汇报很多都超越了"读后感"，有的已经类似一项小研究了。每年参与同学们的汇报讨论，我总是感觉到他们年轻人的活力以及周一星老师治学精神的持久魅力，我相信同学们是认真读了他的书的。在这个物欲横流的年代，在这个电子通信横行天下和以"流量"论成败的年代，能静下心来系统地读两本有份量的书，已实属不易，更何况还要思考如何发展和评价前人，还要展示和讨论，甚至还要接受周老师的亲自点评。我相信，只有认真地读他的书，才能谈出体会，也才能打动别人。

图 6　2016 年周一星（前排右六）与"应用人文地理学专题研究"研究生课堂学生合影

2020 年 10 月，周老师认真地对我说："同学们已经坚持读我的两本书七八年了，是不是差不多了？别因我的老思想而误人子弟！"我便把课堂汇报的 PPT 文件发给周老师看，他看完后说："同学们是认真的！"而我则在想，这件事至少要做十年，或等出版社买不到这两本书了，再另作别论。我在"应用人文地理学专题研究"研究生课堂上的这种教学设计，实际上也是"师心不师迹"或"师心胜师迹"学习思想的反映，我希望周老师的学术思想影响到青年一代北大学子，想让他们有效地传承周老师的治学思想，因为将来发扬光大的任务终究还得靠他们！

温度，激情与"书生意气"

周一星老师的文字是感人的，因为他的文字带有"温度"。他是拥有传统文化学养并自觉注重对语言的表达与使用技巧的老一辈学者，我虽然没有在这方面问过他，但显然能感受到。在我的"应用人文地理学专题研究"课程上，一位研究生曾专门研究周老师的语言表达习惯，我清楚地记得"做城市与区域规划需要激情投入""深圳不应该成为一座妻离子散的城市""务实为要，何必'先锋'""土地失控谁之过？"那些发自一位有良心的学者内心的呼喊与呼吁，充满了感情，满怀着激情，振聋发聩。

大概在 2005 年，周老师邀请国际著名学者 Terry McGee（Desakota 模式的提出者）和他的老朋友 John Logan 出席北京论坛。当时，他还邀请两位先生在北大城环学院各做了一个讲座，在 McGee 的讲座之前，他准备了一个 PPT 介绍 McGee。这个介绍中的一些故事，我们大概都知道了。1984 年，周老师第一次出国，到马来西亚参加 IGU 的一个短训班和国际学术讨论会，McGee 就是短训班的主要讲课者，而且帮助修改周老师的首篇英文论文。1988 年 9 月周老师参加了在夏威夷举办的一个关于 McGee 的"Desakota Region"的学术讨论会，周老师提交了他的关于都市连绵区（MIR）的英文论文，引起 McGee 的重视，受到欢迎和好评。因此，周老师一直视 McGee 为对自己有知遇之恩的老师。

在 PPT 的最后，我清楚地记得周老师说道："一日为师，终身为父。"说到此处，声音哽咽，观众无不为之动容。这便是周老师的"温度"。2010 年，《城市地理求索：周一星自选集》出版后，恰逢潘峰华（当时为我院博士生）去 McGee 所在的城市访问，周老师便委托潘峰华给 McGee 捎去此书并转达问候。一年后，潘峰华归国，McGee 委托他给周老师带来了一幅画，是其夫人亲笔绘的案头静物。这幅画的画技水平虽然有限，但我从中读出了 McGee 对周老师的情意，再反观当年周老师用 PPT 介绍 McGee，老先生也一定感受了周老师表达出的浓浓情意。毫无疑问，这种跨越中西的"师生之情"，是诊治当今世态炎凉、物欲搅扰下社会问题的一剂良药，因此，我多次在课堂上给同学们讲这段故事。

2004 年，我的博士论文《转型期中国城市内部空间重构》出版。出版前，我请周老师给此书写一个序，尽管我知道他从不写序。在我的再三动员下，他还是答应了。在序中，他肯定了此书的四个方面的价值，在此之后，他说"总之，这是一篇出自中国年轻学者之手的、反映中国城市内部空间结构最新动态的、极有分量的研究成果。"然后又指出了两点他不满意的地方,尤其是认为有些前人的框框还可以突破。在序言的最后一段,他是这样写的:"我自己的书从来不请人作序,也从来不答应给别人的书写序。冯健再三要求,让我破了这个例,算是作为他的导师,为读者介绍一些本书的背景和我本人的评价。欢迎大家对本书中的不当之处提出批评,我们把它当作对我们师徒俩的最大帮助。"读完这个序,再回顾之前我提到的有关我的博士论文开题、预答辩等过程中,对于各种评价和质疑,周老师都未明确表态只是默许我做自己的探索,原来他的评价都藏在心中。这本书出版的时候,正值我年轻力壮,充满了干劲,把周老师的序视作一种鼓励,虽然感动,但并没有掉泪。可是,远在兰州的我院院友张志斌教授读完这个序时,就不一样了,他哭了,而且哭得很痛快。事后,他告诉我,读完这个序,他仿佛回到了母校,仿佛又回到了老先生们的身边,以周老师为代表的那些带有知识分子本色的老先生们,让他动容,让他落泪。从此,我视张志斌教授为老友,对他刮目相看,皆是"温度"使然。

图7　2019年周一星与"应用人文地理学专题研究"课堂上做汇报的同学讨论

周老师说他是"位卑不敢忘忧国"的平常学人,因为无职、无冕,总是无所顾忌、大胆讲自己的观点,尽一个学者的责任,有时候有"书生之见"。当然,这里面有他的自谦之辞,我的理解,这种"书生意气"恰恰是一个知识分子的可贵之处。孟延春师兄曾写过一篇综述周老师学术成就的论文,标题叫"不惟书,不惟上,只惟实",标题还是用得非常贴切的,讲的也是周老师书生意气的一面。然而,周老师的"书生意气"不同于一般人的"书生意气"。他的"书生意气"不是颐指气使,不是随意做书生式的抱怨,而是立足于敏锐的洞察力、独立的思考能力以及对对方要害的准确把握,是在独立人格基础上形成的一种"真率"。他多次告诉我"伤其五指,不若断其一指""搏二兔不得一兔"的道理。2000年,面对南京市对上一版总规的规划评估报告,他一眼就看出评估报告没有涉及一个重要的问题,那就是规划对城市不同圈层定位的失误,尤其是对"主城"和"城市中心区"功能定位出现了偏差,导致各种人口预测的偏差,于是就有了我们师徒合作的论文"应用主城概念要注意的问题"。五普数据公布后,他发现国家统计局对五普之前城镇化水平的修复很有问题,会影响对21世纪中国城镇化走向的判断,因而给出了他自己的修补方案,进而形成并发表了一系列论文。我想,

图8 2019年11月19日在冯健的研究生课堂上师徒二人合影

无论是国家部委还是地方政府，面对周老师的这种"书生意气"，他们一点办法也没有，因为，他们的要害被周老师抓住，而周老师又是对事不对人，只看科学事实，不顾及领导关系。所以，这是真正的知识分子的本色，而那些犯了错的政府部门对周老师肯定是"既爱又恨"："恨"的是他不讲领导情面，常常让领导丢了面子；"爱"的是周老师及时纠正了问题，没有谬种流传，没造成更大的负面影响。此时，我想起古人的一句话，借此来形容周老师的"书生意气"和"书生情怀"，那就是"惟大英雄能本色，是真名士自风流！"

结语：永恒的精神支柱

《城市规划寻路：周一星评论集》的前言名为"春野花开"，在最后一个段落里，周老师记录了一个发人深省的小故事。在达拉斯的一个早晨，在树林中他看到一种开出淡黄色小花的野草，而一场大雨破坏了这个美丽的画面，他甚至怀疑这野花是否完成了其生命周期！再联想到他自己，学术生命和野花一样短暂，但毕竟开了花，在与自然法则的较量中努力奋斗过，不遗憾了。我相信，这个故事感动了很多人。我对这段话有自己的解读：这里面有周老师对人生与学术的感悟，有他对自然规律与个体生命关系的认知，也有他顽强地与疾病做抗争的斗志，更有他以"平凡铸造永恒"的生命信条，那是他的精神支柱。

2021年1月5日，在完成肠镜息肉切除手术和病理检查结果出来之后，周老师在师生群里发了如下一段话"早安，诸位好友。昨日得到我年前肠道手术切除息肉的病理检查报告，确诊为初期结肠癌，息肉中已发现癌细胞。所以此次手术是值得的。这就是与癌共存早发现早治疗模式在我身上的体现。如实向你们报告，是为了解除大家对癌症的恐惧心理，乐观对待！"师兄弟们都纷纷发微信，表达对周老师的祝福以及对他的冷静态度和达观心态表示钦佩。我想这又是他乐观顽强精神的再次体现！他心中的精神支柱在发挥作用。

我知道周老师喜欢梅花，尤其是雪中绽放的寒梅。《城市地理求索：周一星自选集》一书的封面便是雪后腊梅掩映下的博雅塔。我记得他经常会提醒我,未名湖边的腊梅开放了,颐和园里的腊梅开放了……或许,在雪中盛开的腊梅,正象征了他顽强不屈的奋斗精神以及平凡铸造永恒的人生信条。

本文记述了我与恩师周一星教授交往的二十年中,我与他之间所发生的一些故事、他对我的影响以及我对他不同时期人生态度转变的一些看法。在文章的最后,我想用2012年所写的一首小诗作结,顺祝先生晚年"冷香横逸",享期颐大寿。诗云:

《咏梅花题赠恩师周一星教授》

壬辰之冬,奉院系领导之命,为恩师周一星先生整理简介材料,标题定为"冷香横逸雪中枝"。事后,凑成四句,题赠先生。

天寒铸就铁身姿,虽老骋怀尤未迟。
一夜狂风吹过后,冷香横逸雪中枝。

作者简介

冯健,1975年6月生,江苏沛县人,现在为北京大学城市与环境学院副教授、博士生导师,北京大学城环学院社会与文化地理研究中心主任,2000年9月至2003年6月期间随导师周一星教授攻读博士学位,后留校任教至今。邮箱:fengjian@pku.edu.cn

受教三载，受益终身

郑 国

我是 2002 年 4 月通过北京大学博士生入学考试，当年 9 月进入北京大学环境学院，正式成为周一星教授的博士生。在进入北京大学之前，我的硕士导师赵荣教授告诉我周老师是一位治学严谨、坚持原则、受人尊敬的学者，叮嘱我务必保持勤奋踏实的态度向周老师学习。因此在入学之前，我先系统研读了周老师当时发表的文章，初步领会了周老师的学术思想和治学态度。这些文章虽然都是周老师二十年前的科研成果，但无论什么时候再读都有时读时新之感。

在这些文章中，最令我钦佩的是于 1998 年发表于《城市规划》中的《主要经济联系方向论》。在我看来，这一理论是所有城市规划理论中最经典最好用的理论，在解释和指导区域与城市发展、开发区和新城规划、重大基础设施和公共服务设施选址等方面具有不可替代的价值。该理论最大的特点在于建立在客观现实世界之上，因此对于城市规划和区域规划实践具有非常强的指导意义。而其他地理学或相关学科理论的前提假设通常是不现实的，比如中心地理论是建立在均质平原之上，而现实中不存在这样的均质平原，理论必然难以指导实践。

图1　2009年10月4日周一星与郑国在梁庄台下（重访四清旧地）

进入北京大学后，在师从周老师学习的过程中，进一步深入领悟了老师开明睿智、严谨求实、学以致用的治学态度和大气谦和的待人之道。参与课题研究是接受老师传道授业的最重要途径，在北京大学三年里，我先后完整地参与了周老师主持的"山东半岛城市群发展战略研究"和"北京城市功能定位与发展目标研究"两个课题，对我此后的教学和科研工作产生了深远的影响。

"山东半岛城市群发展战略研究"是山东省建设厅委托的课题，于2002年10月正式启动。在这个课题中，我和赵群毅一起承担"城市经济区和城市主要经济联系方向研究"这个专题。2002年11月和12月，周老师带着课题组两次到山东半岛各城市进行了实地调研和考察，回京后课题组分头开展研究工作。这个课题需要回答的一个问题是：山东是继续延续济南－青岛双中心格局，还是明确以青岛作为全省发展的龙头？这是事关山东发展的重大战略问题。在开展课题研究前，周老师是主张后一种思路的。这与"主要经济联系方向论"是一致的，也与当时青岛蓬勃发展的态势是相适应的。要明确提出以青岛作为龙头需要各个专题研究的支撑，我们这个专题中与之紧密相关的内容是各个城市的中心性强弱、如果青岛的城市中心性明显高于济南和其他城市,那青岛就应当作为山东的龙头。我们采用的研究方法是利用主成分分析计算各城市中心性得分,但在最初计算时,我们一时疏忽忘了乘上主因子的载荷系数,得到的结论是济南的中心性比青岛的中心性强,这意味着如果提青岛是山东的龙头是有问题的。在各专题第一次汇报研究成果时,周老师对我们这个结论充满了疑问,但一时也不了解问题出在什么地方。过了几天我接到周老师的电话,问我在计算中心性的时候是否乘上主因子的载荷系数了。我当即意识到了其中的疏漏,对此非常自责。我们很快更正了这个错误,新的城市中心性得分是完全支撑周老师的最初判断的。在重新修改了专题报告后,并和赵群毅同骑单车去蓝旗营小区向周老师汇报新的专题研究成果。当时正是北京非典疫情蔓延的时候,我现在仍清楚地记得周老师到小区门口来接我们上楼并关心询问我们疫情防控措施的场景。

图2　2009年10月4日周一星与郑国顺访爨底下村

"北京城市功能定位与发展目标研究"是编制"北京城市总体规划(2004—2020)"时20多个专题研究中的第一个。北京作为中国的首都,是全国的政治中心和文化中心的定位是确定无疑的,而是否要提经济中心是当时争论的焦点。

周老师当时的观点是：北京已经是中国的一个经济中心，这是不可否认的事实。因此，这个问题的关键不是提不提北京是一个经济中心，而是怎么提更有利于北京的健康发展？为此，周老师带着我们做了大量的分析、计算和论证工作，最后得出的结论是："北京是中国的政治、文化中心和经济管理中心，是以知识密集型产业为主导的重要经济中心，具有东方文明特色的国际大都市"。在对北京城市性质与发展目标的进一步阐释中进一步提出：北京是"以知识密集型产业为主导的经济中心，职能影响的空间尺度主要是我国北方"。这一结论看似并不复杂，但其得出却并不容易。周老师先后组织了两次专家论证会，广泛征求意见，记得吴传钧、夏宗玕等老先生都出席了论证会。周老师还带领课题组字斟句酌地对北京城市性质的表述进行修改，可谓是精益求精。尽管由于种种原因，这一表述在2004版的北京城市总体规划文本中没有被采用，但课题研究所得出的结论还是得到了专家的认可。通过这个课题研究，我深刻地理解了我国城市总体规划以及城市性质的意义和功能，也进一步领悟到周老师实事求是和严谨求实的治学态度。

到中国人民大学工作后，我为本科生和研究生开设了"城市发展战略规划"这门课程。"主要经济联系方向论"是我向每届学生必须重点介绍的理论之一，城市职能分析和区域空间结构也是我每轮课重点讲授的内容。每次讲到这些内容的时候，读书时接受周老师教诲的场景仍历历在目。每每忆及这些往事，都感到十分庆幸当时有缘投入周老师门下，也非常感谢老师的言传身教。

衷心祝愿恩师日月昌明，松鹤长春！

作者简介

郑国，1977年4月生，四川达州人。2002年9月至2005年7月师从周一星教授攻读博士学位。现任中国人民大学公共管理学院教授，博士生导师。邮箱：sczhguo@163.com

润物无声洒春晖

卫　欣

这几天心情颇不宁静，老是不能落笔开始写这篇小文章，总想找回在学校期间师从周老师的所思所想。睡梦中，当年的一幕幕又鲜活起来。从2003年开始跟随周老师学习，近二十年已过去，回忆过往，点点滴滴涌上心头。周老师治学严谨、低调正派、待人真诚，直至今日，周老师做人做事的态度还时时影响着我、启迪着我。

2004年夏天，七月的武汉湿热交加，我参与了周老师牵头负责的"武汉城市总体发展战略规划研究"项目的实地调研。周老师白天带着我们与各部门召开座谈会收集资料，晚上还亲自主持课题组研讨。高温天气和连续的疲劳战致使周老师感冒了，但周老师仍然坚持工作，让人分外心疼。7月12日下午，我们几个学生陪周老师在武汉市中医院输液，度过了和周老师独处的难忘的几个小时。病房里的电视正在播放乒乓球比赛，周老师给我们讲他在学生时代也打乒乓球，还提醒我们要坚持锻炼，有强健的体魄才能更好地学习和工作。之前和周老师在一起都是讨论学习和研究，第一次聊学习之外的事，突然觉得周老师不像平时那么严厉了，格外亲切。

卫 欣　润物无声洒春晖

图1　2006年9月教师节周一星（左四）与学生们在银锭桥

前年春节前夕去看望周老师，正好赶上周老师在整理旧书，我也参与其中。我看到一本侯仁之先生主编的《中国古代地理学简史》，应该是周老师大学时所用的教材。年代久远，书已有些发黄，但这本不足百页的书中，几乎每一页都做了详细的标记和注解，有的地方还打上了问号。此外，还用单独两页纸梳理了地理学发展史大事年表，用红蓝两种字体认真对比了从商周时期中西方地理学史的大事记。直至今日，我还时常因此而感慨，周老师从自己的学生时代开始就那么认真严谨。周老师很少对我们进行说教，但他的一言一行，他待人接物的态度却犹如春风化雨般影响着我们，塑造着我们，改变着我们。

总觉得周老师有很多面，有时候他像一位斗士，在高规格的会议上求真务实，据理力争；有时候他像亲切的父亲，在短信里叮嘱我们要锻炼身体，不要熬夜。虽然离开学校已经多年，我仍然像周老师当年要求的那样，对文字材料严格细致，从文档排版到格式标点，都不允许有一点错误。每当在工作中遇到难以解决的复杂问题，周老师乐观向上的人生态度、实事求是的工作作风就会警醒我、激励我主动破解难题，用做科学研究的方法解剖麻雀，条分缕析，用更高的格局、更开阔的眼界、更广博的胸怀去分析问题、解决问题。事实上，周老师还有很多优点都一直影响着我，比如孝敬老人、扶持后辈、同情弱者等。润物无声洒春晖，周老师用这种无疆的大爱培养了一批又一批的学生，帮助我们走向成长和成熟。

图2　2020年9月在卫欣（右一）引导下，周一星及部分学生参观北京城市副中心运河商务区地下管廊

最后，我要对周老师表示深深的感谢，感谢老师的辛勤培育，关心我的学习，牵挂我的成长。感谢周老师教会我独立思考，在思考的过程中完善自我。天地宽阔，山高水长，时常觉得自己很幸运，在成长的重要阶段能遇到周老师这样的严师，正是因为有您的关怀与宽容，才让我能在独自面对困难和疑

惑时坚守初心，勇敢前行。

祝福周老师和谢老师幸福安康！

作者简介

卫欣，1977年6月生，就职于北京市通州区委，2003年至2008年跟随周老师学习。邮箱：weixin586@163.com

润物细无声
——我和硕导周一星老师

胡智勇

时光荏苒，日月如梭，眨眼间已经硕士毕业离开北大近二十年了。借今年庆祝周一星老师八十大寿的契机，响应师兄师姐的号召，我也写写当年在周老师指导下读硕士的青葱岁月。虽然很多记忆已经模糊和不准确了，但是回想起来一些关键的片段还是栩栩如生。

和许多同门的师兄师姐一样，我最早对周老师的印象也是来源于他讲授的城市地理学课程。老实说，刚到北大城环系读本科的时候，我对本专业的课程并不感冒。尤其是入学后得知城环系就是如假包换的地理系时，中学时候对地理的无感使我本科期间一直是以应付的态度去修读专业课程。再加上我入读的20世纪90年代后期正好是电脑和互联网在我国兴起和蓬勃发展的黄金时代，和不少同龄人一样，我的很多学习精力和兴趣都消耗在层出不穷的电脑技术上和如今已面目全非的海淀图书城里，对经济地理专业的必修和选修课都提不起兴趣。印象中唯一例外的专业课就是周老师的城市地理学。时至今日，虽然已经过去二十多年了，周老师课堂上那慷慨激昂、充满自信而又条理清晰和逻辑缜密的授课风格仍然让我记忆犹新。后来我曾经听我的博士导师林初昇教授转述过,他在初入教职时向周老师请教过如何上好课,周老师的回答是(好像也是从老一辈学者那继承来的):好的授课方式就像弹钢琴,声调有高有低,但是始终围绕着一条主旋律。回想起来,周老师这种如钢琴弹奏般主线脉络清晰、收放自如的讲课风格正是它能打动人和让人产生共鸣的原因。当然,说起来容易做起来难。如今我自己也是大学老师,每次花费大量时间备课,但有时却收不到预期的效果,更能体会周老师上课的艺术和魅力。

图1　2001年周一星与即将毕业的张莉和胡智勇合影

另一个让我对周老师这门课印象深刻的原因是他自己编写的《城市地理学》教科书。此前我对人文和经济地理学的认识一直都是各种必须要死记硬背的描述性知识,既无趣又不知所以。周老师的这本书仿佛在我心里打开了一扇窗户,让我知道原来城市研究是可以这么既科学又有趣。虽然是一本学术著作,但是整本书没有复杂拗口的术语和故弄玄虚的艰涩，而是用平实简单但又清晰的语言来把城市规模、职能、空间结构等发展规律的前因后果娓娓道来。我依稀记得当时在很短的时间里把周老师这本书从头读到尾，书中各种概念理论在中国城市发展实际案例中的应用让我大开眼界，第一次体会到自己所学专业也有用武之地，极大地激发了我对城市研究的兴趣。可以说周老师的《城市地理学》一书是我的专业启蒙教材，让我这个时常想要逃离地理的差等生对本专业有了更强的信心和归属感。

我1998年本科毕业，最终GPA成绩处在全年级中游，没有免试推荐到中科院和其他大学的机会，同时又没有具体的职业规划，在懵懂和迷茫之中选择了考研。因为对周老师的景仰和崇拜，攻读周老师的硕士生是我的第一和唯一选择。记得当时考研之前还鼓起勇气去找过周老师，得到了考过线就招收的承诺。考研的成绩现在已经完全不记得了，但准备考研期间北京寒冷且总是灰蒙蒙的冬天一直都印在我的记忆深处。也许是我难得的刻苦努力感动了上苍，最终如愿以偿地入门成为周老师当时最年轻的研究生。

如果要找一个词来形容三年硕士期间周老师对我的影响，可能潜移默化是最好的概括。我入门的时候张军师兄已经硕士毕业去美国读博士，经常在办公室碰见的是师兄杨家文、师姐张莉、已经留校任教的师兄曹广忠和后来入读博士的冯健、陈彦光和赵新平师兄。当时周老师正承担着国家自然科学基金委的"开放条件下中国城市体系的空间结构"课题。课题的主旨部分是通过各种测度中国城市对内对外联系的指标衡量城市中心性并划分城市经济区。这一工作主要分配给张莉师姐完成，最后也构成她博士论文的主要内容。杨家文师兄分到的任务是根据获取的海关进出口数据来衡量中国大陆口岸的对内联系腹地。刚入门的我最后则承担了通过航空运输网络来分析中国城市体系空间结构的任务，并以此为我硕士毕业论文的选题。整个硕士学习期间周老师都没有给我太大的压力，放手让我去天马行空地摸索自己的任务。同时，周老师又尽可能地创造条件，让我参与到他承担的研究和规划课题中去，通过实地调研、资料收集和课题组讨论来感知和体会城市研究和规划实践的各种内隐知识(tacit knowledge)。作为常在周老师办公室使用电脑的"钉子户"，我也有幸近距离观察到周老师如何面对面指导师兄师姐的博士论文，大到文章的框架和主要结论，小到字句表述和标点符号都毫不含糊，力求准确和"一针见血"，绝不拖泥带水。我们经常说包括城市研究在内的社会科学一半是科学，一半是艺术。好的社会科学文章不光要求资料准确客观、以事实证明观点，还要求行文语言组织合理、逻辑衔接流畅，才能更有说服力和可读性。在我心目中周老师和我的博导林初昇教授真正是中英文学术论文写作科学性、逻辑性和可读性完美结合的典范。时至今日，我还清晰地记得当我在毕业前夕把硕士论文初稿交给周老师后，他返回给我的修改稿上用红笔记录的各种修改建议，同时谆谆告诫我要下笔立论、用词准确。这一点不光体现在周老师发表的学术论文中，同时也始终贯穿在他撰写的规划课题报告乃至会议发言稿中。用周老师自己的话说，"观点不突出还不如不说"。我后来读博士期间也经常被导师要求在一两分钟内把自己文章的主要观点表述出来。看来尽管中英文表述习惯不同，对好文章的判断标准却出奇地一致。

对我而言，三年的硕士学习很多时候是在周老师的办公室耳濡目染、不自觉地学习周老师和各位师兄师姐做学问的方式方法。听得多了，有些字句也或多或少地会去模仿周老师的表达方式。更为重要的是，周老师学生团队中良好而宽松的学术氛围也潜移默化地影响和感染着我。记得当时从师兄师姐口中听到对《城市地理》(*Urban Geography*)这一学术杂志的讨论让我也好奇地去系图书馆借阅该杂志的最新文章。无心插柳柳成荫，我硕士毕业论文中用到的基于航空网络流来模拟估计城市影响力的方法和lindo软件正是得益于其中一篇英文论文的启发。另外，经常在办公室听到周老师和曹广忠师兄、杨家文师兄关于城市化水平、人口规模、交通通达性和城市腹地划分等议题的讨论，帮助我间接了解了很多常用概念和方法的微妙之处，而从旁观摩杨家文师兄在办公室那台笨重的台式机上用电脑软件自动计算和描绘出城市通达性空间分布图，也激发了我电脑建模分析实证数据的兴趣。得益于师门浓厚包容的学术环境，最终我根据一本中国民航时刻表和在当时还算创新的空间模拟模型顺利完成了硕士论文。依托硕士论文完成了我和周老师合写的论文"从航空运输看中国城市体系的空间网络结构"，并发表在 2002 年《地理研究》第 3 期。现在看来，这篇论文站在了城市地理学和交通运输地理学的交叉领域，算是国内最早从航空网络来探讨城市体系空间结构的开拓性文章。它成为我的重要学术代表作，至今仍然是我发表的中英文论文中被引用次数最多的文章。

图 2　2007 年在旧金山 AAG 年会上北大校友合影，左起：胡智勇、贺灿飞、张军、周一星、周宇、黄友琴、刘卫东、李唯

周老师对我的影响不仅仅局限在三年硕士学习期间，他更是我后来能重回学术圈的贵人。我 2001 年暑期硕士毕业，正赶上全球互联网泡沫，几乎所有的

领域都以与IT和互联网挂钩为荣，就业市场充斥着信息通信行业的高薪招聘信息。在行业和社会大势裹挟下，我也向一些知名的IT企业递交了职位申请。尽管我当时的电脑编程技术都是半路出家自学或临时东拼西凑学来的，但也许是北大的品牌效应使然，不少雇主都愿意相信北大毕业生的潜能和自我学习能力，加上IT职位需求的旺盛，最终我成功入职华为公司北京研究所。我人生第一份工作的薪水相当不错，月薪7000～8000元，几乎等同于北京当时热门地段的每平米住房均价。周老师曾经开玩笑地说道，他这个北大工作几十年教授的工资收入还不如自己一个刚毕业硕士生的薪水。如果故事到这就结束的话，也许我现在还在IT领域浮浮沉沉。事实上，虽然直到现在我仍然感恩华为公司提供的优越且充满人文关怀的工作环境，但是入职不久我就感受到对IT职业缺乏归属感，并开始怀念象牙塔内的校园生活。尽管在华为内部培训时拿到过成绩第一的佳绩，但是我非IT专业的学科背景以及枯燥乏味的工作要求时时让我觉得自己与公司格格不入。每到夜深人静时、在上地出租屋内想到自己以后年复一年日复一日过着机械单调而重复的码农生活，让我对未来感到迷茫和踟蹰。工作大半年后周老师的一通电话仿佛黑暗中的一束光照亮了我新的前行方向。当时香港大学林初昇老师第一次招收博士生，与他相交甚笃的周老师得到消息后毫不犹豫地推荐了我。我到港大入读后才知道在香港优厚的博士生奖学金吸引下每年有大量的海内外学生申请，竞争异常激烈，港大博士的申请难度不亚于欧美顶尖高校，能够被录取实属难得。以我当时的简历在众多的申请者中并不突出，最后能如愿以偿很大程度上是因为周老师的竭力推荐。林初昇老师事后不止一次地向我提到，如果没有周老师"拍胸脯打包票"、以自己学术声誉为保证的推荐，我很可能与港大失之交臂。

我读博士后有更多的机会接触国际地理学界的人和事，同时也更多地了解了周老师在国际上的名气和地位。周老师虽然已经退休十多年了，但是几乎所有关于中国城市化水平和郊区化的英文研究都不可避免地会引用到周老师奠基性的研究成果，在与国外学者交流时提到自己的硕导是周一星老师时，也会频频感受到羡慕和尊敬的目光，同时也更佩服周老师能在英文能力并不突出的条件下凭借自身扎实而可靠的研究成果在国际地理学界赢得一席之地的不易和坚持。师者，所以传道授业解惑也。对我而言，周老师传给学生最重要的是他求真求实、"知之为知之，不知为不知"的治学精神和反复推敲、"手上绝不出糙活"的治学态度。虽然惭愧未能为师门增光添彩，但感恩曾在周老师身边学习多年，定不忘将老师的治学精神和态度传递下去，并祝恩师生日快乐，福寿绵长！

作者简介

胡智勇，1977年9月生，江西抚州人。1994年入读北大城市与环境学系，1998—2001年跟随周一星老师读城市地理硕士，在华为公司工作一年后于2002—2006年到香港大学师从林初昇教授读经济地理博士。毕业后2006—2009年在中科院地理所任助理研究员，2009—2012年回香港大学地理系从事博士后工作，2012至今在香港教育大学亚洲与政策研究系任教，先后担任讲师、助理教授，2018年升任副教授。主要研究方向为大中华地区的产业空间、城市与区域发展、土地与住房政策等。邮箱：zyhu@eduhk.hk

"周老师您好，请收修改稿"

罗　翔

一、"增一字太多，减一字太少"

2011年的一天，我给周老师发邮件，报告一个"发现"："同济新版《城市规划原理（第4版）》（吴志强、李德华主编，2010年9月），其中'城市与城镇化'一章的参考文献，列有《城市地理求索：周一星自选集》。当然，也有《城市地理学》。"1995年初版的《城市地理学》一书出现在参考文献，毫不意外，该书问世以来，被广泛征引，早已成中国城市地理和规划学界的必读书之一。而《城市地理求索：周一星自选集》2010年5月才出版，六七月份，周老师参加华东师大的会议，随身带过来几本，分送给上海的同行，没想到迅即被列入业内极具影响力的基础课教材，当然是"一个小小的、但令人愉快的消息"——这句话摘自周老师写给我的回信。

谁知道，这一通简单的邮件往复，开启了接下来两年多的频繁交流，仿佛重新读了一回研究生，这样说一点不夸张：一来在校期间，周老师正处于学术活动最繁忙的状态，也是学术声望达到巅峰的时期；二来自己请教不勤，常常要在开

一星如月

周一星和他的朋友们

讨论会时才露面。有一次，周老师很客气地问我："最近在忙些啥啊？"我正紧张着，不知该如何回答是好，陈彦光老师接了一句："他天天在图书馆看书呢，跟着古今中外的大师学习"——陈老师心直口快，肯定没有揶揄周老师不是大师的意思，但确实帮我解了围。

师门里人才济济，为什么让我来协助编写《城市规划寻路：周一星评论集》呢？可能我毕业后从事规划实务工作，也可能读书时候，给师友们留下一个印象，觉得我对语言文字比较敏感——刚入学，第一次去办公室，桌上放着自然科学基金申请书，我站在旁边扫了一眼，"商务印书馆"写成"商务印刷馆"，一定是打字时笔误了，立了一个小功。还有，就是我的猜测了：那些年，我时不时上网写博客，在纪念杨吾扬先生的博文里，赞颂杨先生的中文写作水平，达到"增一字太多，减一字太少"的炉火纯青境界，还列举其他几位具有同样特点的前辈地理学家——林超、侯仁之、黄秉维、任美锷、李旭旦、吴传钧。这篇小文章，也许周老师看到了，他在邀请我协助编书的邮件里就说，希望这本书能做到"增一字太多，减一字太少"。

看到这句话，我心里咯噔了两下：一是惊，公开议论前辈大家、还动不动掉书袋排座次，给自己挖了个坑；二是喜，《城市地理求索：周一星自选集》一书，编写确实有些仓促、也不够精炼，这是老师"从天堂门口溜达回来"，与生命和时间赛跑的状态下难免留下的遗憾。病情稳定了，再次启动写作计划，可以更从容淡定地打磨文字。作为周老师的学生，对他的学术思想和人生经历有所了解，有机会先睹为快，自然义不容辞，甚至心有向往，于是，我愉快地跳进了自己挖的这个坑。

我们约法三章：第一，我从读者角度，判断文章是否有价值，如果没有，坚决放弃，以免浪费读者时间；第二，什么都可以改，包括标题、措辞，但不能文过饰非，当时说"一"，现在看来错了，还是照说"一"，不能改成"二"；第三，有讲错了或者不全面的观点，值得请现在的读者来批判，在题注或脚注中反思认错。总之,把最真诚和真实的一面展现出来。

图1　2004年3月周一星(右三)、贺灿飞(左一)、罗翔(右二)等在听Batty教授作报告

以上交流发生在2011年年底,至2013年春末夏初,《城市规划寻路:周一星评论集》正式交稿时,差不多一年半时间,我们通过200多封邮件,对50多篇文章反复讨论。如果把这场马拉松式的编书经历比喻为"知识盛宴"或"流水席",那么,还缺少一份"餐后甜点":本来,我要写一篇后记,从编外编辑和第一读者的角度,谈一些个人感想和幕后故事。很遗憾,没有按期写出来,出版时交了白卷。没想到,"过了这个村,还有这个店",趁着为周老师祝贺八十大寿的机会,我尝试把这篇作业捡起来重新完成,一则表达对老师的由衷感激和诚挚祝福,再则也是有话要说,与师友们分享编书过程中的收获体会。

二、"我不得不大胆地在国际会议上对当时国家公布的数字说'不'"

编书是个大工程,本以为会有一个逐渐磨合、渐入状态的过程,谁知,第一篇文章就很"猛",好在我也不怯阵,敢想敢言,敢改敢删,一上来就直接"怼",

毫不客气，因为只有如此，才对得起这份信任——这样的交流过程，很"周一星"，很爽。

这是一篇演讲稿，1989年1月27日，在美国夏威夷东西方中心，第三次"中国城市化道路国际学术讨论会"的闭幕发言。仅两千字篇幅，语言精炼，却观点密集，信息量特别大，对中国城市化特点的概括和未来方向的预判，在后来二三十年里，逐一得到验证。比如，"健康城市化"的理念；又如，应多渠道、分层次转移农村剩余劳动力，而不是单向往城市流动；再有，不要"为城市化而城市化"，等等。

但是，在我看来，以上真知灼见，都不是重点，至少不是"文眼"。这篇演讲的价值或者说"看点"，在于直言不讳地批评其时国内的城市化水平统计——

美国的朋友们认为，中国城市化几十年来与其他亚洲农业国家相比差距不大。产生这一结论的原因，主要归之于经过夸大了的中国城市化水平的统计。实际上中国已经远远落后于泰国、马来西亚、印尼，更不用说与韩国及日本相比。中国和发达世界的差距拉大了。如果没有政治上的动乱，中国本来可以发展得更好、更快。如果我们总是和比中国落后的国家看齐，中国就更没有前进的力量了。

时隔二十年，读到这段话，仍然颇感刺激，可以想象台下听众的内心反应，何况还有不少中方官员在场。其时，国内尚在使用始于1982年"三普"的城镇人口统计口径，以行政辖区总人口作为城镇人口，以此计算城市化水平，这一严重的偏大统计，误导了不少国外学者，进而得出不少偏颇的研究结论。"要说服他们并不容易，我不得不大胆地在国际会议上对当时国家公布的数字说'不'"——这种做法，用今天的话说，就是在"吹哨子"。但是，周老师不害怕说真话，一是国内的政治氛围越来越开明，二是他发自内心的相信——

中国未来的城市化最终取决于中国改革的进程、两种经济体制较量的结果和人民文化素质提高的程度。任何盲目的悲观都是不必要的，历史总要冲破一切阻力向前发展。

说实话，在启动这本书的编辑之前，作者本人和我这个助手，心里都在打鼓，这些时过境迁的文字整理出来，是否具有阅读、出版的价值，会不会有浪费笔墨纸张之嫌？但是，打头第一篇整理完成，我已经没有这个疑惑了，即便争论成为定论，认识变成常识，再说一遍并不嫌多，甚至真理也要说上一万遍，因为在现实中，一不留神就会开倒车，众声喧哗的时代，各种言论包括谬论都有市场，加之利益团体往往有歪曲真理谋取私利的冲动，多一个人说、多一次提醒，当然有价值。

邮件交流中，我得知一点"花絮"："这篇发言稿只用了一个晚上准备。"另外，周老师特别指出，"我当时是一个副教授。"再过十年（2021年），在杭州聚会时，我又当面听他讲起夏威夷会议的场外故事。作为城市地理研究者，特别珍惜出国交流机会，想多逗留几天做些实地考察，但此举容易引起猜疑，在得到时任系主任胡兆量老师大力支持，并通过国际长途向带队领导口头担保后，愿望终于实现。负责接待的旅美华人学者章生道先生开玩笑说："周老师，你要是不回国，明天就上报纸头条。"事实证明，担心实在多余，玩笑只是玩笑。

三、"认识规律胜于良好愿望"

1983年8月，北京市委召开"双周经济理论座谈会"，周老师作为一名北大讲师（自称"后排议员"），有机会参加座谈并现场发言。经历"文革"十年动荡而逐渐形成的独立思考精神，在发言中充分体现。首先，肯定北京总规的编制成果，拥护党中央、国务院的批复文件；然后，话锋一转，语气婉转但观点鲜明地提出批评，分别围绕城市性质、人口规模和城市环境展开。

城市性质之于城市总体规划，是首当其冲的核心议题，可谓"牛鼻子"，牵一发动全身。长期以来，北京的城市性质，在要不要强调经济功能这一点上来回摆动。新中国成立之初时，领导人认为，要站在天安门城楼上，看到四周烟囱冒烟，也就是突出工业职能。百废待兴、要先吃饱饭的年代，这个思想有其历史合理性。到了20世纪80年代，扭转了偏重于工业的片面认识，却与华盛顿、波恩等政治职能主导型首都类比。周老师认为，又产生了新的片面——这一结论有扎实的学术依据，来自他对世界首都城市的分类研究和对北京经济功能的定量分析。

1983年的发言，只是开了一个头。此后，又围绕这一问题，持续了近三十年的跟踪关注和不懈研讨。2004年，在编制改革开放后第三轮北京城市总体规划时，我有幸在周老师身边亲眼见证。受北规委委托，周老师承担了"城市职能"专题研究，经过大量分析，延续一贯思想，提出"重要经济中心"的创新性建言。课题评审那天，来了不少知名学者，居中而坐的正是吴传钧先生，也许是年纪大了，加上午后犯困，从我的角度看过去，似乎听汇报时睡着了，但丝毫不妨碍他发表评审意见。会后，周老师说，有一处数据有误或是表述不清，他讲到这里有点"卡"，我一下子想起来，这一刻，吴先生一直眯缝着的眼睛突然睁开了，原来没有睡着，只是闭目思考，高手过招就是这样无影无形又惊心动魄。

关于人口规模和城市环境的讨论，就不再转述和展开了，前者是周老师的业务主攻方向之一，从"三普""四普"一直做到"五普"，如果不是身体原因，我相信还会延伸至"六普"，再难再复杂的问题，三四十年跟踪研究下来，也搞得清清楚楚了。周老师不是那种追着热点走、打一枪换一个地方的学者，他说要坚持不懈，"不怕坐冷板凳"，为此，曾写过一篇文章，《人文地理研究能为制定国家政策做贡献——以城市发展方针研究为例》，在英文摘要里，他把"冷板凳"直译为 on the bench for long，其实应该是 a cold shoulder（冷肩膀）——老师没有看走眼，我真是一个喜好咬文嚼字的学生，不管是中文还是英文。而这篇发言稿的原标题,"学习中央对北京城市规划批复的几点想法",我提议改为"认识规律胜于良好愿望:'北京总规'三议",老师从善如流,欣然接受。

四、"没有激情是不行的,要全身心地投入进去"

无论课堂听讲,还是阅读文章,满怀激情,富有感染力,都是周老师的"商标"。阅读这本以规划评审发言为主要场景的文稿,更是个性彰显,力透纸背。试举几例——

在官场上有"下级服从上级"的规矩,在城市规划上,没有乙方必须服从甲方的规定,规划师在领导指示面前,应该首先服从"科学"和"真理"!("科学理解而不是机械执行领导指示")

很多政府领导在城市规划上的失误,其实都是常识性的低级错误,规划人员不会不懂。那么,为什么领导的失误能够在我们的专业规划中通行无阻呢?或许是"奉命规划"在作祟,没有独立思考,没有做负责任的多方案比较。("反对哈尔滨向松花江北拓展")

究竟什么是城市规划和城市建设的对与错?一个城市按照原本有错的规划进行了投资建设,过后发现问题,又继续投资来加以弥补。我们多年的评价模式是,第一次的错误是对的,第二次的修正也是对的,加起来更是对的。这种模式不是渗透在各种领域吗?朋友,您能为我释疑吗?("漂亮的规划理念不应该是摆设")

平均年龄29岁的特殊人口结构,一方面铸就了深圳朝气蓬勃、不断进取的精神,但另一方面又意味着很多居民没有正常的家庭生活,意味着很多孩子享受不到父爱和母爱。一个不是大多数人拥有家庭幸福的城市,不是一个正常的城市,不是一个安居乐业的城市,说重一点,是一个妻离子散的城市。("务实为要,何必'先锋'")

这就是极具辨识度的周式语言风格，也是周一星老师的人格魅力的源头之一。但我认为，协助整理书稿的工作，如果有一定帮助和提升，很大程度在于对"激情"的"冷处理"——比如，略去连用的感叹号，或者把叹号改为句号，又如，替换掉一些刺激性的字眼。这样做的初衷，当然不是要刻意削弱评论的犀利程度，而是希望更加凸显论证的逻辑力量，后者也是老师的强项。所幸，周老师思想开放，甚至允许我改动标题，事实上，相当数量的标题就是重新拟的。当然，如果有损原意或降低了文章质量，责任在我。

由此，我想到一个有趣的话题，"激情可以传承吗？"周老师团队里的相互影响显而易见，他的勤奋、扎实、缜密不难在学生们身上看到。润物细无声，甚至一些不起眼的细节处，都可见老师的痕迹。那些年，周老师用一个印着中国地理学会标志的小方包，正好能竖着放 A4 大小的材料，朴素实用。曹广忠老师跨着同款书包，我也很想拥有一个，但那是开会送的，想买还买不到。

图 2　2018 年 3 月 18 日罗翔（中）与周一星、谢琴芳在常州红梅公园

周老师每年买一本最新的行政区划手册,这个做法被我学到了。我本科不是地理专业,基础知识不牢,老师说,没关系,只要看到跟空间有关的信息,就去查地图,时间一长就熟悉了。照老师教的办法,桌上放一个地球仪,手边有一本区划手册,看书读报看电视刷手机,只要碰到地名,就找到位置标出来,每年写满一本,密密麻麻的,新版出了又换一本写。十几年下来,有很大进步。

传承更在于领域和方向,冯健老师从郊区化起步,逐渐聚焦城市社会空间,在国内已成一家之言;陈彦光老师醉心分形研究,曲高和寡,知音不多,周老师是其中一个,而且永远是最有力的支持者。冯老师酷爱书画,举齐白石、李苦禅师徒二人例子,讲"模仿者,没前途";而姜世国和我,引用禅宗的话,"半肯半不肯",如果全部肯定、全盘接收,反倒对不起老师。激情与冷静之间的张力,带给我们更多的可能性。

五、"不以国内论短长,朝世界一流努力"

周老师常说,一代人只能做属于他那一代的事。那么,他那一代人能做些什么,或者已经做出了什么?生于抗战危难时期,成长中伴随社会动荡,所幸大学教育没被耽搁,才得以在1978年后全身心投入教学科研。他说,一生有两个遗憾:一是没有接受更高层次的教育,曾经有过留洋甚至拿博士的机会,但为了专心教学主动放弃了;再有因为生病,掐头去尾实际工作时间仅三十年。

因为协助整理纪念仇为之先生的文章,我又了解到一些周老师上大学时的情形:

1963年春,我读大四,(仇为之)先生请他的老师、著名经济学家、地理学家王守礼,到我们的课堂上来讲课。为了表示对他老师的尊重,派我作为学生代表,坐学校的小轿车,到三里河国家计委附近的住宅区,把他接到课堂上,讲完课再送回家里。那是我平生第一次坐小轿车,所以印象深刻。长着漂亮山羊胡的

> 一星如月
> 周一星和他的朋友们

王老先生讲课的内容，惭愧，我和同学们一点也没有听懂。多少年后我搞城市地理才醒过神来，他当年讲的就是现在都觉得艰涩的"廖什的中心地理论"。听说王守礼先生穷尽一生精力翻译廖什的著作《经济空间秩序》。难怪，没有前期知识，用短短两节课，对廖什的理论实在是无法说清楚，也无法听明白。

虽然有种种先天困难和后天逆境，周老师还是努力做到自身努力的极致，也成为了他那一代人的翘楚，在国际学术界占有一席之地。有一年，各行各业都在总结三十年发展成就，规划界的中生代领军人物杨保军撰文，特别提到"主要经济联系方向论"，为区位论发展做出了新贡献，也为城市外向型战略提供了理论指导。杨保军是南京大学经济地理专业背景，长期从事城市与区域规划实务工作，"懂行、识货"——这是我对杨氏评论的评论。

整理规划评论文章时，在《归去来兮，芜湖》《济源的区位变化、主要联系方向及经济发展》《洛阳上轮规划的检验和新的战略思考》《义乌的门户地位与未来发展方向》等篇章中，我一次又一次看到了"主要经济联系方向论"思想的萌芽、雏形、发展和成型。每次都让我回想在校就读时，与周老师讨论研究选题，因为一直被鼓励要做自己喜欢、感兴趣的工作，我就直接说喜欢这篇文章，想做这样的学问。周老师听了，哈哈一笑，你现在不行，要很多年的积累——他一边说，手还抬起来挥了一下，更加重了语气。但看得出来，他对这篇文章也很满意，虽然打消了我的念头，还是有教无类，再用寥寥数语阐述主要观点，手起刀落，简洁有力，仿佛刚写完一样记忆犹新，"念兹在兹"，学术与生命已融为一体，随时可以冒出来。在蓝旗营寓所、周老师书房里的这一幕场景，也深深地印入我的脑海，一想起来就仿佛回到那些从游闻道的日子，时时被学问的魅力吸引着，充满求知的热爱与探索的激情，整个人身心都活泼泼的。

后来，张庭伟教授主持翻译英文经典读本 *City Reader*，有意增加数篇中国学者的经典文章，包括梁思成、吴良镛、林毅夫、吴缚龙等，旨在展示中国城市研究对世界城市理论的贡献。邀请周老师提供一篇代表作，他选择了"主要经济联系方向论"。对此，我除了深表赞同和祝贺，还积极协助核对译名，"克里斯泰勒"还是"克里斯塔勒"？较早的中译名，出自严重敏先生，她曾留学瑞士，也许拼法上保留了德语发音的痕迹；而流传较广的用法，出于杨吾扬先生的实证成果和商务印书馆的全译本，综合考虑原文发音和已被接受的程度，选用了后来的译名。

因为理论化和国际化的努力付出，周老师得以享有格外出挑的学术回报。在一家国内权威的引用排行榜上，《城市地理学》一书跟《论十大关系》《江村经济》《博弈论》等紧挨着，用今天的话讲，就是"破圈"了，跻身于社科大家行列。另一个例证是，国际著名出版机构爱思唯尔（Elsevier）每年发布中国高被引学者榜单，直到 2019 年，周老师还名列其中，距离他退休已过去十多年，论文还在持续被引用。每次看到这个榜单，我就想起当助教时，听周老师在课堂上说过，"你们要打倒周一星"。此言一出，一屋子学生都呆住了，还有老师这样教学生的。现在知道了，敢说这话的，除了坦诚，还有底气——"不以国内论短长，朝世界一流努力"，正是他一直倡导并亲力实践的学术标准。

六、"批评是为了国家发展、城市建设，人民生活更加美好"

编书前后花了两年，不长也不短，期间身边和外界有不少事发生，均记录在我和周老师的交流中。2012 年年初，同门的一位师兄，因为违规生二胎，面临处罚一时想不开而轻生，震惊、难过之余，老师和我都觉得生育政策一定会放开。那年 3 月，我老婆从英国留学回来，在老师们的关心帮助下，顺利找到满意的教职，如愿走上艰辛但又向往的教学科研岗位。原来单身租借的小房子不够用了，换到一处较大的住所，那年年末，房东要卖房子，我们就筹钱买下来，背了一大笔债，切身体验了以土地、房产为核心的中国城镇化。那段时间，我参加援疆规划，频繁出差，常常带着笔记本电脑，在乌鲁木齐转机时也写写改改。正是在喀什工作期间，我提出书名建议——《城市规划寻路：周一星评论集》，和上一本

> 一星如月
>
> 周一星和他的朋友们

《城市地理求索：周一星自选集》呼应，均出自屈老夫子，"路漫漫其修远兮，吾将上下而求索"。很巧，周老师正打算在序言里引用这句话，向先贤"与日月争光"的精神致敬，于是，书名就定了。

2012年夏天，特大暴雨袭击北京，市区马路积水，竟然淹死路人。不久，《文汇报》刊登复旦大学历史系李天纲教授的文章"想起了侯仁之先生"，从什刹海、莲花池、玉渊潭的往事说起，侯先生"通古今之变，为苍生立言"，多年来持续呼吁贯通北京水系、复活城市水网。周老师与侯先生之间，有深厚的师生情谊，此文涉及城市建设话题，于是，我就顺手转发给老师。谁知，接下来的讨论，转向了另一个话题，周老师来信说：

> 读过纪念侯先生的文集（我是一页一页从头读到尾的）以后，又读李天纲教授的文章。一个问题一直在我头脑盘旋：一个研究人文的学者应该如何把自己的学问，用来为国家和人民服务？如何处理好在学术上的独立性与政治上的独立性的关系？嵇康和他的朋友们是现代人文学者的榜样吗？……对侯先生也有一些批评的意见，特别是拿他与另一位先生比，认为他对执政者一度有李天纲教授说的问题。但是侯先生用他的历史地理学的渊博知识为北京城市建设做出的贡献受到我的敬仰，我们与他不能相比。

通常，收到老师发来的文章和邮件，我均在第一时间回复，因为作息时间有些差异，常常入睡前和刚起床，就在跟老师联系，交流过于频繁，以至于我老婆冒出一句：你们在谈恋爱吗？但是，收到这封邮件，我没有及时回应，而是翻阅历史资料，先弄清楚到底发生过什么事情。于是，我看到了燕京大学校友巫宁坤等人笔下的侯先生，也由他们的描述出发，有了自己的粗浅但独立的思考：

> 对侯先生的批评意见，是以政治立场划界，进而对道德品质进行判断，却不

涉及学问本身和社会贡献。对此，我并不认同。侯先生参与的是对人民、对社会有益的城市规划建设。我看过本系可与侯先生并驾齐驱的那位前辈的文集，先是惊讶，文章真好啊，大师气象，然后是叹息，书真的太薄了。也许是一种低调、淡然，我却理解为"未尽其才"，很可惜。由此，想到五代的冯道和当代的周公，以当时当地的人民利益为前提，用政治家的智慧调和矛盾，努力寻找实现和平或者恢复重建的可能，其做出的牺牲和贡献，比起动辄消失隐居甚至远走他乡的人，应该得到更多的肯定。

邮件发出后，我心里很忐忑，不知这样私下议论师长是否得体。所幸，得到老师的肯定和鼓励：

看了你的回复，我认为我们的观点很接近。看人，要把他放到他所处的社会背景下来看，而不能脱离当时的社会背景。我的文字大多表达个人不同见解，以批评为主，即便激烈，也是"建设性"的，内心里是盼着国家好，跟那些搞事情的人不一样，他们是"破坏性"的，是想着国家乱。批评是为了国家发展、城市建设，人民生活更加美好。

七、"听你的劝告，此书不必求全"

编书是读书，也是读"人"，隐在文字背后的动人故事和鲜明个性，时不时给我触动、感染，仿佛身临其境，与所记载之人物心灵交流，受到激励和启发，还渴望把这些美好的感受传递出去，让周围人和更多读者从中受益。读周老师追忆张景哲先生的文字，尤其有这样的体验：

1980年我独当一面教"城市地理学"后，有一次向他请教讲好课的要领。他把我叫到家里，放了一段波利罗舞（一种西班牙舞曲）的小提琴钢琴奏鸣曲，问我这支美妙的音乐有什么特点，为什么能动人心弦。他用新颖的方法启发我，好的教学是科学性（内容）和艺术性（形式）的统一，上好一堂课是重点内容（优美的主旋律）用不同形式、不同方法（不同的乐器）表达的结果。

1986 年我在英国诺丁汉大学地理系当访问学者，当时他 68 岁，面临退休，却正要开一门《区域地理研究法》的研究生新课。他给我写过一封信，托我在英国复印国内找不到的文献资料，讨论新课如何开。他在信中说："两年没有上讲台了，一上讲台就有一种安慰感。虽然精力确实不够用了，讲话一多就感到吃力，但精神很愉快。这使我想起 Jack London 所描写的阿拉斯加拉雪橇的狗至死都不愿离开雪橇的绳套的情景。这也许是人狗共有的一种忠于职守的 biological instinct"。

虽然，囿于体例，这篇文章并没有收入书中，已刊登在《地理学报》2012 年第 7 期。另有一篇"坚持啊！北大地理"，从当事人角度，较为完整地记录了北大组建环境学院过程中的"去地理化"风波，尽管有地理学科教师的"苦谏"和海内外院士、朋友的奔走声援，当时并没有得到公平待遇，而以五年后地理和环境再次分家为结局。也因为体例原因，这篇文章未收录，事隔若干年，在新城环学院的校友会公众号发布了主体内容，一时引起广大地理学工作者的共鸣，远远超出北大地理的范围。在此，我摘录周老师的评议，持论公允，振聋发聩，充满正能量：

北大地理系之所以出现危机，有外部的原因，也有内部的原因，也有地理学本身的原因。今天，危机虽然已经过去，但我希望同仁要记住这次危机，要去挖掘和解决危机的深层次原因，为地理学在北大的发展继续奋进！

也有文章编辑好了，经过朋友征询和慎重考虑，主动撤出。其中一篇题为"中南海城镇化讲座日记"，记录了 2005 年 9 月 29 日在中央政治局集体学习会上为党和国家领导人讲解"中国特色的城镇化道路"一事的前前后后，下笔忠实，行文生动，读着过瘾。未经老师授权，我不能私自散布，仅转述一个小细节——原题"读稿日记"，意思现场不能脱稿发挥，本来希望汇报的重要观点，"我国近年来 1.44 的年均城镇化率不是过快，而是有水分"，讲稿中没有保留，却在答问时得到表达机会，"今天我终于在最高领导面前讲出了事情的真相，几年来压在心头的一块石头落了地。"

另有一封写于 2006 年 11 月的信，婉言谢绝三位院士联名推荐再次参加院士增选的盛情，文字不长，态度明确："我把此信看作是我一生最明智的决定之一。……这封信发出后，我在精神上空前的轻松和愉悦。"2005 年夏季，恰好我在校，得以近距离观察和感受到评选中的种种现象。对此，我由衷地希望老师能够回归平静书桌，享受幸福的晚年生活。读这封信时，想起我的四川老乡苏轼的一句话，"行于所当行，止于所当止"，周老师跟我说，东坡先生晚年定居常州，现在还有以他命名的公园，于是就用这句为题，概括一段特别的经历。也许，不久的将来，《城市规划寻路：周一星评论集》一书的遗珠，将在另一本书里出现，我和热爱周老师文章的读者们一起翘首期待！

八、陪老师一起慢慢变老

还没有微信的年代，发邮件联系，一上来总要有个称呼，大多数时候，我会这样写"周老师您好：……，请收修改稿。"而老师来信称呼我，一开始叫名字，慢慢地改为"翔子"，亲切、温暖。有一年，我老婆去伦敦访学，孩子也跟着去了，我又回到已婚单身的生活状态。周老师在常州发出邀请，周末过来玩吧。好啊好啊，立刻成行。

出门前收到老师发来的地址信息，详细到哪个出站口，乘几路车，走几分钟，

一星如月

周一星和他的朋友们

在哪里拐弯,从哪道门进,这是当代中国最杰出的城市地理学家在为我指路。刚一进门,他就说,看见一辆出租车进来了,我想一定是你——原来老师一直在楼上盼着我呢!那天,正好有国家大事发生,电视新闻直播,一坐下来就聊上了,观点鲜明,不激(进)不随(大流),仿佛回到了多年前的北大课堂。

就跟回到父母家一样,饭来张口,吃完也不用刷碗,床也铺好了,晚上躺在被窝里,我想起一句老话,"一日为师终身为父,管吃管喝又管住"——后半句是我加的。活动也安排好了,写在一张纸条上。先是就近去看常州古城墙,又乘车穿城到郊外参观淹城遗址,路过一片白玉兰树林,恰好花开了,真漂亮,老师说,这是中国的郁金香。第二天,一早去红梅公园吃自助餐,喝茶聊天,然后在园内转悠,惊讶地发现有座"一星桥"——我说,"家乡人民待您不薄啊!""不是啦,只是一个巧合。""那也是美丽的巧合。"路过市中心,途经"一星织布厂"旧址,这是他父亲在1941年开办的工厂,也是同年给他取名的由来。

图3　2020年1月罗翔(后排右一)来京时聚会合影

324

一路走，一路看，一路聊。知人论世，娓娓道来，因为懂得，所以慈悲：忠厚的，圆润的，大气的，市井的，庙堂的，江湖的，远游的，深耕的，捷径的，风生水起的，怀才不遇的，真材实料的，虚张声势的，目无余子的，谦卑恭敬的，惺惺相惜的……文章千古事，得失寸心知；白日放歌须纵酒，青春作伴好还乡。

晚上，谢老师做饭，她见我爱喝凉水，反复嘱咐换个保温杯——要听老人言，一回上海我就买了一个，每天装冰镇果汁出门，保温效果不错。老师送我去火车站，路上讲了患病时先是被误诊，又紧急回国手术的惊险过程，他说，你也四十岁了，一定要定期做检查。临别时又说，等你儿子回国了，带来常州玩恐龙园——那一刻，就像在跟自家孩子说话，让我想起朱自清笔下的父亲，那也是车站送行的场景。进站时，我挥了挥手，快步向前，没有转过去看老师的背影。

作者简介

罗翔，1977年11月生，四川内江人。2003—2006年就读于北京大学人文地理学专业，获理学硕士学位。现在上海从事城市规划与研究工作。邮箱地址：luoxiang1124@hotmail.com

一勺饮

姜世国

以前在周一星老师身边问学时,我各方面的基础都非常薄弱,也很不懂事,犹如"一小块海绵"飘浮在包容的大海上,浅尝辄止:虽有弱水三千,只取一勺饮。本文记述这"一勺"孕育的故事——关于周老师以及我在周老师影响下的一些事情。这里有三点需要提前说明一下。第一,本文题名"一勺饮"而不是"一瓢饮",主要是出于物理学的考量:"一小块海绵",只饮得下一小勺。第二,我这次作文除了根据日记上的零星记载之外,大部分靠在记忆里搜索;由于年代久远,我这里的故事可能难免存在错漏,甚至张冠李戴的情况。第三,尽管我努力有所克制,但是文中可能还是会不自觉地流露出"表扬与自我表扬"的调调,希望读者诸君能够理解。

第一次见到周老师,是在 1998 年的某个晚上,月不黑风不高,我骑着自行车去电教,听周老师关于北京"城市郊区化"的报告[①]。幻灯机播放了许多北京城

[①] 一起作报告的还有孟延春师兄,他当时在跟周老师做"北京郊区化"的博士论文。另外,根据陈彦光在本书《超越距离的师生际会》一文中的记述,他也去听了那场报告,"郊区化"构成了缘分纽带的一部分。彦光兄有用工作台历的好习惯,按他台历上的记录,报告的具体日期是 1998 年 3 月 13 日(周五),其时农历二月十五,正是月圆之夜。

市和郊区的照片，让很少出校门的我感到特别新奇。周老师讲到关键问题时，谦谦学者之外的慷慨激昂，让我对大三下学期（2000年春）的"城市化与城市体系"（即"城市地理学"）专业课充满了期待。

读过"北京市精品课程——城市化与城市体系"的同学，可能觉得"不够味"。因为篇幅体例的限制，那篇介绍材料遗漏了一些关键细节，所以"画龙而不能点睛"。今天有机会在这里给大家分享一些有关"城市化与城市体系"那门课的故事。

二十年前，微软的电子幻灯片（Microsoft PowerPoint，即PPT）还没有流行，学生往往简单地仅从教授在课堂上的表现来评估其水平。现如今"无PPT不成课"，学生如果迷失在PPT密集或艰深的内容之中，反过来会觉得教授疏于备课或者本身对内容一知半解。当年同学们私下里"妄评"各位教授，我记得对周老师的评价是，"融深广的学术研究和丰富的规划实践于精心准备的教学之中"。许多年后我自己也当了老师，每当遇到困难或想偷懒时，我就想到周老师，于是又振作精神走上讲台。

周老师每节课有一张大纲投影胶片，简单地列出要点。讲课时逐条展开并辅以具体的案例和相关图表投影，跟"照本宣科""读幻灯片"的教学风格截然不同。那门课在理教的大阶梯教室，周老师会在教室里走动，方便照顾到坐在各个角落的学生听讲；也有人觉得不便，比如多年后还有同学跟我抱怨：

同学：当年上你老板的课非常痛苦！

我：他的课信息量大，对外专业的同学有些难。

同学：难度我还能接受。主要是他不时地在面前晃动，当时真希望他能一直站在面前也好。

我：你不知道，他这是"随机行走"，还有个高大上的名字叫"布朗运动"。看来影响你听课了？

同学：影响听课倒谈不上，只是影响我背GRE单词——我不但不能专心地背单词，连已经背熟的都忘了不少。

我：这就是你后来没有出国留学的原因或借口？

同学：是，也不是。我 GRE 考砸了不能怪周老师，要怪就怪自己三心二意。我其实很安于现状，并不后悔留下来，为社会主义建设添砖加瓦。你呢？还在为"逃兵"的身份纠结？

图1　硕士毕业前夕姜世国与周一星的合影

我至今还记得周老师当年布置的两个特殊作业。

其中一个是让我们每人出一套试卷。我为此把周老师《城市地理学》一书和他课上讲的要点提炼出来，然后出了一份自认为非常满意的试卷。整个过程让我对相关内容有了更深入的理解，同时也训练了归纳总结能力，对我以后的学习和研究都非常有用。例如，大四上刘瑜老师的"地理信息系统"（GIS）一课，我和周碧亮同学花了几个小时，用类似的方法把厚厚的一本教材（每人半本）浓缩成几页的要点。我还冠以"GIS 考试圣经"的浮夸题目，贴在了校内论坛（BBS）"一塌糊涂"上。刘老师也经常逛那个论坛，我们在逸夫二楼七层的办公室隔得也近；我怕见了面不好意思，所以没有在那篇浮夸的帖子上署名。当时一些同学说，"临时抱圣经"，在期末考试前一晚硬背那篇帖子而取得了好成绩，甚至多年后还有人在一些网站转载、出售。

另外一个特殊作业是自选一个与课程相关的问题，在全班作一个简短的研究报告。现在回想起来，那就是鼓励本科生做研究了——现在很流行，但在二十年前却是非常少见的。为了让报告不至于干瘪难懂，我做了一个PPT。当时电脑、网络和个人主页还不普及，文献的电子检索不发达，我想了解周老师专著之外的文章，他便把简历打印了给我，提供文献检索的便利。

周老师对新技术非常感兴趣，并且积极学习。他看到了PPT的方便之处，就问我能不能教他。我当时对这种新技术也很有热情，就告诉周老师，说可以先帮他做，然后他在此基础上学习、修改。我于是根据自己的理解，把讲义材料扫描、编辑、录入、拷贝/粘帖、整理后做成幻灯片初稿，周老师再做删改更新。通过整理讲义，我对城市地理学的理解更加深刻了。这本来应该是个美好的合作，但我当时搞的一个小动作，让我不时想起来就愧疚：我在自己的电脑上做完课件，发现PPT文件属性-作者一栏，软件自动添加了我的名字。我并没有按理（礼）将其去掉，而是在没有跟周老师商量的情况下，自作主张地在我的名字之前添加了周老师的名字。

大三暑假，我得到周老师的同意，进入他的团队做专业生产实习①。大四的时候，我争取到保送本系读研究生的面试机会。因为是差额面试，我有些紧张，得到周老师的鼓励，我最后顺利通过了面试。在加入周老师的团队后，我通过参与基金研究课题和社会服务项目，得到跟周老师及各位同门学习的宝贵机会。在学术研究选题时，我有充分的自由。在研究成果署名上，周老师只在他做出重要贡

---

① 在天津大港做小城镇调研，师兄曹广忠老师带队，参加的还有师姐王玉华、师兄胡智勇和赵新平。

献的文章上署名①。除此之外，周老师严肃认真的学术人格还体现在他主编杂志时的大公无私、宁缺勿滥。限于篇幅，关于跟周老师及各位同门交往的具体细节改日另文记述。我非常庆幸，能够在人生的早期得到这些规范的训练，树立了一些基本原则。毕业后，在忙碌的生活事业中，即使遇到挫折或诱惑，我也能始终保持内心的平静。

本文前面第二段提到周老师在电教做了一个讲座，他当时是应北大学生社团"环境与发展协会"（环发协会）的邀请。我的室友张骁鸣当时在环发协会，周老师的讲座信息就是他告诉我的。2003—2004年间，张骁鸣和周老师在学术期刊《现代城市研究》（2003年第5期、2004年第6期）上发生过一场有关"郊区化"的文章往复②。我当时看了二人的文章，有一些粗浅的看法，曾想跟他俩当面探讨，可惜一直没有机会，今天借本文简单说说。我尽量避免有争议的雷区，原因有二：其一，周老师已经退休多年，"述而不作"，我不想让他对本文产生回应的冲动，影响他生活的宁静；其二，本文不是学术文章，不宜涉及太深的学术问题。

首先，对张、周二人之间发生学术争论一事并不惊讶。我和张骁鸣同窗、室友四年，了解他在学术上的严肃认真态度。至于周老师，他知道我们"爱吾师，更爱真理"，对他只能"半肯半不肯"；跟他讨论问题时，如果我们有不同看法，"当仁不让于师"，他也能够坦然接受。所以，周老师喜欢和我们讨论问题并鼓励不同意见，有时大家辩得面红耳赤也不觉得有什么不妥。事情就是这样的，张骁鸣对周老师文章中的一些观点有不同看法，觉得说出来有利于学界同行；周老师不同意张骁鸣文章的一些观点，觉得有澄清的必要。十多年前，中文杂志上的

---

① 我后来了解到，华裔学者、控制论专家何毓琦也持类似观点。何的观点简单总结如下：署名既是著作权，更是责任。一方面，对合作者慷慨，减少争议和交恶，因为：朋友远比一篇文章重要；只要在你擅长的领域辛勤耕耘，一定会发表更多论文，从而树立你的学术地位。另一方面，严于律己，建议采取如下署名准则：（1）提出主要观点和问题；（2）全程参与研究，论文写作也有重要贡献；（3）能够就论文主题给一个 30～60 分钟综合报告。如果满足条件（3）加条件（1）或（2）（最好是同时），则可以署上自己的名字。

② 具体情况也可参见《城市地理求索：周一星自选集》（商务印书馆，2010，第516—522页）。

学术争鸣文章还很少见，所以在具体操作上还有改进的空间：如果杂志当时能够协调将张、周二人的文章纳入同一期并列发表，对读者会方便很多。

其次，关于概念。两人文章争论的一个焦点是对"郊区化"相关概念理解的差异，其中也不乏因为行文笔误和排版差错引起的误解。学术研究中概念是争论的雷区，我也曾趟过雷——发表过关于概念辨析的文章。在有些领域或有些群体中，概念问题常常争论不休。如果基本概念"极为混乱""难以为继"，严重影响学术研究和交流，对学科发展是非常不利的——早日解决概念辨析的问题，我们就可以做更深入、更重要也更有趣的研究[1]。概念辨析和学术争论的文章常常"吃力不讨好"，有人觉得是浪费时间，特别是回应他人批评的文章，"引用率一般都不高"（张五常语）。张、周二人不追求世俗的"引用率"，愿意花时间来辨析概念，在学术期刊上往复辩论，值得尊敬。

再次，关于与国际接轨。由于历史的原因，中文学术文章不同领域的发展并不平衡。如果一个研究领域起步晚，或者与国际的交流还处于初级阶段，在有些基本问题或概念上与国际上已经成熟的研究有差异，这时候就需要充分借鉴国际上的研究成果，减少闭门"重造轮子"（reinventing the wheel）的事情发生[2]。当然，与国际接轨也不是盲目的，并不存在"国外月亮一定更圆"的事情，需要注意研究对象的实际情况。有些表面上看起来相似但本质上却不同的事物（所谓"同形异体"，homoplasy），彼此不能简单地相互套用。其实，我更希望有一天，学术研究不再需要谈论"与国际接轨"，文献综述不再分列"国内""国际"研究

---

[1] "基本概念的正确性"成为"城市研究的第一科学问题"（参见周一星《城市地理求索：周一星自选集》第523—531页），我觉得对城市研究来说，是一件既无奈又不幸的事。

[2] 对此与陈彦光略有讨论，我同意他的看法："重造轮子"现象不可避免地普遍存在，有时甚至是必要的，而学术期刊原则上也是容忍的；只要不涉及剽窃，除了浪费一些资源之外，对社会的危害并不是特别大。很多革新的原创，往往在被反复"发现"后才引起世人关注。即便不考虑各个国家语言的障碍，一个人要想在短期内穷极某个研究的所有文献资料，也是不可能的。施一公的博士后合作导师尼古拉·帕瓦拉蒂奇（Nikola P. Pavletich）就曾对他说过，"我的阅读并不广泛"，"我只读与我的研究兴趣有直接关系的论文，并且只有在写论文时我才会大量阅读。"

进展:学术界是一个整体,不必强分"国内""国际",评判时更不要"内外有别"。这种现象最近其实已经有所改观,比如高校、科研院所在招聘上,渐渐开始对国内、国外的人才"一视同仁"。国内培养的博士在国外高校任教的历史则更长,表明国内成长起来的人才在国际上也是有竞争力的。

最后,说个"形而下"的有趣现象。《现代城市研究》上张、周二人文章旁配有各自的照片,除二人面带微笑之外,都"留有一手"在兜里。这似乎暗示二位的观点各有所保留,在辩论时有翩翩君子的风度;如果放开讨论的话,可能有别样的风采。

图2 张骁鸣(左)、周一星(右)二人在《现代城市研究》文章旁配的照片(略有剪辑)

最后我再谈一些周老师的个人品质,比如他不轻易麻烦他人,能自己解决的事总是自己去做。这里分享两件事:第一件前面已经提到过,是关于PPT的事情。周老师看到PPT的方便之处,首先想到的是让我教他做,而不是直接要我帮他做,虽然我采取的策略是先帮他做,然后他以此为基础学习。他学会了之后,上课或报告的PPT都是自己做,不让大家操刀。第二件事涉及的动作有些技术难度,不建议大家轻易模仿:周老师一次参加聚会回去晚了,过了小区的关门时间,门卫保安也已经休息了[①]。周老师不想麻烦他们，最后是翻栏杆进去的。

周老师对晚辈总是积极提携照顾。研一的时候，在中科院读研的同学托我邀请周老师去他们玉泉路校区作一场学术报告。周老师虽然很忙，但也非常爽快地答应了。那时候周老师已经会自己做PPT，所以不需要我操刀。报告安排在晚上，我陪同周老师前往。报告结束后，周老师照例又耐心地回答众多同学的提问，花了很长的时间。回来的时候已经很晚了，明显可以感觉周老师的疲倦，让我心里非常过意不去——因为是我帮同学邀请的他。

周老师热心助人但不轻易麻烦他人的个人品质对我也产生了深远的影响。我后来做事也尽量不去麻烦周老师，比如下面的几件事。

研三的时候（2003—2004），我申请了出国留学，到2004年春天都还没有消息。之前因为一心想着出国，一直没有找工作——不想找好了工作又毁约而出国。现在既然出国失败了，于是决心找工作。时间上已经有些晚了，很多地方都招满了，我又偏执地不想去房地产公司或政府部门，所以投了三家规划院：本地两家，外地一家，都得到了面试机会；本地的两家是现场面试，外地的那家是电话面试。面试的时候我发现一个之前不了解的事实：规划院的同行在提起周老师时，非常尊敬地称呼他"周先生"，并建议我"让周先生写封推荐信"。我从侧面了解到，那段时间周老师很忙——他其实一直都非常忙。我想到他热心助人但不轻易麻烦人的性格，就没有跟他提推荐信的事。幸运的是，有两家规划院在没有推荐信的情况下，在面试完第二天就给了我工作。我选择了本地那家——北京清华城市规划设计研究院（即现在的清华同衡），当时在清华东门双清路上的学研大厦，离北大近，我可以经常回学校看看。我毕业后就租住在北大西门的蔚秀园，每天骑车穿过校园经过未名湖去上班。

在我签了工作合同后不久，收到英国一位教授的电子邮件，说他的研究项目

---

① 也可能是在学习备考。

刚刚获得批准，愿意资助我去他那里留学。那位教授是我非常敬重的，研究方向也非常喜欢。我当时非常纠结，觉得这个留学机会非常难得，但是又不想跟工作单位毁约。最后，"三思而后不行"，放弃了去英国留学的机会。工作走上正轨后，有人暗示我请周老师去作一个报告，我不想麻烦周老师，所以委婉地拒绝了。工作单位风气好，同事们都热心帮助、支持我的发展。

上面说了周老师的许多优点（以及对我的影响），那么他有没有缺点呢？"人无完人"，周老师也有缺点，比如他有时太固执了，不能做到"有教无类"：周老师招学生，不收"政府公职人员"这一类。一些不忘初心、向往学术的人民公仆，敬重周老师的学问和人品，非常希望能够投入其门下，但是都被他拒绝了。我的理解，周老师有精神洁癖，"择善而固执"：为了内心的宁静，在招人时有所取舍。周老师虽然不能做到"有教无类"，但他善于"因材施教"，并乐于见到学生自由地成长，走上各行各业的工作岗位，为社会贡献自己的力量——这跟他积极入世、勇于在不同平台上发挥学者、教授职责的精神是一致的。

今天是 2020 年 11 月 11 日，时逢美国的老兵节。有一首关于老兵的歌谣，后来因为美国五星上将道格拉斯·麦克阿瑟（Douglas MacArthur）的引用而重获新生。考虑到中国的文化风俗，我这里将其意译为："老兵会渐渐淡出历史舞台，但他们的精神却会一直影响人们。"又，按李敖的说法，我是留美的"逃兵"。在今天这个老兵节，在大西洋东岸，我这个逃兵，不揣冒昧，写下这些文字，送给远在太平洋西岸祖国的周一星老师，一位城市地理、规划研究的老兵，预为老先生八十大寿贺：您的日常生活虽然已经淡出了学术界，但是您的成果和精神日益增辉，一直照亮我们前进的道路！

致谢：罗翔、陈彦光曾批阅本文并提出宝贵的修改意见，在此一并致谢！当然，本文作者为所有可能存在的错漏负全责。

作者简介

姜世国，1978年11月生，四川渠县人。1997—2004年就读于北京大学城市与环境学系（城市与区域规划学士）、中国经济研究中心（经济学学士）、环境学院（人文地理学硕士），2004—2007年就职于北京清华城市规划设计研究院（规划师），2007—2014年游学于俄亥俄州立大学地理系（博士）、环境与自然资源学院碳汇管理中心（博士后研究），2014年至今任教于纽约州立大学奥尔巴尼分校地理与规划系（助理教授）。邮箱：jiangshiguo@gmail.com

周老师和我
——5 年与 15 年的记忆拾零

赵群毅

我 2001 年考入周老师门下，2006 年博士毕业入职中规院离开，跟在周老师身边学习了 5 年。老师 5 年的言传身教对我的影响很大，记得当年毕业时在博士论文的后记里写过这么一句话"老师严谨求实、精益求精的学术态度，独立思考、认真负责的做事方式，严于己、宽于人的处世风格为我以后的人生道路提供了清晰的坐标"，是我当时 5 年求学生涯最真切的感受。转眼 15 年过去了，我也年过不惑，偶尔回望走过的路，总会感慨在真正的人生旅程中，在任何一个方面能够坚持做到周老师那样，都不是一件容易的事。5 年的悉心教导，15 年的殷切关怀，每每回想起过去二十年与周老师相处的点滴，心中总是充满了感激和力量。

一、第一篇论文

跟别的师兄弟姐妹相比，我在周老师身边待得时间算是比较长的，自然多了很多相处的记忆，但最难忘的仍然是周老师第一次指导我写论文的经历。

我跟着周老师写的第一篇正式的学术论文是关于城镇化的，这是周老师的核心学术领域之一，也是我们学生跟着他学习必须训练具备的基本功。记得刚入学不久，有次去周老师办公室找他，他说"你可以利用五普数据，用联合国法修补历年的城镇化水平，看看这十多年来的增长变化情况"。方法和思路都是比较成熟的，周老师和师兄们之前做过很多相关的工作，同年级很多本科在北大读书的同学也都熟悉，但对我来说却是需要重新补上的一课。现在想，当时周老师让我做这个，一方面可能是为了让我更系统地了解和熟悉他的研究领域，另一方面可能也是想对我的研究能力、笔头功夫进行一个摸底和评估。

领了任务之后，看文献、找数据、计算分析，花了大概两三个月的时间写了个初稿，邮件发给了周老师。差不多一周后，周老师把看后的稿子附带一封邮件发给了我。稿子只修改了摘要和前两段，但密密麻麻的红色标注，基本上等于改头换面重写了一遍。邮件的大意是他看了全文，动手修改了摘要和前两段，希望我对照着原文和修改稿认真体会和思考，并自己修改全文后再发给他看，这样才会慢慢进步。看了邮件，第一感觉是脸红心慌，心里充满了羞愧，同时也真切感受到了周老师的严谨和严格。冷静下来后，按照周老师要求，反复对照着看了几遍他的修改稿，并自己试着修改了全文，竟然第一遍就挤出了差不多三分之一的水分。在反复修改中，逐渐明白了真正的差距在哪，也慢慢体会到了老师的良苦用心。

之后的日子里，像这样的指导和修改还有很多次，每次周老师都会认真看完后提出非常具体的修改意见，小到标点符号和错别字，大到行文逻辑和篇章结构，每次都还会亲自修改一部分，算是"打个样"。就是在这样不厌其烦地反复教导中，让我明白了什么才是规范的科研和好的学术，知道了怎样才算是真正的逻辑严密、言简意赅、表达准确。

这些年，每当有人说我思路比较清晰、文字比较利落时，我总会想起周老师的那封信和那些修改稿。遇到比较熟的同事和小伙伴，我也会讲这些故事给他们听，告诉他们周老师当年是怎样"手把手"地扶着我们往前走的。

二、"不听话"

我算是周老师唯一的一位硕博连读的学生，由于缺乏硕士论文写作的环节，周老师对我博士论文的完成倾注了比别的博士生更多的心血。从博士一年级就开始督促我尽早确定选题，展开思考和准备，并建议我可以考虑研究全国的城市职能分类。城市职能分类是周老师持续跟踪研究的领域，他在20世纪90年代发表的全国城市职能分类的文章是中国城市地理研究的经典文献之一，做城市研究的人基本上都读过。他本意是希望我用新的数据，进行新的跟踪。

但我经过一段时期的看文献和思考之后，发现自己对城市内部空间结构研究更有感觉，同时由于曾经做过重庆CBD的课题，对新兴的生产者服务业有一定了解和兴趣，就冒然向周老师提出想做北京的生产者服务业空间结构研究。周老师听后并没有因为我"不听话"而生气，反而鼓励我如果真有兴趣就尽早确定下来，早点开始动手准备。并嘱咐说，既然是新的领域，更要多看一些国内外的文献，掌握最新的研究进展和趋势。

记得论文正式开题报告会是在一个晚上进行的，结束时已经是夜里十点多了。周老师把我叫到他的办公室，又单独指导了很久，强调说要注重"国际比较"，把实证研究发现的空间特征规律与西方的主流观点进行比较，揭示和解释中国的共性和特性，这样才更有价值。

之后，在论文开展过程中，又引荐我去认识了当时刚从国外回来的贺灿飞老师，说贺老师对新的产业类别比较了解，让我多去请教；介绍我认识了在朝阳区工作的他的学生杨军师兄，让我有机会对北京CBD内的相关企业进行调研和访谈。总之，除了对论文的具体指导，他还尽量创造一个好的外部条件，让我能顺利地开展研究。可以说，最后论文中的每一个字都包含着老师的辛劳。

跟在周老师身边求学的5年，很明显的一个感觉就是，在情感上他始终把你当作学生和孩子来关爱，但在学术上从来都是把你当作平等的朋友来对待。他不会因为你的"不听话"而生气，只会因为你的"不努力"或"不认真"而伤心。他自己独立思考、学术自由、力戒空谈，不惟上、不惟书、只惟实，对学生也是这样教导和要求的。

三、做规划项目

城市规划是周老师非常重要的一个学术实践领域，就像他自己说的那样，城市地理是理论基础，城市规划是试验场所，两者相互补充。北大期间，我还跟着周老师参与了重庆CBD发展战略、山东半岛城市群发展战略研究、武汉城市总体发展战略规划研究等规划类项目。这些项目，最后所产生的效果和所获得的荣誉已众所周知、无须赘言。事实上，到了中规院之后才更明显感受到，这些项目对规划界认识论和方法论的影响之深远亦早有公论。

于我而言，这些项目的参与则不单是开拓了思维、增长了阅历，也不单是收获了一些至今仍受益匪浅的"吃饭"本领，更重要的是从周老师身上见识和明白了许多真正做好规划需要具备的基本素质。

首先是对待项目的那份责任心。有责任就会有压力，周老师曾不止一次地说过"他每次干规划，都像是在脖子上套了一根绳索"，这一方面反映了学生不给力带给他的无奈，更多的则是流露了他的那份责任心所带来的巨大压力。记得重庆CBD项目时，我就亲眼目睹了周老师因为晚上讨论和思考项目而失眠，必须服用安眠药才能入睡的情景。

其次是敏锐的问题意识和求实精神。对于规划任务，周老师从来不会简单地去满足或迎合甲方的要求。他都会根据自己的专业积累和深入调研进行实事求是的判断和评估，找出真问题和真需求，有针对性地出谋划策。他说过这样才是真正对城市负责，也才是真正对得起甲方。记得在重庆CBD项目中，他就提出了"CBD一定程度上是长出来的，而不是建出来的"的观点，说服甲方修正了原本单纯依靠在新区打造CBD的想法。今天，城市发展的事实也证明了他的正确。

还有就是深入浅出的表达。周老师十分强调研究对于规划的重要性，经常说"七分研究三分规划"，但研究的深入并不代表结论的复杂。相反，在规划成果的表达中，周老师很注重深入浅出。就像他在山东半岛城市群发展战略研究项目中提出的"龙头带动"战略，在武汉城市总体发展战略规划研究项目中提出的"武汉成'弓'战略"，内涵都非常丰富、支撑也很系统，但概括的却都通俗易懂，读起来朗朗上口，好听又好记，非常有利于规划在不同人群中传播和形成共识。

再有就是系统集成的能力和可视化呈现。周老师重视综合思维、系统集成能力、可视化呈现等地理学优势在规划中的应用，也注重在项目中培养学生这方面的思维和能力。山东半岛城市群发展战略研究项目中，从专题报告到综合报告再到汇报PPT，每一步都是重新整合、系统集成的过程，每一步周老师都亲力亲为。武汉项目中，调研回来后第一次去他家讨论，他通过向我们展示自己手绘的不同时期武汉交通网的变化，清楚而简洁地解释了武汉是如何逐步失去"九省通衢"优势的。

今天，做规划项目成了我的主业，规划干得越久，项目做得越多，越能真切感受到周老师学术研究的难能可贵，而那些跟着周老师做项目时的所见、所闻、所学、所感，更是时常给予我前进的启发。

四、两次"破例"

2006年参加工作以后，虽然不在周老师身边了，但周老师的关怀却始终没有减少。每次见面，他都会热切地关心我工作和生活的近况，都会叮嘱我要注意身体、少熬夜，这样才能可持续、有后劲儿。2007年周老师生病之后，用他自己的话说，就是逐步告别了专业领域，更是谢绝了几乎一切的社会活动。但当他知道或感到我需要支持的时候，却有过两次"破例"。

一次是"破例"参加我的项目评审会。我在中规院负责的第一个比较大的项目是海南城乡经济社会发展一体化总体规划，当时院里比较关注，甲方海南要求也高，我压力很大。期间，每次去周老师家，他都会鼓励我好好干，当我提到遇到的难题和困惑时，他也会给予解答并安慰我保持耐心。2010年项目纲要出来后，甲方想组织了一个层次比较高的评审会，计划邀请包括规划、经济、社会、管理、"三农"等多个领域在内的全国知名专家参加。甲方厅长和总规划师点名想请周老师参加，让我想办法尽量邀请到。这让我当时非常为难，虽然情感上我也十分希望周老师能参加，他要能参与，哪怕只是坐在那里，对我都是莫大的鼓励和支持。但理智告诉我，这事希望不大，周老师早已"退出江湖，不问俗务"。

在忐忑纠结中，给周老师打了个电话，电话中他可能感觉出了我的为难，便痛快地答应了，并让我提前把报告给他看。几天后，在一起去海南的飞机上，他把报告还给了我。令我没想到的是，在短短的两三天时间里，他不但认真看了报告，还做了非常详细的批改，并在扉页给我写了几句话。看着周老师熟悉的笔迹和密密麻麻的标注，仿佛一下子又回到了求学时在周老师身边的情景，心中充满了感动和感激。会后，我和周老师又在海南多待了几天，沿着东海岸跑了一圈，留下了迄今为止唯一的一次与周老师单独旅行的宝贵记忆。

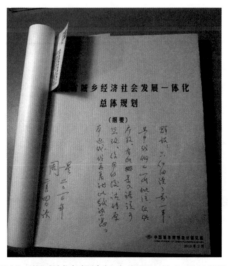

图1　2010年周一星参加"海南城乡经济社会发展一体化总体规划（纲要）"评审时，在文本扉页写给赵群毅的几句话

图 2　2010 年周一星与赵群毅在海南博鳌

另外一次是"破例"来所里作报告。2012 年年底,我从兰州新区挂职完回到所里,一段时期项目不多,易翔所长就让我帮着组织一些学术和业务交流活动。当时所里来了很多年轻人,他们对周老师的书和文章很熟悉,但对周老师的人却是"久闻其名,未谋其面",既敬仰又好奇。所长就跟我商量,看能不能请周老师来所里开个讲座。当时周老师的身体已恢复如常,健康状况和精神状态都很好,但仍然很抗拒"对外讲课",他给出的理由是"没有新东西"。对此,很多人都会觉得这是推托之词,但作为学生的我们都知道,这就是我们熟悉的对学术永远求新求实、严谨认真的周老师。因此,我就直接跟所长说,讲座就算了,周老师肯定不会答应,争取请他来所里跟大伙见见面、聊聊天吧。

果然,当我向周老师提出邀请时,他的第一反应就是拒绝。在我再三请求并搬出"年轻人"后,周老师才勉强答应,但一再强调是非正式的交流聊天,不要扩大范围,更不要对外宣传。说是非正式,但周老师却做了很正式的准备。交流的那天下午,周老师拿出了自己手写的满满两页纸的准备稿,自己先讲了将近两

图3　2013年周一星（前排右四）与中规院环境所员工合影

图4　2013年周一星（前排左一）到中规院环境所交流后为年轻人签名赠书

个小时，又跟大家交流了一个多小时。在轻松的氛围中，周老师谈了他做规划、评规划的经历；谈了他对规划与研究、规划与管理的理解；谈了他对不同学科进入规划，取长补短、相互学习的观察与体会；也幽默地分享了他与病魔"斗争"中掌握的一些"规律"，叮嘱年轻人要处理好工作与生活、工作与健康的关系等。听着周老师娓娓道来的讲述，看着周老师微笑着与大伙聊天的场面，感觉那一刻周老师仿佛不再仅是一个学富五车、高不可攀的学术"传奇"，更像是一位感情丰富、和蔼可亲的智慧长者。这么多年过去了，我们原来的环境所也早已不在，但那天下午跟周老师在一起热闹聊天的场景，对于各奔东西的很多同事来说，应该会是一个难忘的共同记忆。

五、吾爱吾师

脑海里关于周老师的画面还有很多，他在学科面临被兼并时据理力争、东奔西走的那份担当，组织大学同学聚会时热情周到、真诚相待的那份情谊，接待自己高中老师时事无巨细、亲力亲为的那份用心，都和他教给我们的那些为学做人处事的道理一起，深深地印在了脑海里。

今年，周老师将迎来他的八十岁生日。我已经有很长一段时间没有见到周老师了，这一年多来由于疫情的原因，每次回北京想去跟他说说话时，都担心疫情有影响，在反复纠结中作罢。趁着写这篇小文章，回忆起在周老师身边的 5 年和过去的 15 年他对我关爱的点滴，感觉就像是在跟他面对面说话一样。仿佛又回到了二十多年前，第一次见到周老师时，他热情地给我剥核桃，微笑着跟我聊天时的情景，窗外阳光明媚，心里暖意洋洋。

祝敬爱的周老师生日快乐，健康长寿。

作者简介

赵群毅，1979 年 1 月生，现工作于中国城市规划设计研究院，教授级高级规划师，2001—2006 年跟随周老师硕博连读。邮箱：chris145@126.com

一位门外弟子对周先生的感谢

张骁鸣

因偶然的机会，我从同班同学世国兄那里得知，周门弟子正在筹备为周先生八十寿诞的纪念文集，心头一热，也决定不揣冒昧想要奉上一篇短短的文字。最直接的理由就是，我是那个曾经被周先生在文章标题里"点名"的后辈[①]。这样的缘分，或不妨说这样的荣幸，作为当事人的我，终生难忘。然而，我更想借此机会表达真诚的感谢。因为，细想起来，我从大学生到大学教师身份的角色转换和个人成长过程中，也在周先生这里汲取了受益终身的滋养。

20 世纪 90 年代末与新世纪初，还少有老师会拿出课堂时间来让学生上台做展示，而周先生的"城市化与城市体系"课给了我们这种难得的机会。彼时，我们已届大三，其实对头两年多的专业课程体系不乏微词，对个别老师的授课内容及其风格也提出过挑战：有时我们觉得自己还被当做是"高四学生"，有时又隐隐觉得某些课程只在拓展与地理有关的一些人文常识。到了周先生这里，到了周先生的这门课上，我终于真切地感受到了什么叫作大学的课堂，什么叫作缜密的

[①] 姜世国兄的《 勺饮》中对这件事情的来龙去脉有十分精炼的简介，文字很客观，我就不再复述其具体过程了。

思考、明晰的见解、自信的表达。

  当年的我，完全是个"学渣"，但对于周先生的课听得十分认真，于是自告奋勇申请展示并得到了许可[1]。展示的主题大概是举例谈谈对城市间经济联系的理解。我现在只能模糊地记得，自己借助了成渝两地的例子，也提到了那时刚刚启动不久的三峡工程可能带来的影响。而我现在还能清晰记起的，是自己在讲台上面对同学们和已经站在台下的周老师的那种兴奋感。我还记得，在展示过程中一个需要直接引述的地方，自己有一个瞬间的停顿，刻意选择了说出"周先生"三个字而非"周老师"三个字。这样的称呼，在课堂上略显别扭而固执，但是用流行语来说，那不过就是面对"偶像"时的某种典型举动吧！

  周先生的授课内容体例很规整，投影材料准备得很充分，讲授时重点突出，讨论关键问题时的视角既能撒得开又能收得拢，使得我需要以很快的速度不断做笔记。期末考试的时候，以笔记为主展开复习，我难得地收获了一门上了90分的专业课程。那不是唯一一门我所喜欢的且上了90分的专业课程，但却绝对给了我印象最深刻的一段"认真"学习的大学经历。还记得在图书馆四楼开架区北侧的角落里复习的时候，我展开自己上大学以来几乎从未有过的规规整整的课程笔记，一条条思考线和一个个知识点似乎都能串珠般自动浮现，让自己终于拾回了一点学习能力上的自信，也找到了对专业本身的强烈兴趣。

  我对这门课程的喜爱，一直延续到课程结束之后。假期中间，我把自认为最精彩的笔记内容，以眉批和夹注的方式，工工整整地誊写到周先生的专著《城市地理学》的对应部分，并将这本书一直保存至今。我从不认为这本书是简单的教材，而是周先生多少年城市地理研究的思想观点的汇集，因此列入了商务印书馆"现代地理科学理论丛书"当中。

---

[1] 同样按姜世国兄文章中更精准的记录，周先生的这项作业是面对全班同学的，即每个人都可以自选主题上去做分享。看来我常年不做日记的习惯，让我无法准确回顾往事。好在，事实细节模糊了，但情感记忆依然鲜活。

在第 136 页上，我记录下了周先生介绍完区域城镇化水平预测各模型的特点与优劣后的延伸评论：

周先生的四个观点：
① 把握现状的城镇化水平最重要，应不失时机地收集资料，以收集驻地人口为好，应把非城镇驻地的实际非农化的城镇居民点标进去；
② 利用非农业人口资料的所有方法已经受到严峻挑战；
③ 预测中要把握好一般的年均增长率的幅度，目前主要倾向是满足不了当地领导人（需要）的高增长，1 个百分点的增长很难维持；
④ 没必要过于计较远期的城镇化水平，因为统计口径会变。

这几条都没有重复著作中的现成内容，而是周先生根据自己当时的最新研究，在课堂上补充讲授的。其中，他既谈到了城镇化水平统计时可能存在的弊病，如只纳入现成的户籍人口而忽视实际居住人群，又如当时各地并不少见的领导人单纯追求城镇化水平增长率的倾向，也谈到了如何看待城镇化水平的实际意义，那就是在统一口径下重视现状数据的呈现，而不要过分依赖于预测模型告知我们的所谓未来水平。周先生所提醒我们警惕的事情，无论是学术上的还是实践中的，在二十多年后的今天，并没有被彻底解决，但是至少让我这样的晚辈多了一点儿独立思考和敢于批判的勇气。

在第 253 页上，我记录下了周先生关于北京城市性质的讨论：

历来定性的极端：
① 门类齐全的综合性工业基地；
② 北京不一定成为经济中心。
理由一：不明确北京的经济职能产生的后果是放松了对北京经济结构和生产

布局的研究，不该发展的部门继续新建和扩建，该大力发展的部门却发展不了。多少年没有讨论清楚该发展什么经济，反而影响了政治文化中心职能的发挥；

理由二："经济职能与政治文化职能不是一个层次"。要简单，"北京是中国的首都"足矣。政治文化中心不足以反映北京与世界其他首都的区别，也不能够反映北京已经具有的经济职能。

周先生建议："北京是中国的政治、文化中心和经济管理中心，是以智力和技术密集型产业为主的北方经济中心之一，是代表社会主义中国形象的现代化国际都市。"

在第337页上，我还记录下了周先生对克里斯塔勒中心地理论的总结性评述：

理论模型就是理论模型，在实践里处处有它的影子，但不是处处是它的再现和翻版。适用于全世界的城市体系空间结构的模型不存在。他（克氏）寻找到了一些共同的规律性，我们的任务是继续探讨在不同条件下，会发生什么变形。

结合上面两条记录可以看到，周先生治学不会从个人偏好的某个理论或者理念出发，而是对各种理论有充分掌握之后按照现实情形与解决问题的需要来展开具体研究：理论有偏，则在批评的基础上提出新方案；现实扭曲，则因势利导，而不需要孤守清高，徒叹"道（理论）不行"。就这样积极的治学取径与态度而言，周先生是彻底意义上的"实证主义者"。这样的实证主义者独立、审慎，并且要求自己的研究成果能够直击现实中真实浮现的争论和问题，而从不会把思想简单地交付给一些模型和数据，也不会有意无意标榜巨大的工作量，或沉迷于表达上的精巧。

在2004年《现代城市研究》第6期被周先生"点名"的时候，我正在中山大学读博。我的博士生导师保继刚先生，在一次内部讨论会之前，专门跟我聊到了这件事情，言语中充满了对周先生的敬意。今日从自我批判的角度来看，自己那篇不成熟的原文，确是学艺不精而又想得太多的习作，学术热情有余而学术准备不足，也在一些段落中把纯粹的理论思考和概念思辨做了理想化的精巧表达"包装"。周先生的诚恳回应、平等态度、直率批评，特别是字里行间透露出的一以贯之的那种缜密和明晰，对学术生涯刚刚起步的我，乃是一副及时的清醒剂。遗憾的是，后来由于求学治学方向上的调整，我基本上告别了城市地理和城市研究，这也使得我没能再与周先生继续展开探讨。

2004年年底，中国地理学会在广州召开年会，我其实有机会坐在了周先生的对面。那是在中山大学紫荆苑餐厅，因为用餐的人多，餐桌甚至摆在了露天花园区。看到周先生一个人独自坐在一张两人桌旁用餐，我确如追星族见到了落单的偶像一般，大胆地走过去向周先生问好，慌慌乱乱地做了自我介绍。更糟糕的是，当时还从未与心中良师有过这样近距离交流的机会，估计自己是满心欢腾而又词不达意，一番谈话之后竟把具体内容都丢光了，我现在一点儿都不记得当时到底说了些什么。幸好，受周先生之教诲，并不只依赖于这样的巧遇时刻。

20世纪80年代中期，导师保继刚先生曾在北大求学，得遇诸位良师，很大程度上启发了他的学术道路。在我们这一代学生兼校友面前，他时常提及在北大读书时的几位恩师，一直尊称为"先生"：这里面除了他的硕士生导师陈传康先生，也包括朱德威先生、杨吾扬先生、王恩涌先生。令后辈学人受益匪浅、时常感念的恩师，确实不会局限于现代学术培养体系中的"导师－学生"关系中的导师。有些老师，我愿意尊称他们为"先生"，是因为他们年长、和蔼、耐心，其风范令人起敬。有些老师，我也愿意尊称他们为"先生"，是因为他们治学勤勉、著作等身，其成就获得学术同行公认。而回想自己成长历程中遇到的诸位老师，让我心甘情愿、心悦诚服、心怀感激地尊称为"先生"，从初识其学人风采便一直尊称至今，并且是从为人、治学、育才等方方面面都毫不含糊要选定这一尊称的，必然有周先生！

周先生身材中等，偏瘦，近视度数估计不低，面容初看上去也有些严肃而不易亲近，但是一旦站上讲台，说起与学术相关的事情，立刻神采飞扬、语调激昂，整个学术灵魂似乎完全被释放，要与其他灵魂裸诚相见。从简历得知，周先生祖籍常州，更暗合我对广义上的江南地区"地灵人杰"的无端想象。由此，在"先生"这一尊称之外，我个人更觉得周先生另有一种十分特别的"书生"气质。显然，他绝不是转经掉文、孱弱自怜的那种传统画像中的书生，而是如同班超或辛弃疾，学问通透而又雄辩，且随时可以为了思想之真、大道之彰而奔走呼号、披挂上阵。

作为一位门外弟子，也作为一位深受感召和启迪的晚辈，我想借此机会再次表达对周先生的真诚感谢，并敬祝周先生健康长寿！

作者简介

张骁鸣，1979年5月生，博士，中山大学旅游学院教授、博士生导师。1997—2001年就读于北京大学城市与环境学系。2006年7月起任教于中山大学旅游学院。邮箱：zhangxm3@mail.sysu.edu.cn

"一棵树摇动另一颗树"

秦 波

人生重要的机缘往往不多。2000年,我有幸考入北京大学城市与环境学系,有缘跟随周一星教授攻读硕士学位。现在回想起来,这恐怕是影响我之后求学、研究、工作、生活最重要的机会与缘分。

对周老师的仰慕起于见到本尊之前,是因为阅读先生在商务印书馆出版的《城市地理学》。我本科在工科建筑类城市规划专业学习,或许是因为天赋不够或者兴趣不足,对于形式逻辑与感性美学主导的设计训练充满疑惑,不知其意义何在。加上彼时贪玩,青春肆意,日子过得浑浑噩噩,接近毕业年级却依然缺乏对城市基本特性与规划实践的了解,原本打算毕业时谋一份建设系统内的公差了事。直到某日在学院图书馆帮忙打杂,偶然间翻到这本《城市地理学》。

时至今日,依然记得当年的震撼。可能确实也是当时学识浅薄、阅读有限,但《城市地理学》中对于城市化、城市统计口径,城市发展内外条件,城市体系的职能结构、等级结构以及空间结构等内容系统而缜密的介绍,理论联系实践的分析,确实使我大开眼界。原来,城市、城市发展、城市空间、城市体系都是有其客观规律的,是可以通过理性推演、事实检验来认识和探究的,进而通过规划工具去优化完善的。对我而言，这如同打开了一扇门，见到有趣而有意义的远方。那个暑假，我便下定决心报考北京大学，一改慵懒作风，夙夜认真学习。

图1　2002年8月周一星（右三）与陈彦光（左二）、秦波（左三）、赵群毅（左一）等在天山一号冰川

在北大的三年无疑是幸运的，得以近距离跟随周老师学习，聆听周老师教诲。先生言传身教，我在开阔眼界、增长知识、掌握理论之外，最重要的是，逐渐认识到学术研究的乐趣，领悟到自由思考的美妙之处。体会周老师的思考过程，辅以学术文献的阅读，我对"城市""城市化""郊区化"等众多之前想当然认为很"简单"的概念，有了更深刻、更多元的理解。经过对周老师的观察、模仿与学习，我慢慢形成自己学术研究的志趣，构建起独立自我、理性批判的思维能力。这应该是我在硕士研究生阶段最为重要的收获，也是周老师给予我一生最为宝贵的财富。

尽管在学术研究上贡献卓绝，但周老师绝非不接地气的"象牙塔中的学者"。我在研究生一年级课程学习之后，研究生二年级和三年级跟着周老师进行了济兖邹曲都市区划定、重庆CBD选址、山东半岛城市群发展战略研究等一系列规划研究，并看到这些研究成果对于各座城市与区域发展起到的积极作用，进一步体会到"人文地理研究能为制定国家政策做贡献"。周老师始终强调理论的生命力在于指导实践、解决实际问题，要根据实践校验理论，同时也指出面对实践问题，"要敢于面对……要坚持不懈，不怕坐冷板凳"。所谓"知行合一"，便是如此吧。

图2　毕业前的秦波（左一）、王新峰（右一）和冯健（左二）与周一星合影（2003年6月）

硕士三年，毕业论文最后对周老师的致谢依然是我今天的所思所想。当时写道："自三年前投身先生门下，经过先生言传身教，不由得深深佩服先生治学的严谨，思维的活跃，逻辑的清晰和为人的耿直，可谓'高山仰止，景行景至'。先生之风无形中给了我很大的压力，常使我不敢有半点懈怠；先生对我的期望，亦恐怕是我无法承受之重。先生曾言：'一个人想要在学习或是工作中获得成功，有两点最为重要，一是兴趣，一是责任感，而关键在于后者。'将来无论身在何处，求学或是工作，先生的教导和希望都是我继续奋进的动力之源。"

硕士毕业后我继续博士阶段的求学，拿到博士学位后如愿成为大学老师，像周老师一样成为一位高等教育的工作者。有人说，"教育本质上意味着一棵树摇动另一棵树，一朵云推动另一朵云，一个灵魂唤醒另一个灵魂。"对于幸运的我，周一星先生便是这样一颗参天的大树、一朵洁白的云朵、一个严谨而有趣的灵魂，摇动我、推动我、唤醒我！

无疑，先生是榜样！希望我也能成长为这样的大树与云朵，去唤醒、去启迪更多的灵魂，并以此向先生致谢，向先生致敬！

作者简介

秦波，1979年5月生，现为中国人民大学公共管理学院城市规划与管理系教授。2000—2003年，在周一星教授指导下完成硕士学习。邮箱：qinbo@vip.sina.com

难得认真

于海波

"难得糊涂"是清朝乾隆年间郑板桥传世的名言,后人感慨"难得糊涂"四字中富含的哲理,便以横幅的形式挂于家中,每每作为处世的警言。反过来看,我们社会真正"难得"的不是"糊涂",而是稀里糊涂、得过且过的反面——"认真"。

认真的人是可爱的。

第一次见周老师是本科"城市地理学"专业课,周老师从什么是城市地理学开始讲起,对城镇化、城镇体系、城市职能分类、城市统计基本概念等均有依有据、一板一眼,能够从理论、国际经验、体系、方法、应用各个维度进行讲解,展现出周老师扎实的专业功底和独立思考的科研习惯。周老师的课深入浅出,说服力极强,班上同学很少迟到和缺课。有几次下课时间到了,但课程还没讲完,周老师说了句,着急的同学可以先走,就接着继续讲课,但没有一个同学先走,都坚持听完周老师的课。同学们都说周老师好严谨、好严肃、好严格,但我的感受是周老师是少有的认真的人,认真的人是可爱的。

周老师教会我认真二字。

在和周老师合作以"五普"人口数据对我国城镇化水平进行修补的研究时,我拿到的国家统计局"五普"数据非常庞大。数据电子文件是一个包含海量数据的 txt 源文件,处理难度极大。当时自己通过电脑编写了一个程序,进行批处理数据,导出了想要的数据。我熬了一天一夜,完成了对数据的处理和绘图,并洋洋洒洒写好了文章,兴奋地发给了周老师。第二天周老师让我到他家里,打开了他修改后的文章。整个文章按照修订模式修改的,满屏幕的红色表明着满篇的问题。周老师并没有批评我,而是把每个修改的要点、内容都仔细讲解了一遍,其中有很多标点符号、错别字、病句等低级错误,当时让我觉得羞愧难当,恨不得找个地缝钻进去。从周老师家里出来,我发誓以后要认真对待每一件事,"认真"二字是学习、工作的基本底线和准则。受周老师的影响,在毕业后的工作中,我都能很少出差错地完成各项任务要求,"认真"二字已经成为我身上的重要标签。

认真不仅是工作态度,更是生活态度。在研究生阶段,我有幸参加了山东半岛城市群发展战略和武汉城市总体发展战略规划研究,每次讨论会,都能从周老师的讨论发言中学到很多新鲜的知识。基于扎实的基础调研和城市发展的洞察,周老师总是妙语连珠,"龙头带动战略""都市连绵区空间发展战略""成'弓'战略",表达既形象又生动。每次讨论都持续到很晚,但周老师有新的创意和想法时,总是那么充满激情且逻辑严谨地娓娓道来。认真思考、开心工作,是一种积极向上的工作态度。在我刚毕业不久,周老师被查出患了肠癌,但周老师相信科学、积极治疗,每次向大家通报病情都传递着认真和积极。后来,周老师身体逐渐好转,对抗癌工作也坚持着"认真"二字,规律作息、均衡饮食,"认真"已经成了周老师的生活态度。

有一首歌唱道:"我还是从前那个少年,没有一丝丝改变,时间只不过是考验,种在心中信念丝毫未减。"周老师的认真感染着所有周老师的学生们,认真对待每一件事,认真对待每一个人,认真工作,认真生活,难得认真。

作者简介

于海波，1980年2月生，1998年进入北京大学城市与环境学系，2002年免试保送硕士研究生，师从周一星教授，2005年获理学硕士学位。现从事房地产开发工作，邮箱：haibo_yu@163.com

求真求新，北大风骨

——我心中的周老师

王新峰

认识周老师已经有二十多年了，虽然跟在周老师身边学习的时间只有短短的三年，但从周老师身上汲取学术营养、体悟为人处世的过程却始终没有停止。我一直觉得，能够成为周老师的学生，是人生当中最为幸运的事情之一。这次借着给周老师庆祝八十大寿的机会，想从两个方面，描绘一下我心目中的老师，以为恭贺。

一、因为热爱，所以认真

对周老师有所了解的人，大都会认为，周老师是非常认真的人，这也是我对他的第一印象。记得那是2000年的时候，我报考了北大人文地理专业的研究生，不过说实话，虽然一直在学术上非常景仰周老师，但一开始真的没有想过能够成为他的学生。主要原因是我决定考研比较晚，在我看来，周老师这样早已成名的学术大家，全国各地的同学们肯定趋之若鹜，而且北大本校的保送名额那么多，他手里的招生名额恐怕早就被一抢而空了。稳妥起见，我把最初的报考方向确定在了相对年轻的老师身上，结果打听了一下，发现每位老师门下都已经是"人满为患"，正在一愁莫展的时候，有位在北大读研的师兄告知，周一星老师那里似乎还有名额。那时的我，虽然满心疑惑，但也无从细想，抓紧联系，直到从周老师本人那里确认了这个消息，我才敢相信，居然会有这么好的机会摆在面前。后来在逸夫二楼的办公室里，我第一次见到了周老师，具体聊的什么内容，我已经没有太多印象，只记得当时他还是满头乌发，英气勃勃，比我想象中要年轻不少，而且待人接物十分温和，让我这个战战兢兢的外校学生十分受用。后来，还是忍不住好奇，四处打听，为什么周老师这里的报考热度居然会低于一些年轻老师？得到的反馈居然是：周老师过于严谨认真，这样一来他承接项目课题的选择门槛很高，学生参与项目的机会少；二来他对研究和论文的要求高，在他门下读书可能过于艰难，所以很多学生会因此望而却步。这些说法，我没有向同年读研的同学们一一求证过，但却让我在入门之前，就对周老师的"认真"有了认识，也让我在入校之后的学习中丝毫不敢掉以轻心。

在开始跟随周老师读研之后，才真正切身体会到了他对于学术研究的认真和严谨。一方面，在课堂上，他对我们谆谆教诲，反复强调城市地域、城镇化、城市职能、郊区化、都市区等基础概念的科学性和正确性；另一方面，在实践中，他也坚持知行合一，务实求真，而不是一味迎合甲方的需要。在校期间，我先后参与了周老师主持的三个实践课题：济兖邹曲都市区发展战略规划、兰考县发展战略专题研究和山东半岛城市群发展战略研究，每一个课题的研究过程，都是以实事求是为基础，以科学规律为准绳，最终还要提供可操作的方案。就拿济兖邹曲都市区的课题来说，市领导最初开展这个课题的目的，是希望推动兖州、邹城和曲阜三个县级市的撤县改区，这也是当时全国各地盛行的区划调整风潮，但周老师并没有把这个研究做成一个顺水推舟的简单工作，而是建议市政府采取都市区的一体化空间组织模式，他带领课题组花了很大的精力反复论证、联系国家相关部门，才最终说服了市领导接受了更加符合市场经济规律的都市区空间方案。

回过头来看，济宁市方面将都市区一体化的空间发展思路一直延续到了现在，在多年后的今天，都市圈也已经纳入国家层面的城镇化规划布局。在 2000 年年初，如果没有科学求真的精神，没有敢于逆流而上的坚持，不可能做出如此既有前瞻性又有操作性的规划研究，只考虑满足甲方需要的成果可能早就湮灭在了历史的尘埃之中。

周老师的学术坚持，在当时并不被所有人接受，很多人可能会觉得周老师有点过于"较真儿"，甚至会显得有点不合时宜。也正是出于这个原因，虽然周老师的学术成就已得到了广泛认可和尊敬，但是愿意请他去参加评审的项目却并不多，生怕他在开会时提出一些过于尖锐的问题。对此，周老师心知肚明，但他并不愿意因此改变自己的原则，在近年来出版的《城市地理求索：周一星自选集》《城市规划寻路：周一星评论集》两本书里，大家还是可以看到很多关于他提出的不同意见甚至相反观点的忠实记录。对于自己所做的学术研究和实践工作，甚至在参加项目评审时所提出的观点，周老师在和我们聊天时，最喜欢说的一句话就是："要经得起考验。"

相处久了，才慢慢体会到，周老师的认真和"较真儿"，正是来源于对地理学、对于城市研究的无比热爱。周老师多次提到，他自小就对地理感兴趣，从事地理研究也是出于对地理学的热爱，而且受到"文革"的影响，他的学术生涯从 41 岁才真正开始，我想这也是他格外珍惜学术生命的另一个重要原因。我个人觉得，正是发自内心的热爱，让周老师对于地理学始终有着一份沉甸甸的历史责任感，多年来对正确认识城市研究基本概念的不断呼吁，在北大地理学科面临重构时的奔走疾呼等等，都是希望能够筑就中国的城市研究科学体系。但是，2007 年患病以后，他坚决地告别了学术领域，也谢绝了几乎一切的学术社会活动，作为学生的我们当时并不理解，现在回想起来，对于如此深爱城市地理学的周老师来说，做出这个决定该是何等艰难！现在不少领域都有些当退不退、跟不上学科发展甚至阻碍学科进步的大牌专家；相比起来，周老师未雨绸缪、主动放手，提前为新一代学者留出发展空间，又是何等的牺牲和气魄！

和老师相比，我对于学科、对于行业的热爱度和责任感都远远不及，不免有些羞愧，但是，每当在规划技术工作中碰到一些难题，总会想起曾经从老师身上感受到的科学思想、求真精神和工作热情，成为支撑自己继续前行的动力。

图1　2006年9月教师节周一星（后排右三）与学生们在宋庆龄故居

二、因为开放，所以包容

在一般人的认识中，过于认真和犀利的人，在日常生活中也很难遮掩自己锋芒。但是，周老师却不太一样，在对待学术研究时，他会展露出锋芒毕露的书生意气；在待人接物时，老师则会呈现出温和包容的君子之风。这两种似乎很难兼容的气质，在他身上形成了毫无矛盾的完美统一。

周一星和他的朋友们

我相信，周老师所信奉的教学原则当中，一定有一条是"有教无类"，所以他对于学生的招收总有一种海纳百川的开放气度，并不特别看重学校出身，也不会厚此薄彼。我进入城乡规划行业快二十年了，在这么多年的工作中，总会有很多同事、同行，在知道我是周老师的学生之后，除却对周老师表示景仰之余，顺带夸我两句，比如你肯定是当年最优秀的学生，所以才会被周老师收入门下云云。但，其实我自己一直很清楚，能够成为周老师的学生，一方面可能是我的人品爆发；另一方面，则是源于周老师对学生的开放包容，源于他对上进求学之心的尊重体谅，源于他对自身培养能力的自信从容。我在北大读研的时候，可能是周老师门下学生最为兴旺的阶段，最多的时候大概有十几位博士和硕士同时在读，天南海北、不同学校、不同背景的师门同窗汇聚一堂、碰撞交流甚至于火花四溅，之后也成长出一批在学界和业界颇有影响力的领军人物。

对于学生的培养，周老师也一直秉持着因材施教的开放式、启发式的教学方式，尤其是对于我这种资质平平的学生而言、正是在这种培养方式下，我找到了研究的兴趣和信心。还记得我刚刚入学不久，就参与了济兖邹曲都市区的课题研究，这个课题除了周老师，还有魏心镇、冯长春和孟晓晨三位老师一起参加，可谓是群星璀璨，是一次非常难得的学习机会。当时，周老师把其中城镇化和城镇体系的研究工作交给了我，可能在他看来，这应该是工作方法相对成熟，也最没有专业难度的工作。但是，这项工作对于我这个当时的"小白"而言，却仍然是很大的挑战，因为之前从来没有参与过城市方面的研究工作，自己的知识储备和基础能力也有不足，所以在研究过程当中，并没有给整个课题做出太多贡献；而且因为时间十分紧迫，还让周老师费了不少心思来补缺，一时间不免有些灰心丧气。让我觉得庆幸的是，周老师并没有因此过多批评我，也没有把我"打入冷宫"，他一方面明确指出了我在研究工作和知识基础上的不足；另一方面也让我参加到每一次的课题讨论和交流中来，与周老师和几位老师的近距离接触和持续熏陶，让我不仅看到了自己的问题和方向，也补上了很多知识上的短板。我一直觉得，这次难得的经历，让我第一次感受到了从事城市研究的魅力，也奠定了我毕业之后从事城市规划行业的基础，甚至对我形成自己的规划逻辑产生了深远的影响。直到现在，我脑海中时不时还会响起当年周老师在课题讨论时的论断："都市区的一体化，就是要实现各类要素能够实现零成本的跨区流动。"

对于学术研究，周老师也一直持有开放包容的态度。大家都知道的是，当年他和一位年轻人就郊区化展开的一次学术讨论，我想应该没有几个身处高位的学界大咖能够像他这样，能够用这样的方式和年轻人进行平等对话。在我看来，他更关注研究的态度、逻辑和方法，而不是结果，更强调"对事"而不是"对人"，因此，他不会被领导和权威所左右，也不会忽视年轻人的想法。他有自己的学术兴趣和偏好，但他更尊重学生的个人意愿，不会勉强学生去服从自己的安排，据我所知，同门之中没有接受周老师论文选题建议的似乎不止一位，以至于周老师心心念念的一些跟踪研究被延宕多次。而现在，即使在退休多年以后，周老师也仍然保持着高度开放的年轻心态，每次和周老师一起聚会聊天，都会发现他对城市和区域发展新现象、新趋势的高度关注，也依然在关注着国土空间规划的最新进展。

开放的心态，包容的气度，这既源于周老师自身的个人修养，也是"思想自由，兼容并包"的北大精神在老师身上的集中体现。作为一名"半路出家"的北大人，我对北大的理解和认知可能还不够深，但在我心目中，周老师就是北大精神的最佳代表，也是我心向往但远不能企及的那座巍巍高峰。

为了写这篇小文，好好地翻捡了一下过去二十年中和周老师相处的点点滴滴，免不了会生出"当日年少不更事"的感叹，不由感怀周老师对我们这些学生的爱护和关怀。对我而言，和周老师相识在他学术思想成熟、社会实践活跃的高光时期，受益于老师在城乡规划领域里卓越地位所带来的光环加成，已经习惯于享受"周门弟子"给自己带来的便利和恩惠。

但是不知不觉，我也到了41岁，正是老师当年真正开始学术生涯的年纪，虽然在工作上尚无所成，但是已生倦怠。以己度人，很难想象老师当年是以怎样大的毅力克服了种种困难，才能在后来的三十年中登上旁人难以企及的学术高度！唯有勉励自己，力争留下一些经得起考验的规划成果，能够对得住老师的悉心培养，能够问心无愧的以"周门弟子"自居。

最后，惟愿周老师身体康健、生日快乐！

作者简介

王新峰，1980年2月生，2000—2003年跟随周老师攻读硕士研究生，2003年至今在中国城市规划设计研究院、中规院（北京）规划设计公司工作。邮箱：wangxf@caupd.com

感恩遇见，感谢培养，感动关怀
——致敬恩师周一星先生

刘作丽

2005年，我有幸考入北京大学跟随周老师攻读博士学位。距离当年虽然已经过去了16个年头，但提笔写下这些文字的此刻，周老师的言传身教、悉心指导、无微关怀、温情鼓励，很多令我感恩、感谢、感动的时光都依然清晰可见。

一、感恩遇见：幸运地蹭进师门

能成为周老师的学生，我是非常幸运的。2004年下半年，是我硕士在读的第三年，面临就业和继续读书的抉择。怀揣着对师从周老师的渴望和对北京大学的向往，我辗转找到了周老师的联系方式，冒昧给周老师打了电话。周老师是业界泰斗，我和周老师素昧谋面，冒昧联系其实内心是忐忑的，没想到周老师十分耐心又认真负责，消除了我的不安。记得周老师当时耐心地告诉我，他已经退休了，现在是在返聘期，返聘期间主要的研究任务是要完成国家基金委的城市自组织课题（后来知道，是国家基金委重点项目"中国的城市变化和自组织的空间动力学研究（2004—2007）"）。返聘期间他每年还有一个博士生名额，为配合完成课题研究任务,他准备招一名系统科学相关专业的博士生,我的学科背景和课题研究任务不太吻合。在我联系之前,有一名武汉大学对口专业的学生已经确定报考,并已经参与了课题的相关研究任务,同等条件下我的专业没有优势,课题研究任务和将来我想研究的方向也不吻合,本着对我负责的原则建议我不要报考。听了周老师的答复,虽然十分遗憾,但心里却非常感谢周老师,感谢他对素昧谋面的学生的真诚和负责。

听了周老师的话,我开始踏踏实实找工作,没再因为考博士的事情去打扰周老师。但为了给心中的渴望一个形式上的交代,看到正式招生简章的时候,还是决定报个名。我当时在南京读书,报名的时候并没打算真的要来北京参加考试,当时只是想着不能读周老师的博士,曾经报考过也挺好。特别巧合的是,考试的那几天北京正好有一个工作面试的机会,入学考试加上工作面试,两个机会让我下定决心从南京来一趟北京,正是这个偶然的决心帮我搭上了踏入师门的末班车,我参加了考试,跌跌撞撞地通过了初试和面试,十分幸运地成为了周老师的学生。在同届博士生中,我是踩着分数线被录取的,现在想起来既感觉幸运又有点后悔,后悔当时没认真准备考试,周老师可能从来没招过像我这种刚刚过线的学生,有点给周老师丢脸了。就这样,我幸运地蹭进了师门,感谢周老师给了我这宝贵的机会。确认能读周老师博士的时候,一度感觉不太真实,兴奋了好一段时间。

二、感谢培养:恩师的言传身教,让学生受益终生

我不是一个积极主动的好学生,时间很快就晃过去了一年多。这期间,我除了认真上课修学分,思考最多的就是博士论文的选题,反反复复找不准方向。每次找周老师汇报讨论的时候,周老师都十分尊重我自己的想法,多以鼓励为主,但也总能切中要害指出问题所在,让我意识到研究路上的任重道远。

周老师很担心我这样的状态晃下去,时间很快就晃没了。有一天去找他的时候,他语重心长地跟我说,本着对我负责的原则,想要推荐贺灿飞老师指导我的

学业。之所以这么安排，他有多方面的考虑。一方面，是因为作为年轻老师贺老师有更多的时间和精力指导我，能帮助我更好更快进步成长。另一方面，贺老师也能多一个帮手，多一份指导学生的履历。周老师当时还特别强调，他不是不指导我了，只是另外多一位老师指导我，以后有任何问题，还是可以继续找他。周老师的这个安排，让我又一次真切感受到他对学生的高度负责，以及他对年轻老师的殷切期望。

在我论文选题、开题、预答辩、答辩这些关键环节，周老师都认真负责地指导我，给予意见建议。在我犹豫不决、摇摆不定的时候，周老师鼓励的话语总能让我醍醐灌顶。在我感到困惑和萌发退意时，周老师也没有放弃对我的包容和鼓励，印象非常深刻地是他提起过的一件事，他说他41岁才发表第一篇学术论文，如果想做研究，什么时候努力都不晚。我论文答辩的时候，周老师大病初愈还在修养，为了给我打气壮胆，还是坚持参加了我的预答辩和答辩。

图1　2010年6月，刘作丽（中）与周一星、谢琴芳合影

周老师的指引和鼓励，让我收获了很多。"桃李不言，下自成蹊"，周老师言传身教使我明白了许多为学做人的道理，我终生受益。周老师严谨求实、精益求精的学术态度，独立思考、认真负责的做事方式，严于己、宽于人的处事风格为我的人生道路提供了清晰的坐标。

三、感动关怀：恩师的关心支持，让学生动容

周老师在生活上对学生的关心也是无微不至。每到节假日，周老师和师母谢老师都会把学生们聚到一起，带大家逛逛北京城，请大家吃顿好的。前不久，我回学校探望周老师，还厚着脸皮蹭了周老师的一顿大餐。周老师躺在医院病床上还担心我的论文进展和生活费用，更是让我感动得无言以对，只能衷心祝愿周老师身体越来越健康，永远健康！

进入师门，除了跟随周老师学习成长，还要感谢师门师长们的指导和帮助，能加入这么一个团结友爱的大家庭，我非常荣幸、十分自豪。进入师门，除了感恩、感谢、感动，还有一件事情是比较遗憾的，就是没能听上周老师亲授的《城市地理学》。我入学的时候，周老师已经退休了，不再讲授这门课。时常听身边听过这门课的同门、同学说这门课如何如何得好，深感遗憾。虽然后来找课件认真学习了，但终究抵不过现场聆听周老师的亲授。

工作之后，虽然一直碌碌无为，但好在也算勤勤恳恳，从周老师身上所学习到、感悟到、收获到的种种，都是伴我成长的宝贵财富，我将会用一生时间来珍惜和慢慢品味！再次感谢师恩，祝愿周老师和谢老师永远幸福安康！

作者简介

刘作丽，1981年3月生，现就职于北京市经济与社会发展研究所，2005年至2010年跟随周老师学习。邮箱：lzl_pku@163.com

大先生
——我的大学先生周一星教授

刘 洋

1999年9月4日，我被北京大学城市与环境学系录取，专业是资源环境与城乡规划管理，专业之名足见院系之"霸气"，可有囊括天下人间之意。刚刚进入北京大学的我，时常徜徉于"一塔湖图"之间，在大美校园之中憧憬着不一般的大学生活。一天，在图书馆中看到了梅贻琦先生说的"所谓大学者，非谓有大楼之谓也，有大师之谓也"。感触颇深！便一头扎进了城市与环境学系的图书馆，努力在系史中探寻大师，希望能够尽早得到大师引航、从大师处学得本事。幸运的是，我在大学期间亲耳聆听了杨景春老师的地貌学原理、胡兆量老师的中国地理、周一星老师的城市地理，既有理论思想的娓娓道来，又有实践案例的信手拈来。更为幸运的是，从2002年开始，我参与了周一星老师主持的"北京居住人口空间变动与郊区化发展研究"课题，并在周老师和冯健师兄的指导下完成了本科毕业论文。最为幸运的是，从2003年开始，我如愿成为了周老师的硕士研究生，更加近距离地感受周老师的言传身教和人格魅力。

大学以来，能够有幸遇见周老师这样的大先生，指引我、激励我、鞭策我认真为学、踏实为事、本分为人，幸甚至哉，感恩之至！

大先生为学，一心求真。周老师做学问，注重基础，研究真问题，探索真道理。细心品读周老师的《城市地理学》著作，能够深深感受到他的严谨与求真。用心聆听周老师的城市地理学课，能够深深感受到他的情怀与魅力。针对城市地理基本概念、基础数据，忧从中来，真情流露，师生共情，决心为解决一点问题而努力；针对城市地理基本规律、基础理论，孜孜以求，真知灼见，师生共勉，决心为接近一点真理而努力。

图1　2008年5月2日周一星生日，刘洋（右一）等众弟子前来聚会

大先生为事，一心为公。2000—2001年，城市与环境学系的"改革动荡"之年，学科之发展，专业之分合，教师之间或身处世外静观其变或争取利益奔走游说，学生之间议论纷纷而无能为力。年届六旬的周老师本可以无忧无虑、养尊处优，因为无论到哪里都会有其之重席，但是为了避免院系被"肢解"、保持地理学科之完整，他积极组织签名活动，致信校系领导，动员呼吁系内教师团结一致。

最终，我们本科阶段的自然地理、地理信息系统、资源环境和城乡规划管理三个专业整合成为"地理类"专业，既保持了地理学科的完整性，也给了学生更多的自主性和选择空间。

大先生为人，一心一意。周老师为人正直，引导学生做一个"大写"的人。培养学生，一心一意。在本科做毕业论文期间，周老师就安排非常优秀的冯健师兄带领我们一起开展课题研究。在研究生期间，恰逢贺灿飞老师到北京大学任教，周老师嘱咐我要好好跟着贺老师学习，周老师和贺老师对我给予了悉心指导，我深深为两位老师对专业方向"不畏浮云遮望眼"的前瞻洞察和"咬定青山不放松"的执着精神所折服，收获了学识、情谊，也收获了日后继续前行的本事。积极人生，一心一意坚持好。近十几年来，只要在北京，周老师每天上午都会风雨无阻地到颐和园晨练。实乃吾辈仰视和向学之榜样。

真心希望今日之大学，能够有越来越多周老师这样的大先生，做学生为学、为事、为人的示范。真心祝福周老师健康快乐！

作者简介

刘洋，1981年6月生，1999—2003年在北京大学城市与环境学系就读本科，2003—2006年师从周一星教授攻读硕士学位，现任国家发展和改革委员会振兴司处长。邮箱地址：lysail@139.com

周老师退休前的几件规划往事

许 锋

2001年5月,周老师已年满60周岁,而那时的我,当年9月刚刚考入北大城环系资源环境与城乡管理专业,开启自己美好的北大学习生活。2004年7月起,我在周老师指导下开始规划生产实习和撰写本科论文,并于2005年9月本科毕业后继续在周老师指导下攻读人文地理学硕士,直到2007年7月毕业,荣幸地成为周老师退休前亲自指导的最后一名本科和硕士生"关门弟子"。古德有云,父子关系,本质上是师徒关系。作为周门弟子中"老小"的我,自然享受到了周老师更多的关爱。从2004年大三城市地理必修课上第一次真正接触到周老师,到2007年周老师完全退休,我有幸亲身经历了周老师退休前三年多时间里工作和生活的点点滴滴。三年时间,对于一个人的人生来说并不长;但是这三年,对于周老师和我来说,都是人生中极为不平凡的三年。在周老师八十寿辰即将到来之际,姑且回忆几件对我印象最深刻的规划往事,以示祝贺。

2003年3月,时任武汉市长李宪生在十届全国人大一次会议湖北团全体会议上,当着温家宝总理的面发出疑问"武汉在哪里?"疾呼中央加大力度支持中部地区发展,重视武汉在中部发展中的重要作用。据说,当时温家宝总理当即表态:"武汉在哪里？就在中部崛起当中。"2004年3月，温家宝在政府工作报告中，首次明确提出促进中部地区崛起战略。正是在此大背景下，武汉市委市政府在2004年"两会"后即启动了"武汉城市总体发展战略规划研究"的规划招标工作，试图通过邀请全国最知名的规划编制和研究单位，重点解决武汉在国家中部崛起战略中的定位和作用问题。最后共选了4家规划编制单位，周老师作为北大一方主持，其他几方主持人分别是同济大学吴志强、中规院名城所张兵、武汉规划院吴之凌。武汉市的意思是，多选几家单位同时开展工作，多方比较看看最后哪家的方案更好。

图1　2006年吴良镛（右二）、郭彦弘（左二）、周一星（左一）、许锋（右一）在清华大学南门附近合影

武汉项目是继"山东半岛城市群发展战略研究"之后，周老师退休前亲自主持的最大横向课题，当时成立了一个由2名教授、2名副教授、2名讲师及27名博士、硕士和本科生组成的庞大队伍，分为8个专题组展开深入的研究工作。按照立项招标文件中的大纲，规划需要对武汉的城市交通问题进行研究，但刚好课题组缺少研究城市交通的老师，而我的师兄师姐们当时毕业论文又没有选做交通方向的。交通专题要不要做，谁来做，是摆在课题组面前一个亟待解决的问题。

那时我大学三年级刚结束，刚刚学习完交通地理学课程并担任了课代表，对交通问题很感兴趣。

可能是因为我是关门弟子，那时周老师经常让我到他家里帮忙录入文字和整理资料，有时中午师母谢老师不在家，他就带着我到蓝旗营附近的饭馆解解馋。记得那时成府路南边有家烤鸭店，当时是周老师的最爱。于是一天在周老师家里，我大着胆子对周老师提议，"老师，我对交通问题很感兴趣，要不交通专题我来做试试？"周老师怀疑的看着我，"你一个人行吗？"我说，"我也不知道，但是我对交通真得很感兴趣。"周老师沉默了一会儿，说"行吧，你先做着看吧。"在随后召开的课题组全体会议上，周老师与课题组其他几位老师商议后就正式确认，暂时由我牵头负责武汉城市交通发展战略研究，如果做得好，就正式作为一个专题写入总报告；如果做得不好，就作为其中一小部分，融入其他专题。

领到任务后，我既感到兴奋又十分有压力，是周老师的信任，使我成为了当时参加课题的16名本科生中，唯一一个牵头负责独立专题的本科生。我立即全身心地投入到文献阅读和方法研究中，阅读了大量关于武汉交通问题的相关文献。借着经常去周老师家里的机会，每当有了一点思路，我就把对武汉城市交通问题的理解和他说一说。此时，周老师常说的一句话就是："做研究，搞规划，要不唯上，不唯书，只唯实。不要我说了什么，你就做什么，你再下去继续深入研究。"

2004年7月初，周老师带领着北大多达33人的庞大规划队伍抵达武汉，在武汉市规划局和规划院的协助下，正式开始了"武汉城市总体发展战略规划研究"的前期数据收集和调研工作。可能是由于前期过度操劳，或许是由于天气炎热、水土不服，刚到武汉没几天，周老师便病倒了，高烧不退。大家都很担心他，周老师笑着说，"你们不用管我，我没事。明天让罗翔和许锋陪我去医院输液，你们其他人继续正常开展调研，我输几天液就好了。"就这样，接下来的三天时间，每天上午我和罗翔师兄陪着他去医院输液，输完回到宾馆后，周老师仍然坚持阅读武汉相关的资料和文献。

图 2　2019 年 11 月 23 日北京大学城市与环境学院校友会第三届理事会上周一星与许锋合影

9 月，课题进入了中期汇报阶段。北大因为在四家单位中进度最慢，被副市长在会上点了名，这让周老师十分有压力。周老师本来就是很认真的人，前期进度慢，主要是因为课题组花费了大量时间在数据收集和整理分析工作上，这恰恰是作为一所高校，北大不同于一般规划设计院的地方。我负责的交通专题同样在前期收集整理了大量资料，但是一直没有形成很好的战略思路，这让我愁眉不展。有一天在武汉，我将我的困惑告诉了周老师："老师，我对武汉的真实道路网还不是很清楚，比如在规划图上，这里标着汉阳南部有一条主干路，但是交通局又说这条路仍然在规划中，还没修好。我想最好的解决办法，是自己打车实地绕着武汉全市的主干路看一看，但是这可能要花不少钱。"周老师果断地说："不要怕花钱，你应该打车去实地看一看，只有这样才能获得第一手资料。"

得到周老师的许可和支持，我高兴地走出当时住的宾馆（汉口长海大酒店），一招手就拦住了一辆出租车。司机问，去哪里？我说："没有目的地，我只是想绕着武汉的主干路看看。最好每一条主干路都走到，要不就先看汉口，再看武昌，最后看汉阳吧。"我这么一说，真把司机震呆了，半天没缓过神来。没办法，我又把自己绕城打车的目的给他解释了一番。司机这才明白过来，喜上眉梢，高兴地带着我开始了武汉主干路的"探索之旅"。真是幸运，我碰到的刚好是一位老司机。一路上,他边走边给我介绍武汉每条路的路况,堵点在什么地方,并提出了自己的改进建议。不得不说,这给我提出未来的武汉交通发展战略提供了很好的参考思路。走完汉口和半个武昌,大约用了一个半小时,刚好到了东湖边上。我于是对司机说:"师傅,屁股麻了吧?要不咱们在东湖边上歇一歇吧,歇完再去汉阳。"司机欣然同意,笑着说"早就麻了"。下午4点的东湖,波光粼粼,远处的珞珈山金光晃耀,好一个水天一色。

经过这一次实际调研,加上前期的文献整理和阅读,我很快形成了自己的武汉交通发展战略主体思路,主要战略内涵包括:一是因城制宜,分别构建三城内部快速交通系统;二是合3为1,加强三城间路网的联系;三是公交优先,轨道引导,轴向拓展。特别是针对武汉一城三镇的空间结构,我提出了"环环相套放射式"的路网结构。我提出的战略思路,最终被周老师和冯长春老师概括为:强筋骨、疏动脉——武汉"3+1"交通一体化战略,并被正式作为第八个子课题纳入总报告。

图3 2021年4月18日周一星与许锋于杭州拱宸桥合影

课题结束后，周老师又叮嘱我及时将交通专题的相关成果整理后发表。稿件投送后，很快被《现代城市研究》杂志接受，最终发表在 2006 年第 9 期上，题目是《环环相套放射式路网在武汉城市发展战略中的应用》。

一转眼，十六年过去了，我也已接近不惑之年。回忆我过去这么多年学习和工作成长的经历，除了靠自己的个人努力，就是靠各位老师的悉心培养。师者，传道授业解惑也。能够遇到名师，是一个人成长中莫大的幸运。一个好老师，会让学生终身受益，甚至泽被后世。我是如此幸运，在成长过程中遇到了周老师这样"不唯上，不唯书，只唯实"的好老师。在某种意义上，周老师是我这些年人生前进的风向标，是我人生航线上的指南针，是黑暗时刻为我带来光明的灯塔。

什么是北大精神？如何坚守北大精神？我想每个北大人心中都有自己的答案，而这个答案也可能会随着时间和个人阅历的积累而不断改变。孔子在《论语》中说："修身、齐家、治国、平天下"，强调"修身"是第一位的；老子在《道德经》说："致虚极，守静笃；万物并作，吾以观复"，强调"静"的重要；佛陀在《金刚经》中说："一切法无我，得成于忍"，强调"无我"的重要。人生无常，我们每一名北大人，不论身在何种岗位，只要做好自己的本职工作，能够像周老师那样"不惟上，不惟书，只惟实"，耐得住清贫，守得住寂寞，力所能及地净化自己身边的一片天空，这不也是在发扬北大精神吗？

作者简介

许锋，1982 年 3 月生，北京大学 2001 级资源环境与城乡规划管理专业本科生，2005 级人文地理学硕士研究生，2017 级人文地理学博士研究生。现任中华全国供销合作总社办公厅正处级机要秘书，曾任国家发展和改革委员会城市和小城镇中心助理研究员。邮箱：51978552@qq.com

记与周一星先生接触中的几件小事

尹燕平

不知不觉间，我在学院已经工作12个年头了。在为校友服务的这段时间里，学院的老师们、同学们都给予了我莫大的支持与帮助，尤其是学院离退休的老先生们，其中印象极深的，便有周一星先生。他做事严谨认真，凡事喜欢亲力亲为。学院人才培养、学科建设、校友服务工作等各个方面，他参与颇多。他人极好，对校友们和他的学生们更是关怀备至。我在工作中，与周老师接触过很多次，便更加敬佩他作为老一辈地理学人所拥有的这种奉献精神。今年刚好是周一星先生八十寿诞，我很荣幸有机会讲讲我眼中的周先生，顺祝先生寿辰快乐。

一、事无巨细亲力亲为，为学院学科纪念册修订手稿

2012年年末，学院为纪念地理学科建立60周年组织编写了《北京大学地理学科建立60周年纪念册》，在编写过程中需要收集学院的历史资料。按照约定时间，12月8日下午，我们拜访了周一星先生。当时，他已提前做好了准备，给了我们很多珍贵的历史照片和手稿，并附上了详细的说明，资料之多、之细、之珍贵让我特别感动。同时先生还主动帮我们联系校友，补充了很多历史图片，

留下了很多经典瞬间。

此外，在纪念册的修订阶段，周一星先生作为编审也全程参与，特别细致负责。至今我还记得纪念册的校对小样，有219页之多，上面有周先生逐页批改的建议，纪念册前前后后修订了3次，周先生参与了3次，手写改动了3次。最终纪念册顺利印制完成，并在纪念活动上发给参会的校友们，看到校友们专注地翻阅着，我们备感欣慰，这其中少不了周一星先生的功劳。周一星先生这种严谨的态度值得我们学习，对学院的这份情感、这份责任更让我动容。

二、无私奉献，支持学院建设

学院新大楼一直是城环人的城环梦，它承载了太多特殊的意义。在大楼建设初期，周先生就多次联系楼宇办的老师，了解建设进展。在为新大楼进行筹款募捐时，他又主动联系我们，提出要出一份力，支持学院新大楼的建设。周先生是学院老先生的一个代表，也是地理人的一个缩影，正是有一代又一代像周先生这样的地理人，让我们坚信，学院和学科的发展一定会越来越好。

今年9月份，学院新大楼就开始正式投入使用，学院也将迎来2021级的新生，年轻的地理人们必将承前启后，在祖国的大地上描绘更加绚丽的画卷。

三、关怀备至，对学院离退休教师们的生活十分关注

有了微信之后，联系交流变得更加便捷及时。在各个校友微信群和离退休教师群里，总能见到周一星先生与大家互动交流。他与校友、同窗一直保持着密切的联系。他是一个极其热心、温暖的人，总是能够替他人着想，至今有一件事让我印象深刻。此前王恩涌先生的孩子因病去世，王先生一直很挂念，一天夜里，他突然发了一张孩子的照片到微信群里，引起了周一星先生的注意。周先生非常担心，因为是在深夜，又怕打扰我们，直到早晨才联系我们，将情况告知，在我们联系了王先生家人，了解到王先生并无大碍后，将情况及时反馈给周先生，老

先生这才放下心来。我常感动于周一星先生对他的同事们、他的学生们无微不至的关心,这也教会了我很多为人处世的道理,我很庆幸可以认识周先生,感谢他对我的人生给予积极正向的影响。

四、热情洋溢,支持学院校友工作

每年的校友返校聚会、重大校友交流活动,周老师都应邀出席,每每到场,校友们都会亲切地围上来,与他亲切交谈。周老师在学生们中的威望很高,大家都很尊敬和爱戴他。周老师也关注着学生们的发展,这些学生就像他的孩子一样,有事情找到他,他都热心帮忙,从不拒绝。他也总是勉励他的学生们在步入社会以后,肩负起北大人的责任,学以致用,勇挑重担,不辜负国家对北大学子的殷切期望。

在学院建院 10 周年之际,周老师还积极参与了《城钧岁月,环翊天地——北京大学城市与环境学院建院 10 周年暨北京大学地理学科建立 65 周年纪念文集》的投稿与审稿等重要筹备工作。在投稿中回忆起学院建院初期的过往,周先生提到"今天,城市与环境学院的学科组成,又已今非昔比。地理科学、环境科学、生态学、城乡规划学都成了一级学科。我们学院今天的这四个方向,都是从根深叶茂的地理学的参天大树上生长出来的,大家都是兄弟姐妹!"协作共赢"应该是处理一切内部问题的原则。爱祖国、爱北大、爱城环、爱地理,应该是学院每一个师生,特别是学院领导人,坚守的底线!"此外,恰逢今年建党百年,学院拟出版《百年伟业的地理密码》这本思政教材,周一星先生也参与了撰写词条的工作。这么多年,周一星老师对学院和地理学科倾注了他全部的心血。

周老师的事情还有很多很多,我提到的也只是我看到的一小部分,他身上有老一辈地理学人奉献为先的精神,始终以学科建设为己任,严于律己,真诚待人。在学院担任教职时,一直用严谨的治学精神推动地理学科的建设,用切实的行动来推动学院的发展;在退休之后仍积极关注和参与学院的各项工作。恰值周一星先生八十寿诞之际，祝愿周一星先生身体健康，万事如意。

2021 年 3 月 23 日下午
于逸夫贰楼 3561 办公室

作者简介

尹燕平，1983 年 1 月生，山东聊城人。2018 年毕业于北京大学城市与环境学院人文地理学专业。现就职于北京大学城市与环境学院校友会，主要负责校友服务工作。邮箱：yyp@urban.pku.edu.cn

高山仰止

——贺周老师八十大寿

陈义勇

有幸成为周老师退休前所教的最后一届本科生。那是 2005 年春季学期,我大二,周老师给我们讲授城市地理学。按照培养方案,这门课是三年级的专业课,但考虑到续聘到期即将退休,周老师让二年级的学生提前上这门课。于是 130 多人选课,在电教一楼的一个大教室,需要早早去占座才能抢到前排。两届学生,无疑给老师增加了很多工作量,尤其是一位六十多岁的老人。但我看到的是周先生兢兢业业、激情饱满地来上每一堂课,16 周、每周 2 次、每次 2 小时,一次不缺,每次课都会提前几分钟到教室。

因为遇到了优秀的老师,像绝大多数同学一样,我学得格外认真,课后花很多时间延伸阅读。有一次,有些问题和心得体会,结合课外阅读,给周老师写了一封邮件。第二天,收到了老师的回复,回复的内容比我原邮件还长很多,差不多有一千多字,有对问题的解答,更多的是肯定、鼓励、启迪的话语。莫名的感动之下,我仿佛看到周先生一个一个慢慢敲击键盘的画面,回复一封邮件可能需要半小时甚至更久。从那之后,我有问题不再给周老师写邮件,而是改为课后或他答疑的时间当面请教。与周老师的亲切交流和浓浓的师生情缘就从这里开始了。因为周老师的精彩授课，我对城市地理问题产生了浓厚兴趣。后来，这门课我拿了93分，成为我本科为数不多的绩点4.0的课程。工作以后，我也选择讲授这门课，因为思考最多、体会最深。自然地，我在教学过程中，也努力以周老师为榜样，虽不能至，然心向往之。

周老师是我国城市地理学的重要奠基人，关注和研究城市地理问题五十余年，在城镇化、城乡地域划分、都市连绵区（城市群）、城市规模结构演化、城市职能分类、城镇体系规划等议题都做出了开创性的研究工作。在课堂上，他大量引用亲身经历的许多研究和实践工作，生动诠释了城市地理学的理论及我国城镇化与城镇体系发展中的重大问题。

图1　2017年陈义勇（左）陪周一星在深圳湾人才公园

一星如月

周一星和他的朋友们

至今仍然清晰记得周老师给我们讲的很多案例，这里略述两个。一个案例是山东半岛城市群发展战略研究。周老师领衔的课题组经过大量科学系统的研究工作，提出半岛未来应构建以青岛为龙头、各城市分工协作的发展格局的论断。这一论断遭到济南市及部分省政府部门的强烈反对。当时济南、青岛的经济体量相当，省内出现两强争霸的局面。周老师在课上向我们绘声绘色地讲述了成果向省主要领导汇报会的情景。济南市领导离场表示不满，省领导未置可否，但周老师丝毫不为所动、斩钉截铁、信心满满，继续详细阐述做出这一判断的核心论据，并提出济南青岛需要双城联动、分工协作等策略建议，本着科学的精神、向权力诉说真理。十八年后再回看山东的城市格局，不难发现青岛的龙头地位不管是否得到普遍承认，济南作为省会城市但经济体量与青岛的差距在逐年拉大，甚至一度被烟台超越。博士毕业后，我找工作时，在广深之间选了深圳，在很大程度上也是受到龙头思想的影响。

另一个案例是对我国城镇化水平的研究和判断。周老师在课上详细介绍了我国五次人口普查的城乡划分标准，生动阐述了标准变化过程及原因，让学生知其然并知其所以然。接着，讲述他做的"五普"的研究及相关数据的校准。按照"四普"，1990年我国城镇化水平是26.23%。"五普"修订了城乡统计标准，2000年我国城镇化水平为36.22%。而"五普"的前一年，1999年国家统计局公布的数据只有30.89%。这中间有5个百分点的差距，需要对此前的数据进行修正，国家统计局简单地只对过去五年的数据进行修正，即以1995年29.04%为基期，每年增长1.44%。周老师表达了强烈反对意见，1.44%的增长速度太快，与资源环境难以协调，城市发展史上少有，提出这5个百分点的差距是长期累积的效果，也多次向相关部门建议应该进行长时间均摊。但是在快速城镇化的背景下，周老师的建议没有得到重视，国家跑步进入城镇化中后期。从2000年开始的相当长一段时间内，我国城镇化以每年1.4%的速度高速增长，很多地方甚至将城镇化水平和速度作为一项政治任务。这后面也埋下不少隐患，导致了城镇化水平和质量的脱节。今天回看前些年我国的城乡发展差距明显、公共服务设施供给不足、环境污染严重、土地资源浪费等问题，直到最近才开始从根本上转变发展方式、推进新型城镇化，跟前些年不可持续的城镇化模式不无关系。每每看到这些问题，我都会忆起周老师当年的独立见解、追求真理、不人云亦云。

到深圳工作之后，与周老师见面的机会少了很多，不过我仍经常通过短信、微信、邮件与周老师交流。前两年周老师常在冬天到深圳休息，得以有机会再多次见面交流。记得有一次约到单独陪周老师夫妇散步和晚餐，给我留下很深印象。我们先到人才公园散步，然后到欢乐海岸用餐。我一面汇报工作，一面聆听教诲。周老师对深圳这些年的发展和变化很高兴，因为充分发挥了门户位置的优越区位。他又回忆起当年大城市与小城镇之争，虽几近周折，但国家最终走向了重点发展大城市、城市群的道路。周老师也很关心我的生活，关切地询问有没有买房、爱人工作、小孩情况等问题。晚餐点菜的时候，我点了五个，周老师去掉俩，留下一荤一素一汤，吃到后面还要求光盘。饭后送他们回住所，我下车说晚上天气凉，想尽快送他们到室内，周老师提出光线不好，坚持要指挥我倒好车再目送我离开。生活中的周老师就是这样朴实无华、体贴入微、润物无声。

在我案头上，一直放着周老师亲笔签名赠予的《城市地理求索：周一星自选集》一书，习惯在研究工作中遇到困难时，翻来阅读几篇。这本巨著，是周老师治学经验、研究轨迹和心路历程的写照。每篇的篇首，周老师都写了题注，记录文章写作背景、治学体会和现今反思。读着周老师的治学心路历程，常常惊叹他深邃的洞察力、敏锐的前瞻力。周老师是一面旗帜，创立了我国特色的城市地理研究体系，也指明了城市地理研究的方向。周老师是一盏明灯，在方法上进行了大量探索，也照亮了城市问题研究前进的道路。

从周老师身上我看到了前辈学者忧国忧民的情怀、严谨治学的作风、实事求是的态度、和蔼可亲的魅力，当然，也有知识分子的清高。在高校工作中，我把周老师奉为教学研究工作的榜样。教学上，因材施教、循循善诱、一丝不苟；科研上，研究真问题，探求真答案；为人方面，低调务实，真诚待人。

今逢恩师八十华诞，仅以此文表达敬仰之情、祝贺之意，愿吾师健康长寿！

作者简介

陈义勇，1985年3月生，湖南衡东人，现任深圳大学建筑与城市规划学院副教授，硕士生导师，国家注册规划师。2003—2013年在北京大学城市与环境学习，先后获城市规划学士、人文地理学博士学位。主要研究方向为健康城市、城市公共空间。在国内外刊物发表论文30余篇，主持国家自然科学基金项目1项。邮箱：chenyiy@szu.edu.cn

探索·开拓·坚守
——周一星老师学术足迹拾零

曹广忠

从 1993 年参照期刊论文后面所附参考文献信息追踪检索和阅读周老师的学术论文开始，到 1995 年在周老师指导下学习，再到毕业留校工作后与周老师共享办公室、并逐步接替周老师承担本科生和研究生教学任务，我应该算是与周老师学术交往比较多的学生了。对周老师 1995 年之前的学术思想和学术工作，我是通过论文了解的。1995 年入学后，有了更多的在周老师身边学习的机会，听课、读论著、研究生例会研讨、一起调研和参加会议等等，我对周老师的学术热情和学术思想有了更多的了解。

周老师学术成果颇丰。按说根据近 200 篇公开发表的学术论著来概括学术成果和学术思想是个相当有难度的事情。但在熟悉周老师学术领域工作的人看来，这似乎并不难，因为这大量的成果系统性很强，很明确地聚焦在城市地理和城乡规划两个领域的几个重要研究方向上。《城市地理学》（商务印书馆，1995）是周老师本人学术生涯，也是我国城市地理学发展的一个里程碑，书中既有对理论问题追根问底的缜密辨析，也有将理论推向规划的应用探索，还有对城市发展政策的反思和检视。《城市地理求索：周一星自选集》（商务印书馆，2010）和《城市规划寻路：周一星评论集》（商务印书馆，2013）很鲜明地概括了周老师在学术生涯里致力探索的两个领域。刚参加工作时我给周老师做助教，周老师在向同学们介绍"城市地理学"课程时，会强调这门课是应用基础课，课程内容与实践紧密关联，不能闭门背概念，要结合城乡发展和规划实践来学；课程内容有基础理论，不能违背理论去指导实践，不能不讲规律地去谈规划。了解了这个背景，就不难理解周老师学术成果的系统性。

关于周老师在城市地理和城乡规划这两个相关领域里的学术建树，业内人士有口皆碑。我有时在想，将200篇论著的丰度、处处有学术洞见的深度、从深层次影响学术和规划思想的高度联系在一起的是什么呢？应该可以从贯穿周老师学术生涯的探索、开拓和坚守三个方面来理解。

一、探索

从喜欢地理到学地理专业，再到研究地理和讲授地理课程，兴趣和专业高度统一，周老师是幸运的。但从地理学众多方向中选择城市地理作为毕生从事的教学科研方向，也经历了波折的探索过程。如周老师所言，他小学五年级开始喜欢地理课，初中开始帮老师画地理挂图，高中开始做地理学家的梦，高考志愿全部填写地理系，如愿以偿进入北大地质地理系学习经济地理专业，毕业后留校从事地理学教学工作。这应该是让很多人羡慕的。

从1964年大学毕业到1981年开始从事城市地理研究和教学之前的十几年里，周老师的学术探索也经历了不少波折。那个年代署名发表研究成果受到一些限制，从公开发表的论著中比较难看出周老师当时的研究方向。从《城市地理求索：周一星自选集》一书的附录中可以发现，他大学的毕业论文是《埃及棉花地理》，毕业时想学工业地理。但毕业后的"四清"和"文革"时期，专业方向不得不多次摇摆，有几年的时间里专业工作明显受到影响。从课程教学看，1972—1980年间承担过"世界地理""建筑学概论"课程。从专业研究和实践工作看,他先后参与过《世界地理》讲义编写、参与"中东石油"科研等工作。期间参加过一些与城市地理和城市规划相关的实践和研究工作,如研究城市水污染问题、城市气候学,带学生参加唐山地震救灾,并完成后于家店大队新农村规划,参加邯郸、承德、芜湖等城市总体规划等。20世纪70年代是我国地理学科探索发展的过程,这在周老师的专业方向发展上得到了充分体现。其中,在邯郸、芜湖城市总体规划研究工作中基于地理学理论知识的实践探索,对于周老师逐渐将学术兴趣转向城市地理起到了很大的推动作用。1979年写作《城市与环境规划》一书的部分章节时,广泛阅读国外城市地理学著作,则为他接下来备课城市地理、1981年起为1978级本科生开设"城市地理学"课程产生了直接的影响。工作内容和专业方向的变化在当时很大程度上受到外部环境和学科发展特点的影响,但个人的探索和坚持自然也起到了重要的作用。由此可见,在从进入经济地理学专业学习到留校工作,再到走向城市地理学专业,周老师经历了一个不算太短的探索过程。

在锚定城市地理学作为专业方向后,周老师在科研和教学方面的不懈探索,推动了学科的发展。城市地理学在地理学科里面属于一个后来居上的分支,20世纪二三十年代开始发展,到80年代主要理论已经成型。这种情况下在大学开设一门"城市地理学"课程,素材并不缺,完成向学生讲授课程理论知识的教学任务也不难。但周老师对这门课程的教学基本思路是"基本理论、基础知识和基本技能教学相结合"。我没有看到过周老师早期的课程讲义,但看到过商务版《城市地理学》正式出版之前的那本16开本的《城市地理学》讲义,也零散地看到过周老师早些年上课时用过的胶片和其他课程材料。很深刻的印象是,课程讲义的系统性很强,显然在课程内容的选用、内容间的逻辑、西方理论与中国实践的结合、对学生学术训练与专业技能学习效果方面进行了精心设计,大量中国的案例、最新的研究成果被陆续补充更新到教案中。正是由于这种持续的探索和改进,周老师的课广受欢迎。

城市地理学的主体理论是西方学者在考察和分析发达国家工业化城镇化实践

经验的基础上建立起来的，到20世纪80年代，主要理论已被许多学者做过比较和验证，已经形成了共识。周老师在研究中，对其中一些理论做了进一步的探索，有了新的研究发现，发展或修正了原有的一些理论方法。典型的如1982年对城镇化与经济发展水平关系的进一步研究，指出二者之间不是粗略的线性正相关，而是对数相关关系；1986年对我国城镇等级体系变动及其省区地域类型的研究，揭示了国家或区域城镇体系规模结构从不均衡到均衡、再到不均衡的从低级到高级的螺旋式上升规律；1988年起，改进城市职能分类方法，多次对我国城市职能类型做了系列研究；持续跟踪分析城市经济增长的影响因素及影响效果，探究城市规模与经济增长的关系；等等。

二、开拓

对科学研究来说，学术探索与学术开拓是相辅相成的事情。对于以城市地理学这一应用基础性学科为科研领域的学者来说，周老师的探索性研究很多在我国的城乡规划实践中产生了开拓性效果。在改革开放后我国经济社会快速发展时期，周老师和与他同时代的学术前辈们将西方的城市地理学理论与中国的城乡发展特色和实践需要相结合，以中国城乡快速发展实践对理论的需要为己任，满怀责任感地发展城市地理学理论方法，并应用到城乡规划领域，在实践中做出了大量开拓性工作。

最突出的例子可以说是推动了我国的城镇体系规划。他们将城镇体系理论运用到中国的规划中，将理论引介到实践，又边实践边总结，形成系统化的城镇体系规划编制办法，从无到有地推动了城镇体系规划实践，并在1989年作为法定规划纳入《城市规划法》。周老师1985年开始陆续主持济宁、泰安、梧州、桂林、洛阳、广西等地的城镇体系规划，1986年发表《市域城镇体系规划的内容、方法和问题》，对推进城镇体系规划实践和规范化起到了重要的作用。早在20世纪80年代初，结合城市职能研究，探讨城市规划中确定城市性质的问题、对城市发展战略阶段性的论述等，都在城市规划工作中产生了实质性的积极影响。

周老师是国内最早开展城市郊区化研究的学者。20 世纪 90 年代初注意到城市中心区人口外迁的现象，开始关注中国的郊区化问题。1992 年在讨论北京城市总体规划修订的市长"季谈会"上就规划指导思想发言，认为北京已经开始郊区化过程。接下来几年，先后对北京、沈阳等城市的郊区化现象开展实证研究，并对郊区化的背景、特征和机制做了系统的中西方比较。郊区化观点的提出，对于理论上认识中国大城市内部空间重构和规划实践中有序引导城市空间结构优化，都起到了引领性的作用。

较早开展了对城市功能地域的研究和规划实践推动。1988 年周老师应 Norton Ginsburg 教授邀请赴夏威夷参加亚洲扩展大都市区国际会议，介绍中国的都市连绵区发展实践，并于此后对都市区和都市连绵区开展了系列研究，还将都市区和都市连绵区概念引到规划实践。主持完成的"济宁－曲阜都市区发展战略规划"是国内较早从城市功能地域理念出发，力求遵循城市和区域发展内在规律、淡化行政边界约束，推动跨行政区协调发展的都市区规划实践。2002 年 11 月主持"山东半岛城市群发展战略研究"，2003 年 12 月完成，成为我国第一个通过省部联审的城市群发展研究项目，为接下来的"山东半岛城市群发展战略规划"奠定了基础。

除在城市地理学理论应用和城乡规划实践领域的开拓性工作外，周老师较早就中国城镇化研究问题开展了国际学术交流。1984 年周老师参加国际学术讨论会，宣读论文 The Future of Urbanization in People's Republic of China，入选 IGU 发展中国家城镇化工作组常任委员（1984—1988 年），1987 年与杨汝万教授合编的 Urbanization in China: An Inside-Out Perspective 在美国出版，此后保持了经常性的对外学术交流。

三、坚守

持之以恒的坚持是很多优秀学者在学术生涯中所具有的共同特征。周老师在这方面更为突出。他的坚持在于自从步入地理学这个专业领域之后，一直心无旁骛地坚守学术道路，坚守学术方向，似乎从未动摇过；还在于他"'文革'中感悟到独立思考精神对于人生之重要"，在工作中不人云亦云，坚持"为国服务，学术自由，我行我素"。

图1 2009年9月12日周一星、姚士谋、史育龙（左1）和曹广忠（右1）在天津

坚守理论与应用并重、地理与规划兼顾的学术道路。纵观周老师近40年的学术论著和学术活动，几乎所有研究和探索都力求不脱离实际、不脱离理论，分析实践时注重机理，研究理论时绝不空洞，从现实中发现问题，基于理论和机制分析寻求对策。将城市地理学作为理论基础，分析中国城乡发展的现实问题，对城乡规划提出对策和方案。对城镇化阶段论的阐释、对城镇化速度的检视、对城市主要联系方向论的研判，等等，都体现了理论依据和现实验证充分，结果则是要么利于预测分析，要么利于针对现实纠偏，对规划指导效果显著。

坚守学术严谨性，注重学术概念的准确性和标准化。我国城市地理相关概念的复杂性和城市统计口径的多元特征是让很多研究者头疼的问题，媒体为博眼球而有意无意对概念的混用、相关利益者为宣传和利益目的而对概念内涵各取所需的现象比比皆是。相信周老师对此也是苦不堪言。但他不是简单抱怨了事，而是几十年来致力于从基础环节解决问题，呼吁"建立中国城市实体地域概念"，带领学生对官方已发布的城镇化数据做"修补"，强调"城市研究的第一科学问题是基本概念的正确性"。对高中地理教材中出现不准确的概念，他也刊文指出"是'郊区化'不是'郊区城市化'"。虽然他所呼吁的有些问题至今没有得到彻底解决，但无疑对于研究者、规划从业者和学生起到了警示效果，很大程度上避免了或减少了概念误用。

坚守学术本真，坚持求实为上。周老师在讨论科学问题时敢于较真儿、不留情面的特点，可能广为人知。熟悉他的人应该知道，这种情况下周老师是"对事不对人"，不会人云亦云。在我国还在实施以规模政策来指导城市发展的城市发展方针时，周老师基于自己的研究坚持讲规模政策存在的问题、呼吁改变城市发展方针；在一个很高级别的会议上，周老师当众指出我国城市人口统计口径问题所带来城镇化速度统计的混乱。我现场见证过他为城市发展定位问题与省部级领导据理力争，也见证过他为城市人口规模规划目标而辩驳市领导意见，当然也见过他讨论学术问题时的犀利风格。但每次都是为工作、为学术问题而坚持意见，不会涉及其他。这种坚守，也许恰恰是我们所需要学习的。

作者简介

曹广忠，1969年3月生，山东人，1995—1998年在周老师指导下攻读博士学位，毕业后留校任教。现为北京大学城市与环境学院教授、城市与经济地理系主任，北京大学未来城市研究中心主任。

附：周一星年表

1941　　5月2日在常州出生。1939年父母在上海的小绸厂被日本飞机炸毁后被迫返回老家，1941年在常州开办2台布机的一星布厂，故得名。家庭和国家都处在最艰难的时候，出生后父母忙于生计，疏于照料，从小瘦弱多病。

1945　　父亲带一儿一女到南大街庆祝抗战胜利，姐姐被狂欢人流冲散，印象深刻。

1946—1952　　在新坊桥小学和人范小学读书，五年级因偶然原因开始喜欢地理课。

1952—1955　　在辅华中学和常州市三中读初中，为地理老师画地理教学挂图。初中毕业后失学一年。

1956—1959　　就读于江苏省常州高级中学（省常中），高三时入团，获优秀学生奖。受地理老师影响，开始立志当地理学家，服务于祖国经济建设。

1959—1964　　就读于北京大学地质地理系经济地理专业。毕业论文《埃及棉花地理》。原本报考宋家泰先生工业地理研究生，因故弃考而被留校任教。

1965—1966　　在北京门头沟清水公社梁庄台下大队参加"四清"运动一年，主管生产。1966年6月回学校参加"文化大革命"。

1967—1968　　总的说在社会混乱中度过。1967年12月，"复课闹革命"期间带3名学生考察焦裕禄所在的兰考。

1969—1971	在江西鲤鱼洲北大"五七干校"劳动两年整。1970 年与谢琴芳女士在常州结婚。"文革"中感悟到独立思考精神对于人生之重要。1971 年 10 月从江西回归学校。1971 年年末在仇为之先生带领下调查北京市工业、农业、交通。
1972	执笔商务版《中国省区地理》"北京市"一节。参加张景哲先生主编的《世界地理》讲义。给 1972 级外语系工农兵学生讲部分世界地理。
1973	给 1972 级世界史专业学生主讲世界地理。参加"中东石油"科研，在外贸部讲"中东石油问题"。参加北京城市规划局"北京南郊地下水污染调查研究"，在张敬淦先生领导下执笔调查报告。翻译《学校教学和城市地理：一些新的方法》。在北大内部刊物《国外哲学社会科学资料》发表第一篇执笔的集体署名论文："帝国主义能摆脱对中东石油的依赖吗？" 4 月，儿子在常州出生。
1974	3—7 月，随教研室到邯郸市城建局探索城市规划，参加邯郸铁路编组站选址研究，提出张庄方案，被采纳实施。冬，参加平谷城市规划短训班，次年春结束。
1975	参加承德市城市总体规划。和仇为之先生一起到石家庄、保定、衡水、秦皇岛、唐山等城市进行调查研究。因教学需要，被教研室派到北大基建组学习建筑设计。在《环境保护》发表《城市规划中的水源保护问题》。
1976	自学《房屋建筑学》等高校教材。做北大地下粮库以上的食堂初步设计。带学生参加唐山地震救灾，并完成后于家店大队新农村规划。阅读、翻译 *The Study of Urban Geography*，*Urban Geography*。
1977	给 1975、1976 级本科生开 110 学时"建筑学概论"课。参加承德西大街详细规划。翻译《计算机在地理学中的过去、现在、将来》和 *Urban Planning and Design Criteria* 的人口章节,开始了解美国城市人口统计标准。

1978　参加国家建委召开的《城市规划手册》编写会，会后实地调查南宁、桂林、湛江、茂名、广州、长沙、上海等城市的规划与环境问题。上半年完成《城市规划手册·环境保护》的编写。翻译 C. P. Lo 的《中国城市人口估算》。下半年参加芜湖城市总体规划，在铁路编组站选址研究中，推翻神山中方案，提出大和塘方案，被采纳实施。

　　　7 月，爱人谢琴芳从安徽调到北大工作。

1979　讲师。写作《城市环境与规划》水污染部分；开始广泛阅读国外城市地理学著作。

　　　4 月父亲仙逝。

1980　参加张景哲教授领导的城市气候学研究小组，直至 1986 年，联名发表了一系列城市气候学论文。备课城市地理。开始研究城市化问题。

1981　给本科 1978 级开城市地理课，以后每年一次，直至 2005 年。与林雅贞、董黎明合著的《城市环境与规划》出版。

　　　6—7 月，参加美国加州大学北岭分校王益寿教授在陕西师范大学举办的城市地理和人口地理讲习班。

　　　7 月，参加在人民大会堂举行的北京市城市经济学会成立大会。

　　　8 月，参加联合国亚太经社理事会"农村中心规划讨论会"。

　　　9 月，参加芜湖铁路枢纽讨论会。

　　　10 月，参加香港梁蕲善教授在北大开设的计量地理学课。

　　　11 月，带《城市化与国民生产总值关系的规律性探讨》一文参加经济地理教学研究会（福州）年会。

1982　2 月，第一篇独立署名论文《城市化与国民生产总值关系的规律性探讨》在《人口与经济》发表。

　　　6—8 月，参加嘉兴城市总体规划。

7月初，参加京津唐国土规划会议。

9月，参加全国第一届城市气候（厦门）学术会议，《北京城市气温与下垫面结构关系的分析》一文被收入会议文集首篇。

12月，参加中国建筑学会城市规划学术委员会主办的"中国城镇化道路问题（南京）学术讨论会"和中国自然辩证法研究会主办的"全国城市发展战略思想（北京）学术讨论会"，宣读论文《关于我国城镇化的几个问题》。

1983 开设研究生课"城市地理专题"，以后每年一次，直至退休。参加"京津唐地区国土规划纲要研究"城镇课题廊坊市的研究。

4月，《论我国城镇化的地域差异》在《城市规划》发表；参加"齐鲁石化总公司30万吨乙烯生活区定点论证会"和"东营市中心城市定点论证会"。

8月，参加北京市委"双周经济理论座谈会"，学习和讨论中央对北京城市规划的批复。

9月，《确定城市性质需要解决的几个问题》完稿，发表受阻。

12月，为高等军事学院战术教研室做"中国城市职能分类和城市地形分类"，翌年1月完成。

1984 1月，参加中国城市科学研究会成立大会，作书面发言"城市统计工作亟待完善"。

2月，《北京城市气温与下垫面结构》在《自然杂志》发表。

7—8月，首次出国，赴马来西亚槟城参加IGU发展中国家城市化和家庭经济培训班和国际学术讨论会，宣读论文"The Future of Urbanization in People's Republic of China"，结识Terry McGee，会后入选IGU发展中国家城市化工作组常任委员（1984—1988）。

10月，参加中国第三次城镇化道路学术（岳阳）讨论会；加入中国共产党。

12月，《城市发展战略要有阶段论观点》在《地理学报》发表。

1985　晋升为副教授。

6、7月，主持济宁市域城镇体系规划，从此倡导此类规划。下半年在北大分校开城市地理课；选编面向西方学者的《中国的城镇化》文稿。

11月，携论文《我国城镇等级体系变动的回顾及其省区地域类型》参加中国地理学会人文地理专业委员会第一次城市地理（无锡）国际会议。

1986　3月，《市域城镇体系规划的内容，方法和问题》在《城市问题》发表；应杨汝万教授邀请与胡兆量、陈静生教授同赴香港中文大学地理系访问、讲学。

4月，参加全国第二届城市气候（桂林）学术会议；《我国城镇等级体系变动的回顾及其省区地域类型》在《地理学报》发表。

5月，参加中国城市经济学会（上海）成立大会。

10月至翌年1月，受英国文化委员会资助在诺丁汉大学地理系做访问学者，完成论文《中国城市的工业职能分类》，在诺丁汉、累斯特、达贝等大学地理系讲"New Cities of China"，参加在南安普顿召开的英国地理学家年会。

1987　第一篇英文城市化文稿在法国发表。

2—6月，给北大分校1984级讲城市地理学。

6—8月，主持泰安市域城镇体系规划。

8月，在牡丹江给黑龙江省城市规划班讲课；参加中国城市经济学会首届（兰州）年会。

9月，与杨汝万教授合编的 *Urbanization in China: An Inside-Out Perspective* 在美国出版；开始参加历时两年的国家科委与美国东西方中心合作项目"中国城市化道路"的研究。

12月，参加国务院标准办召开的城乡划分的讨论。

1988 3月，参加在夏威夷东西方中心召开的第一次中国城市化国际学术讨论会，宣读论文《对我国城市发展方针的讨论》。

5月，《中国城市工业产出水平与城市规模的关系》在《经济研究》发表。

6月，参加国家统计局召开的中国城乡人口划分研讨会。

8月，参加国家科委组织在天津召开的第二次中国城市化国际学术讨论会，宣读论文"Multiple Analyses of Industrial Economic Benefit of Chinese Cities"。

9月，应Norton Ginsburg教授邀请，赴夏威夷东西方中心参加亚洲扩展大都市区国际会议，宣读论文"The Metropolitan Interlocking Region in China: A Preliminary Hypothesis"。

12月，《地理学报》发表《中国城市（包括辖县）工业职能分类：理论、方法和结果》。

1989 1月，随国家科委代表团访问汉城和釜山，作"中国城市化新动向"的报告，顺访日本。

1月至2月中，在夏威夷参加东西方中心和国家科委联合主持的第三次中国城市化国际学术讨论会，在闭幕会演讲"中国城市化的未来方向"，作为中方业务代表参与起草中美合作课题总报告。

5月，完成杨汝万约稿《中国人文地理学的发展》中文稿。

8月，*Urbanization in China: An Inside-Out Perspective II* 在美国出版；参加在大连召开的城市化学术讨论会，宣读论文《中国城市发展方针的反思》。

1990 7—9月，主持梧州地区城镇体系规划；第一次获北京大学年度教学优秀奖。

10月，参加中国地理学会经济地理和人文地理专业委员会（上海）年会，代表城市地理组在大会汇报。

11月，参加中国城市经济学会大城市专业委员会（济南）筹备会议；参加建设部省域城镇体系内容和编制办法的研究课题鉴定。《中国城市经济效益的多因素分析》和《中国城市化面临的基本问题》发表。

1991　全年写作《城市地理学》书稿。

7月，受集体委托，完成向国家自然科学基金委提出的第一个人文地理重点课题的研究建议稿；第一次获基金委的资助"中国城市地域指标体系研究"，开始系统研究中国的城镇概念和统计口径；"中国城市化与城市体系的研究"获教育部科技进步奖三等奖；作为中国城市规划学会代表团成员，接待台湾都市研究学会代表团，参加"海峡两岸城市建设开发研讨会"。

9月，晋升为教授。

12月，参加香港中文大学"中国城市与区域发展：展望二十一世纪学术讨论会"，宣读论文《八十年代中国城市化的若干新动向：兼论中国第四次人口普查的市镇人口比重》。

12月，与杨汝万教授合作的"Human Geography in China: Evolution, Rejuvenation and Prospect"在英国发表；"The Metropolitan Interlocking Region in China: A Preliminary Hypothesis"在美国发表。

1992　3月，出任北大城市与环境学系副系主任，主管教学，1996年7月卸任。

4月，参加建设部"城镇体系规划编制办法"论证会。

5月，参加中国城市经济学会（太原）年会，任中国城市经济学会常务理事、大城市专业委员会副主任委员。

7月，在讨论北京城市总体规划修订的市长"季谈会"上就规划指导思想发言，提出北京已经开始郊区化过程。

9月，书稿《城市地理学》完成，交稿。

10月至翌年3月，受美中学术交流委员会（CSCC）资助，在美国明尼苏达大学地理系做访问学者，进行中美城镇人口统计的对比研究，顺访美国国情调查局和伊里诺大学、加拿大温哥华不列颠哥伦比亚大学、维多利亚科玛松学院，作学术报告"An Enigma: China's Urban Population"，到芝加哥大学专程拜访 Norton Ginsburg 教授。

1993　博士生导师资格获国家教委批准。

5月，考察惠州市龙门县；参加新会银洲湖规划评审会；参加中国城市规划学会区域规划学术委员会（新会）成立大会；"关于'北京城市总体规划修订意见'建议"获北京市科协优秀建议一等奖。

6月，参加焦作市市域规划评审；6—8月，主持桂林地市城镇体系规划。

8月，应日本北陆大学邀请，参加《环境与发展》亚洲论坛，发表演说"中国的城市发展与环境"。

9月，基金委人文地理重点课题"中国城镇密集地区人口与经济集聚与扩散的机制和调控研究"获准立项。

11月，应叶嘉安教授邀请参加香港大学八十周年校庆学术讨论会，宣读论文"Large Cities versus Small Cities: the Debate"。

12月，参加中山大学召开的"中国城市发展与规划教育国际学术研讨会"，提交论文《转变观念，迎接挑战——北大地理系城市规划教育》。

1994　3月，参加基金委人文地理学重点课题第一次协调会，提出设计纲要讨论稿。

4月，在广西建委安排下考察广西南部；作为教育部专家组成员，参加对青岛海洋大学、兰州大学的地学教学评估。

6月，地理学会城市地理专业委员会在北京成立，任副主任委员，作"建立中国城市的实体地域概念"报告。

7—8月主持洛阳市域城镇体系规划；参加"全国城镇体系规划内容框架"

讨论。下半年主持广西自治区城镇体系规划。

10月，参加城市规划学会区域规划学委会（绍兴）年会，担任城镇体系规划学组组长，作主题发言"主要经济联系方向论"。

11月，考察辽宁中南部；参加郑州城市总体规划评审。

12月，参加马润潮先生主持的"Urbanization from below in China"中美合作课题首次（中山大学）工作会议；参加连云港市国土规划、顺德市城市总体规划、绍兴县城市规划的评审。

1995　1月，参加商丘市总体规划评审。

3月，应联合国区域发展中心和日本国土厅邀请参加 The Settlements Problems in Metropolitan Core Area 国际讨论会，提交论文"Suburbanization of Beijing and Settlements Problems in Metropolitan Core Area"。

5月，参加人文地理学重点课题第二次（南大）协调会，散发北京郊区化文稿；担任《北京大学学报（自然科学版）》编委。

7月，《城市地理学》在商务印书馆出版。

9月，参加黄石市城市总体规划大纲评审。

10月，洛阳城镇体系规划通过专家评审；参加在上海华东科技大学召开的区域规划国际学术讨论会；参加国家计委国土所、中国经济导报社联合召开的"我国城市化进程研讨会"；参加纪念刘易斯·芒福德诞辰一百周年学术研讨会。

12月，参加民政部市领导县体制专家座谈会；参加廊坊市城市总体规划纲要评审。

1996　北京郊区化研究获北京市资助。

6—7月，考察山东孙耿镇，提出"邻村换地，集零为整"的乡镇企业集聚发展的孙耿模式。

8月，广西城镇体系规划通过评审；参加南宁市远景规划评审，发言提出"对领导人的指示要创造性地理解，不能机械地执行"；与 Pannell, C P Lo 等美国朋友调研辽中南小城镇。

9月，在建设部参加"广东省城镇体系规划"评审会议。

10月，参加人文地理大课题第三次协调交流会；"北京的郊区化及其引发的思考"在《地理科学》发表；参加日本会议的北京郊区化论文经王德翻译后联名发表在日本《地域开发》。

12月，参加城市地理专业委员会"中国乡村－城市转型与协调发展"（中山大学）国际学术年会；陪同美国马润潮、徐美龄教授考察北京"浙江村"；参加《前线》杂志社关于首都经济的讨论会。

1997 应邀任美国刊物《Urban Affairs Review》编委（1997—2000）。

7月，合作论文《沈阳的郊区化：兼论中西方郊区化的比较》在《地理学报》发表；高教版《城市地理学》合编教材出版。

8月，参加"阳泉特色区域经济发展思路研讨暨评审论证会"。

9月，给清华大学城市规划研究生讲城市地理学专题；应叶嘉安邀请访问香港大学20天，在港大和浸会大学讲学。

10月，参加第9届环太平洋城市发展（新加坡）年会，宣读论文"The Suburbanization Trends of China's Large Cities"。

12月，参加中国城市规划学会区域规划学委会（许昌）年会，担任副主任委员；《市域城镇体系规划研究：以洛阳市为例》公开出版；获北京市优秀教师奖励；任《经济地理》杂志副主编，2005年卸任。

1998 3月，《城市规划》发表《主要经济联系方向论》。

3—4月，参加在波士顿举行的第94届美国地理学家年会，会后访问阿克隆大学，并在佐治亚大学和加州大学洛杉矶分校（UCLA）地理系，讲中国的郊区化。

6月，参加大庆市城市总体规划评审。

7月，带学生实地研究周口地区城镇体系规划。

8月，在香港参加第二次世界华人地理学家大会，宣读论文《20世纪的中国城市地理学》。

10月，参加浙江、贵州省域城镇体系规划部际协调会；参加民政部召开的新设市标准讨论会。

11月，应新疆地理所邀请考察北疆和库尔勒，研究新疆城镇体系规划。

12月，参加在长春举行的中日城市问题国际学术研讨会；参加建设部专家组考察福建，审议福建省城镇体系规划；参加河南省城市体系规划大纲评审。开始第三个国家自然科学基金课题研究"开放条件下中国城市体系的空间结构"。

1999

1月，参加济源市城市总体规划评审；商务版《城市地理学》获教育部科技进步三等奖。

2月，参加在番禺召开的"行政区域与城市发展学术研讨会"，作"中国市制改革的三种出路和三套方案"发言。

6月，与万通实业有限公司签订转让北京郊区化研究成果约定书，费用用于补贴出版；在市长培训中心给"内蒙古旗县干部城市管理培训班"讲"区域与城镇体系规划"。

7月，接连在首尔、南京、上海参加分别由太平洋区域科学协会、IGU城市发展委员会和美国社会学协会组织召开的三个国际学术讨论会，报告题目 "The Prospect of International Cities in China"，与 Terry McGee，Won Bae Kim 在首尔重逢，在上海结识 John R. Logan 教授；考察青岛城阳，构思规划大纲。

8月，考察浙江安吉、长兴，做城镇体系规划。

10月，赴上海祝贺严重敏先生八十华诞；在张德江主持的浙江省委推进城市化工作研讨会上讲"中国城市化的某些规律性"。

11月，参加建设部关于城市化、城市体系规划和中国城镇体系规划的讨论；"洛阳市域城镇体系规划"获河南省优秀勘察设计（城市规划）一等奖。

12月，在中国城市经济学会（南京）年会上发言"再议我国现行的城市发展方针"；看望病中金其铭教授；参加城市地理专业委员会（中山）国际学术讨论会，大会发言"改革开放20年中国的城市化进程"。

2000　合著《北京的郊区化及其对策》《中国沿海城镇密集地区空间集聚与扩散研究》在科学出版社出版。

1月，高教版《城市地理学》获教育部科技进步三等奖（排名第二）。

3月，参加国务院发展研究中心召开的"'十五'计划城市化发展战略专家座谈会"。

4月，出席南师大复兴人文地理学纪念会，给学生做题为"人文地理研究能为制定国家政策做贡献"的讲话；主持"南京市人口与城市化发展战略研究"。

5月，参加世界银行、国家计委、建设部联合召开的"中国城市化战略：机会、问题和政策"国际学术讨论会；与马润潮先生的第一篇合作论文"Economic Restructuring and Suburbanization in China"在美国发表。

6月，开始审读、修改大英百科全书130个中国城市条目，年底完成；在全国市长培训中心参加《领导干部城乡规划知识读本》研讨会，决定章节大纲。

7月，给"全国建设厅长城镇化政策高级研讨班"讲"城镇化发展和演变的规律"；参加国家计委地区司、日本协力事业团召开的"中国乡村城市化进程中的政策与体制"专家研讨会；应邀在绍兴给干部讲城镇化；向省市领导汇报南京人口城市化课题成果。

8—9月，作为建设部专家组成员，指导西藏城镇体系规划，首次考察西藏。

9月，参加在长沙举行的长株潭一体化学术讨论会。

10月，在中共上海市委党校2000年第二期领导干部（城市规划）专题研修班上讲课，题目为"城市化及其规律性"。

9—11月，主持"山东济宁－曲阜都市区发展战略规划研究"，提出不通过行政兼并组织都市区。

11月，组织签名活动，反对北大人文地理和城市规划合并到北大政府管理学院。

12月，担任美国"中国城市研究网络（UCRN）"国际顾问委员会成员并参加香港大学会议；赴大庆给干部讲城市化；被聘为第八届北京市政府专家顾问团顾问，2011年卸任。

2001　2—3月，参加第97届美国地理学家（纽约）年会，在马润潮教授荣退的Special Session上发言，与贺灿飞相识；因母亲病危从美国赶回。

3月11日母亲仙逝。

4月，参加浙江义乌市城市总体规划评审，考察诸葛村。

5月，参加南京大学第二届城市与区域管治学术讨论会。

6月，参加西藏自治区城镇体系规划论证会。

7月，参加在济宁九龙山建设"华夏文化纽带工程"的考察，委婉否定该创意；参加中国城市发展研究会在都匀召开的研讨会并作学术发言，在桢江漂流中翻船获救；济宁－曲阜都市区规划通过评审；下旬陪同杨汝万教授第二次考察西藏。

8月，参加地理学会（上海）年会，作"对中国第五次人口普查城镇化水平的初步分析"报告。

9月，江浦县县域规划通过评审；主持三明城镇体系规划评审，游览武夷山。

10月，在太原讲课，游壶口瀑布等地；参加在廊坊举行的京津冀北（大北京地区）城乡空间发展规划研究项目总结暨成果评审会。

11月，到安徽师大讲课，重访铁山宾馆、参观芜湖铁路编组站；中旬在浙江龙港会议上发言"把设市机会下放给发展特别好的小城镇"；参加城市规划学会（北京）年会，接任中国城市规划学会区域规划学委会主任。

12月，在长株潭经济论坛会上发言"用都市区作为组建复合中心城市的平台"。

2002　上半年与宏观院王一鸣等合作进行重庆CBD规划研究，一游三峡。

4月，在哈尔滨大都市圈城镇体系规划高层论证会上发言"反对哈尔滨城市向江北发展"；参加建设部汪光焘部长召开的"城市发展与城市工作高层座谈会"。

6月，因长达数月之久的一系列斡旋失败，北大城市与环境学系（地理系）主体与北大环境中心合组环境学院，谢绝担任环境学院副院长的邀请。

8月，参加城市地理专业委员会（乌鲁木齐）年会，大会报告"开放条件下的中国城市经济区"，第二次考察新疆；赴华盛顿大学参加"中国2000年人口普查国际研讨会"。

9月，进行"五普"国家级重点研究课题"中国城镇化水平值的修补和城市规模分布研究"，次年6月结题；"济宁－曲阜都市区发展战略规划"获山东省科技进步三等奖；应邀参加西北大学校庆学术报告会，考察陕北。

10月，在院系调整的背景下，北京大学地理研究所更名为北京大学地理科学研究中心，任中心主任，发表中心致全体老师、学生的一封信；参加厦门市城市发展概念规划评审会；应上海市人口计生委与上海市政协邀请参加"人口与发展论坛",作"认识上海,发展现代化国际大都市"的大会发言。

11月,开始主持山东半岛城市群发展战略研究,历时一年;下旬在两岸四地城市发展(杭州)论坛上作大会主题报告。

12月,参加中国城市规划学会(厦门)年会;赴英国南安普顿参加UCRN的中国空间重构国际合作研究工作会议;主持中国城市规划学会区域规划学委会(东莞虎门镇)年会,主题"城市化与行政区划",会后访问中山大学地理学院。

2003　1月,被聘为《地域研究与开发》杂志副主编;参加聊城市总体规划评审。

3月,与马润潮合作的第二篇论文"China's Urbanization Levels: Reconstructing Comparable Time-Series Data Based on the Fifth Population Census"在 *China Quarterly* 发表。

4月,参加第201次香山会议,讨论中国城市发展的科学问题,作中心议题发言"城市发展的第一科学问题是基本概念的正确性"。

6月,参加"洛阳城市发展战略规划研讨会",有机会检验当年规划;参加"广东珠三角银洲湖区域发展规划"专家论证会。

7月,合著《城市与城市地理》在人民教育出版社出版。

8月,再访邯郸,参加张莉的规划调查会,与曾庆芳总工重逢;作为核心成员,参加国家中长期科学和技术发展规划战略研究"城市发展与城镇化科技问题"专题,提出"城乡划分的空间识别系统研究"课题报告;参加山东半岛城市群课题(日照)研讨会,向副省长赵克志和各市领导汇报;参加在北京举行的"浙江省环杭州湾地区城市群空间发展战略规划"征求意见会。

9月,在"深圳国际化城市建设论坛"上发言"为深圳建设国际化城市进一言"；在新疆乌昌都市区研讨会上报告济宁成果，推荐组织都市区不要行政兼并，此理念被新疆接受，会后第三次考察新疆。

10月，参加石家庄市空间发展战略规划研讨会。

11月，参加重庆发展战略会议，与胡序威先生结伴，二游三峡；参加建设部全国城镇体系规划座谈；参加建设部城乡建设统计座谈会。

12月，参加杭州湾城市群规划（杭州）评审会；"山东半岛城市群发展战略研究"通过省部级联审，次年成果出版。

2004 与陈彦光合作的"中国的城市变化和自组织的空间动力学研究"，获国家基金委重点项目资助，为时三年。

3月，参加国家计生委主持的"国家人口发展战略研究"咨询会和工作会议。

4月，配合新版北京城市总体规划的编制，主持"北京城市职能、发展目标及总体发展策略研究"。

5月，参加UCRN在洛杉矶召开的中国城市转型研究第一次会议；进行"国家人口发展战略研究"中的"中国城镇人口和城镇化水平增长预测研究"课题。

6月，主持"武汉城市总体发展战略规划研究"，提出"武汉成'弓'战略"；被评为北京大学优秀共产党员；参加城市地理专业委员会（上海）年会，接任地理学会城市地理专业委员会主任。

8月，在达园宾馆向蒋正华等汇报"中国城镇人口和城镇化水平增长预测研究"课题成果。

9月，参加城市规划学会（北京）年会，作"中国城市变化的若干趋势"大会报告，当选学会副理事长；担任建设部城乡规划专家委员会成员。

11月，参加周口市城市总体规划评审。

12月，有关北京、武汉和城镇化水平预测三个课题均在年底完成。

2005　1月，参加UCRN在美国新奥尔良召开的中国城市转型研究第二次会议，讨论合作出书。

3月，参加"曹妃甸工业区总体规划"成果技术审查会；参加济宁市总体规划、济宁都市圈发展战略规划评审。

4月，与马润潮合作的第三篇论文"China's Urban Population Statistics: A Critical Evaluation"在美国发表。

5月，在中国城市规划学会和中国土地学会联合召开的研讨会上发言"健康城镇化与城市土地增长"；由4位院士推荐参与2005年度增选中科院院士，未获成功。

6—9月，参与起草建设部组织的"国外城市化发展模式和中国特色城镇化道路"报告文本，9月29日下午和唐子来教授一起在政治局第25次集体学习会上讲解。

8月，参加中国城市（莱芜）论坛，作"山东半岛城市群与莱芜发展"主题报告；参加中国地理学会（北京）年会暨全球华人地理大会，作题为"中国城镇化研究与地理学"的大会报告；应邀在中国科协年会乌鲁木齐分会场大会报告"中国城镇化特点刍议"；在城市规划学会区域规划学委会（哈尔滨）年会上作"都市圈的概念需要规范"的主旨报告。

9月，"城市化与城市体系"课程建设，荣获北京市教育教学成果（高等教育）一等奖；参加石家庄市城市总体规划纲要专家研讨会。

10月，接待中学老师恽正平先生伉俪访问北京；在常德《中部崛起·城市发展论坛》上报告"'中部崛起'要'各奔前程'"；在上海同济大学城市规划论坛上发言，重提城市研究的第一科学问题，拜访严重敏先生；在第40期全国市长研究班讲课"区域分析与城市发展"；在江苏省第6期城市规划专题研讨班讲课"中国特色的城镇化道路初探"。

11月，参加浙江金衢、温台城镇群空间发展战略规划评审；在新疆城市规划与建设培训班讲课"中国城镇化发展探讨"；参加刘淇主持的北京城市规划工作专家座谈会。

12月，参加民政部设镇标准讨论；作为建设部专家组成员，参加吉林省城镇体系规划纲要审查；参加香港"中国'十一五'规划城市发展论坛"，作主题发言"关于中国城镇化速度的思考"；在广东省城市规划协会成立十周年庆典上作主旨报告；本科生课"城市化与城市体系"获北京市级精品课程；"山东半岛城市群发展战略研究"获山东省科技进步二等奖。

2006　1月，在无锡市锡山区经济论坛作"中国特色的城镇化道路初探"报告。

2月，书面反馈国务院办公厅组织的"改进城市规划中人口分析与预测工作的研究"，并参加课题成果讨论会；参加讨论余姚、慈溪城市规划的宁波会议。

3月，应邀主持"大珠江三角洲城镇群协调发展规划研究"课题，计划3年完成；参加"重庆市解放碑中央商务区（CBD）功能定位及发展规划"及"朝天门地区形态规划"评审；在广西城镇化发展论坛做主题讲演"中国城镇化的几个问题"；参加"中国宜居城市建设暨绵阳科技城规划研讨会"，就城市定位发言，考察绵阳、江油、广汉三星堆博物馆。

4月，接待参加北京论坛的海外朋友 T. McGee，J. Logan，Laurence Ma，George Lin，Fulong Wu。

5月，在中国（福州）城市规划建设与发展国际论坛上报告"解读'海峡西岸经济区'"，考察福州三坊七巷；主持福州城市发展战略规划评审会。

6月，在山西省城市建设工作会议上作"中国城镇化的几个问题"的报告；退休，应朋友修春亮、王法辉之邀游览长白山和集安市；应国家统计局邀请，在全国人口和就业统计分析研究培训班上讲课"中国人口城镇化的统计分析"。

6—7月，参加大珠课题在珠三角各城市和香港的集中调研。

7月，应邀对深圳规划院主编的《城市人口规模预测规程》和山东省委提出的"关于加快省会城市群经济圈发展的调研报告"两个文件提出意见。

8月，参加建设部专家组审查青岛城市总体规划，对空间结构规划提出不同意见；参加地理学会兰州年会，在城市地理分会场作"中国特色城镇化道路刍议"的发言。

9月，参加"深圳2030城市发展策略论坛"并发言；参加中国城市规划学会（广州）年会，主持"土地失控谁之过？"自由论坛。

10月，参加国务院发展研究中心召开的"中国城市化战略和对策研讨会"。

11月，参加建设部专家组对《吉林省城镇体系规划》进行技术审查；被聘为 Eurasian Geography and Economics（EGE）编委。

12月，到香港向"粤港城市规划及发展专责小组"汇报大珠课题工作进展和调研情况，主持在北京的子专题交流；联合王恩涌、胡兆量等地理系退休教授给校长写信，呼吁恢复北大的地理学建制。

本年先后应邀在无锡、重庆、江苏、广西、山西、青海、安庆等省（市）的干部会上作关于中国特色城镇化的报告。年底开始便血。

2007　1月，参加浙江安吉城市规划评审；参加建设部专家组对"广东省城镇体系规划"成果进行技术审查；参加中国城市经济学会大城市专业委员会（昆明）工作会议，卸任副主任职务，游丽江和大理。

1—2月为启动海西城镇群规划参加建设部专家组考察福建沿海城市，被聘为福建省人民政府经济社会发展顾问，2015年卸任。

2月，在常州市华英文教基金颁奖大会上做"人格的核心是责任心"的演讲；北大环境学院解体，原北大城市与环境学系（地理系）成立城市与环境学院。

4月，参加第103届美国地理学家（旧金山）年会，在纪念中美地理学交流30周年的会议上讲话，参加EGE杂志编委会工作会议。

5月，王法辉陪同赴芝加哥拜访恩师张景哲；在美问诊，疑似癌症，立即返京。

6月，确诊，住院手术。

7—10月，化疗，期间获悉两篇论文同获"2007年城市规划优秀论文金经昌奖"，商务版《城市地理学》第五次印刷，城环学院成立城市与经济地理学系。

11月，出院。

2008　3月，在玉渊潭八一湖学习郭林气功，以后坚持至今。

5月，参加邹德慈院士主持的"我国大城市连绵区规划与建设问题"研究中期评议会。

11月，阅读大珠课题总报告初稿，提出修改意见。

2009　3月，合著高教版《城市地理学》出第2版。

4月，阅读大珠课题总报告修改稿；赴美，到芝加哥拜访时年91岁的恩师张景哲。

6月，参加石家庄市规划局专家咨询会；参加建设部"推进城镇化三年计划"专家咨询会；参加冯健主持的城乡划分课题讨论，并与国家统计局标准司交流。

9月，参加中国城市规划学会（天津）年会，卸任学会第三届副理事长。

10月，参加中国地理学会成立100周年庆典活动和纪念林超教授诞辰100周年学术研讨会；参加大珠课题（澳门）成果发布会。

12月，参加中国城市规划学会区域规划学委会年会，卸任上任委员；参加《当代中国城市发展》丛书北京卷第19章"当代北京城市发展的基本经验和思考"（第三稿）的讨论。

2010　2月，参加海南省城乡经济社会发展一体化总体规划（海口）评审会；接受《北京规划建设》杂志记者文爱平采访，第2期发表"周一星：吹净黄沙始到金"。

4月，参加中国城市和小城镇改革发展中心举办的"十二五"中国城镇化发展战略研讨会，作专题报告。

5月，《城市地理求索：周一星自选集》在商务印书馆出版。

7月，在冯长春帮助下，参加全球华人不动产学会（台北）年会，并环岛游览台湾；参加"山西城镇化推进战略研究"的评审。

9月，参加三亚市城市总体规划评审。

10月，赴达拉斯，再访时年93岁的恩师张景哲；应杨齐邀请重访华盛顿D.C.。

11月，乘邮轮做加勒比海游。

2011　1月，冯健主持的"十一五"国家科技支撑计划"城乡边界识别与动态监测关键技术研究"结题验收，"城乡划分的空间识别系统研究"画上句号。

5月，石楠等代表城市规划学会来访，赠送《傲骨集》志贺70岁生日。

7月，参加周口市城市总体发展概念规划方案评审会。

9月，受福建省政府邀请，考察平潭岛和厦漳泉同城化发展情况。

10月，在常州看望初中地理启蒙老师92岁的万永范；参加城市地理专业委员会（芜湖）年会，回忆1978年芜湖规划。

11月，参加在北京召开的"新疆城镇体系规划（2011—2020）纲要"咨询论证会；应邀与韩国江原道知事李光宰座谈中国城市化等问题，胡兆量老师陪同。

2012	3月，参加住建部"积极稳妥推进城镇化发展的核心问题"讨论；大珠课题成果获广东省和住建部优秀城乡规划设计一等奖。
	5月，参加河北省"关于加快新型城镇化进程意见"的讨论。
	6月，参加城市地理专业委员会（上海）年会，老班子拜会时年92岁的严重敏先生。
	8月，乘邮轮做阿拉斯加沿岸游；商务版《城市地理学》做18页次"挖改"，出版第6次印刷本。
	10月，参加"城镇群类型识别与空间增长质量评价关键技术研究"课题启动研讨会。
2013	1月，在中规院环境所与青年规划师座谈；参加中国城市规划学会组织的老同志座谈会，议论"新型城镇化"。
	10月，应许顺才之邀，访问宜兴，参观规划展览馆、拜访陶艺大师、参观远东电缆集团公司，与董事长先生座谈；参加省常中老校长史绍熙先生遗体告别会；大学同学在长沙聚会，与著名经济学家张萍久别重逢。
	11月，参加中国城市规划学会（青岛）年会；"主要经济联系方向论"收入张庭伟主编的《城市读本（中文版）》。
	12月，《城市规划寻路：周一星评论集》在商务印书馆出版；参加城市地理专业委员会（广州）年会与第四届中国城市规划教育研讨会；应杨家文之邀，顺访北大深圳研究生院，座谈"漫谈城市地理的创新思维"；应李建军邀请，访问汕尾市。
2014	1月，参加中国城市规划学会新型城镇化院士专家座谈会。
	4月，应张勤之邀赴杭州参加专家咨询会，游西溪湿地公园，考察桐庐县深澳村，瞻仰司徒雷登故居，因雨，未能瞻仰墓地。
	7月，乘邮轮做波罗的海六国游。

8月，在肿瘤医院做癌变息肉 ESD 手术。

9月，参加中国城市规划学会（海口）年会。

10月，大学同学在京举行毕业50周年聚会；参加中规院成立60周年庆典；《改革开放条件下的中国城市经济区》获《地理学报》创刊80周年高被引频次论文奖。

12月，卸任第十二届《地理学报》编委。

2015　2月，在爱思唯尔（Elsevier）发布的2014年中国高被引学者中，入选33人的"社会科学"榜单，后连续6年上榜。

4月，参加城乡规划学名词分委员会成立大会，被聘为城乡规划学名词审定委员会委员。

5月，制作《躬行集》祝贺恽正平老师九十华诞；参加北京大学城乡规划专业本科教育评估的汇报会和告辞会；在张华陪同下赴八宝山革命公墓拜谒仇为之先生和师母。

6月，与儿孙一起坐邮轮游览地中海东部诸国，接着又从陆路访问了威尼斯、梵蒂冈、罗马、佛罗伦萨、比萨、摩纳哥、尼斯-戛纳、巴黎。

7月，参观达拉斯航空博物馆"飞虎归来：暨第二故乡美丽云南赴美文化巡展"，与当年飞虎队的老兵交谈、合影。

9月，参加中国城市规划学会（贵阳）年会，担任颁奖嘉宾，点评青年分会场的论文。

12月，参加北京大学经济地理专业成立60周年庆祝大会，作简短发言。

2016　1月，在中国科协主办的"创新城市工作与多学科协同共治研讨会"上作"对城市群作为城镇化主体形态的商榷"的发言，中国城市规划网发表。

2月，参加中国城市规划学会院士专家座谈会，发表"随感"的发言，中国城市规划网发表。

3月，参加住建部"全国城镇体系规划（2016—2030）专家咨询会"。

3—6月，完成城乡规划学名词"城乡与区域规划理论和方法"部分的审定工作。

3—8月，编辑《帅者为之 善者为之：纪念仇为之先生诞辰百周年纪念文集》。

8月，参加第33届IGU国际地理大会（北京）开幕式，见证中国地理学发展的这一重大事件。

9月，参加中国城市规划学会（沈阳）年会，接受城市规划学会终身成就奖，并发表感言。

10月，参加在华东师大的城市地理老友聚会，集体拜访严重敏先生，游东林寺和枫泾古镇。

12月，召开仇为之先生诞辰一百周年纪念暨学术思想研讨会，举行《帅者为之 善者为之》新书发布。

2017
1月，回常州与姐姐遗体告别。

4月，读《北京城市总体规划（2016—2030）》，应市政府要求给予文字回复。

5月，与沈金箴等师友同游密云古北水镇。

7月，参加城市地理专业委员会（北大）年会，作"城镇化研究早期的几则故事"发言；商务版《城市地理学》获中国地理学会第二届全国优秀地理图书奖。

8月，参加住建部规划司主持召开的国家空间发展战略专题研讨会。

9月，参加山东省国土规划编制工作中期成果咨询论证会。

10月，拜访高中历史老师93岁的刘清义先生，写短文"我师刘清义"。

11月，在常州市规划局蒋处长等陪同下，考察在建的五峰山长江特大桥，为实现常州中轴战略出谋献策；参加北京大学地理学科成立65周年暨城环学院成立 10 周年纪念大会；在《城市规划》杂志举行的"40 年 40 篇"论文评选中，两篇入选"影响中国城乡规划进程优秀论文"，其中一篇入选 10 篇"奠基性学术论文"；应杨家文之邀在北大深圳研究生院小住，与学生座谈，参加北京大学未来城市论坛 2017。

12 月，参加常州发展战略高层论坛，被市委、市政府聘为顾问（专家），为常州战略问题建言。

2018　1 月，为纪念吴传钧先生诞辰一百周年，写短文《比上小不足，比下大有余》。

7 月，为纪念夏宗玕先生诞辰 85 周年，写短文《回忆老夏》。

8 月，为城市规划学会小城镇规划学术委员会成立 30 周年，写短文《小城镇偏好政策争论的一点往事》。

9 月，合著旧作《中国沿海城镇密集地区空间集聚与扩散研究》被科学出版社编入《地学经典丛书·第一辑》，重新出版。

11 月，参加中国城市规划学会（杭州）年会，在杭州论坛分会场发言；参加宁波大学的学术讨论会，与杨家文、林雄斌同游普陀山。

12 月，在北大深圳研究生院小住，参加北京大学未来城市论坛 2018。

2019　1 月，城市规划网发布拙文《我的规划实践回顾与思考》；参加城市规划学会区域规划学委会（深圳）年会，用老照片回顾城市与区域规划 40 年。阴历二十三小年，中国城市规划学会石楠等来访。

3 月，合著高教版《城市地理学》获第二届全国地理优秀图书奖。

4 月，参加《中国城市规划 70 年》编写研讨会；应杨永春教授邀请参加中国地理学会城市地理专业委员会（兰大）会议，与许学强一起拜访病中李吉均院士，参观甘肃省博物馆，考察河西走廊的武威、张掖、嘉峪关、敦煌等地及有关景区。

6月,应北京大学林肯研究中心邀请,参加"The 2019 International Conference on China Urban Development"中关于"中国城市研究40年"的讨论和问答。

7月,回复住建部《城市体检指标体系(征求意见稿)》;回复中规院《中国城市规划70年(征求意见稿)》。

8月,参加汪光焘"培育现代化都市圈的若干思考"一文的讨论。

9月,在常州考察在建的常泰通道。

10月,参加中国城市规划学会(重庆)年会,与崔功豪一起给"学会科技领军人才"颁奖。

10—11月,联合董珂,起草《关于合理利用五峰山大桥通道资源的建议》,请史育龙转交发改委。

12月,参加纪念中国人文地理学复兴40周年大会等四会合一活动,诸多老朋友欢聚;获北大首届离退休教职工学术贡献一等奖;在汪芳主办的"首届流域城乡空间规划研讨会"致辞。

2020 1月,参加北大人文地理与地理所年度交流会议;参加人文地理老师讨论重大发展问题的会议;完稿《以史为鉴 可知兴替:读胡序威先生《一生无悔 地理与规划研究》有感》的书评,在中国城市规划网和《城市规划》发表。

3月,发出"对征询《全国国土空间规划纲要(2020—2035)》编制看法来信的反馈"。

4月,为陈彦光《计量地理学导论》序,完稿"态度决定一切";月末人文地理党支部过网上组织生活,为我79周岁生日唱生日歌;两天后张莉、李东泉、冯健三人带来生日蛋糕,过了一次疫情下特殊的生日。

7月,在校园偶遇冯健,帮助拍了"金婚照";收到张宝秀寄来的《侯仁之学谱》和《唯有书香留岁痕》两本书，详读。

8月，参加自然资源部国土空间规划局《城区范围确定标准》专家线下论证会。

9月，师生同游通州副中心；给恽老师发出美篇《陪老师一起慢慢变老》，祝贺教师节；配合《城市规划》杂志做"论文背后的故事"采访。

10月，与胡兆量老师联合回复自然资源部要求的国土空间开发保护总体格局的"三个三五句"。

11月，回复自然资源部国土空间规划局《城区范围确定标准》（征求意见稿）的评价。

12月，在北医三院做肠道ESD手术，病理检查确诊初期结肠癌，面对新挑战。

2021　2月，为学院《百年伟业》一书，与史育龙合写"城镇化战略"条目。

4月，应张勤的邀请访杭州，师友聚会，游大运河、良渚文化遗址，拜谒司徒雷登墓。

5月，参加城环学院召开的"都市圈理论与中国实践学术讨论会"暨贺寿茶话会，汪光焘作主题报告；在北医三院做肠道ESD手术。

6月，赴荣宝斋（天津）观看《酣畅——冯健中国画作品展》。

7月，收到自然资源部国土空间规划局寄来的部标《城区范围确定规程》。

11月，参加城环学院党委党代表会议，换届选举。

12月，获"2020—2021年度中国地理学会科学技术奖—终身成就奖"；参加北大城环学院"城市与区域空间治理研讨会暨第四届北京大学规划论坛"。